똑! 소리나게 배워보는 엑셀 2013

윤부현 저

YoungJin.com Y.
영진닷컴

속전속결 엑셀 2013

ISBN 978-89-314-4748-4

만든 사람들

집필 윤부현 | 기획 기획1팀 | 총괄 김태경 | 진행 성민 | 북디자인 영진닷컴 제작팀

머리말

기업과 관공서, 학교와 가정 등 여러 곳에서 많은 사람들이 엑셀을 사용하여 문서를 작성하고 있습니다. 엑셀을 폭 넓게 사용하는 이유는 사용법이 쉬우며, 데이터를 빠르게 분석하는 기능을 가지고 있기 때문입니다.

많은 매체를 통해 수많은 정보가 쏟아져 나오고 있지만, 자신이 원하는 정보로 만들고 이용하는 것은 1퍼센트도 되지 않는다. 에디슨 명언 중에 '천재는 1퍼센트의 영감과 99퍼센트의 땀으로 이루어진다.' 라는 말처럼, 이 책은 영감과 노력을 위한 지침서로 사용할 수 있도록 집필하였습니다.

이 책은 엑셀의 중요 포인트를 이해하고 실습하여 남들보다 빠르고 쉽게 활용할 수 있도록 구성되어 있습니다. 각 단계의 Chapter가 시작할 때 학습 포인트를 설명하여 기능과 주제를 인식하고 '따라하기'를 통해 엑셀의 기능을 익히며, '혼자해보기'를 통해 실전 문제를 해결할 수 있도록 하였으며, 각 단계가 끝날 때마다 '핵심정리'와 '종합실습' 문제로 복습하고 활용하는 능력을 배양할 수 있도록 구성하였습니다.

흔히들 처음에는 열의를 가지고 시작하지만 나중에는 열의가 사라지는 경우가 많이 있습니다. 이 책을 통하여 시작부터 끝까지 엑셀의 다양한 기능을 익혀 여러 각도로 활용하기를 바랍니다.

마지막으로 책을 출판할 수 있도록 도와준 영진출판사의 모든 관계자분들에게 감사드리며, 항상 나에게 영감을 주는 현과 영에게 감사의 마음을 전합니다.

윤부현

| 구성과 특징 |

엑셀 2013의 다양한 기능을 Chapter로 나누어 설명합니다. 각 Chapter마다 세부 기능을 Section으로 나누어 구성하였으며, Chapter별로 핵심정리와 종합실습 코너를 두어 학습한 내용을 다시 한 번 정리하고 응용할 수 있도록 하였습니다.

Chapter

기능과 주제에 따라 Chapter로 나누어 설명합니다. 해당 Chapter에서 배울 핵심적인 내용을 미리 학습할 수 있도록 소개하였습니다.

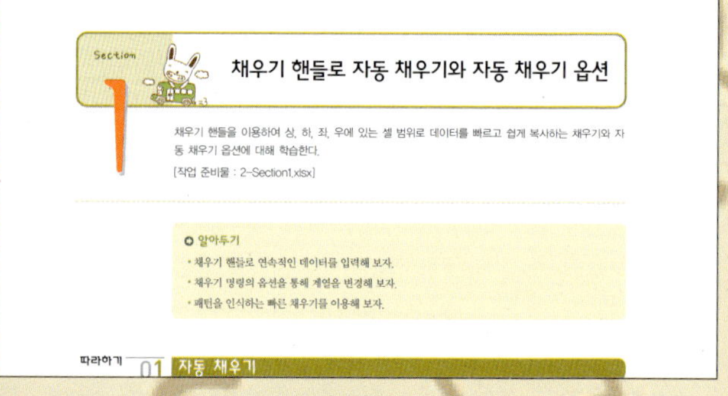

Section

세부적인 기능을 Section으로 구성하였습니다. 어떤 기능을 학습하게 될지 알아두기 코너를 통해 간단하게 살펴보고 시작합니다.

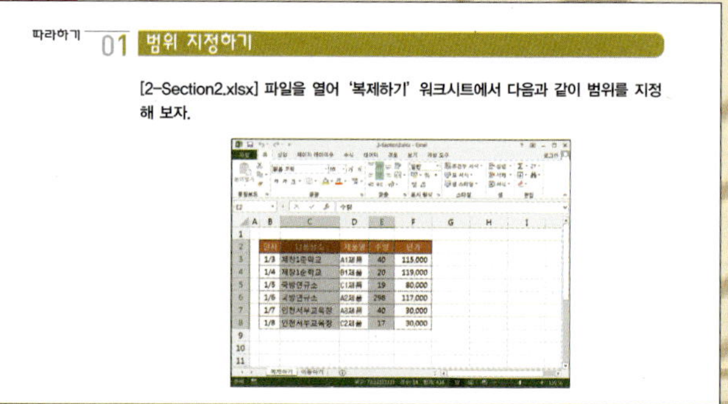

따라하기

구체적인 내용을 단계별로 따라해 볼 수 있도록 순서대로 구성하였습니다. 한 단계씩 따라하다 보면 기능을 마스터할 수 있습니다.

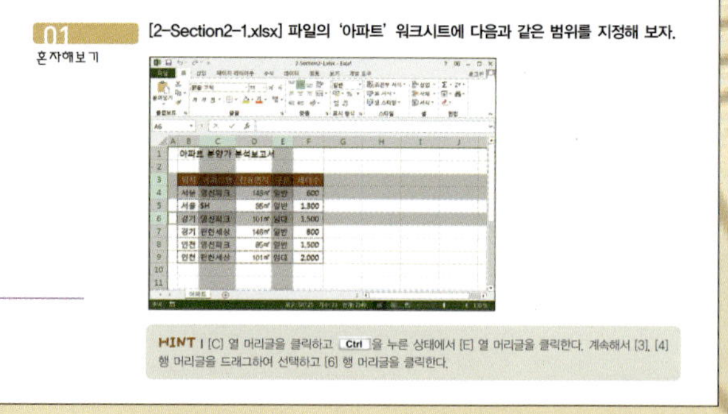

혼자해보기

따라하기에서 익힌 내용을 바탕으로 사용자가 직접 예제를 풀어봅니다. HINT에 있는 내용을 참고하면서 반복 및 심화 학습을 합니다.

HINT

혼자해보기의 예제를 작업할 때 필요한 참고 내용을 담았습니다.

Tip

본문 내용 중에서 알아두어야 할 기능이나 용어들을 소개합니다.

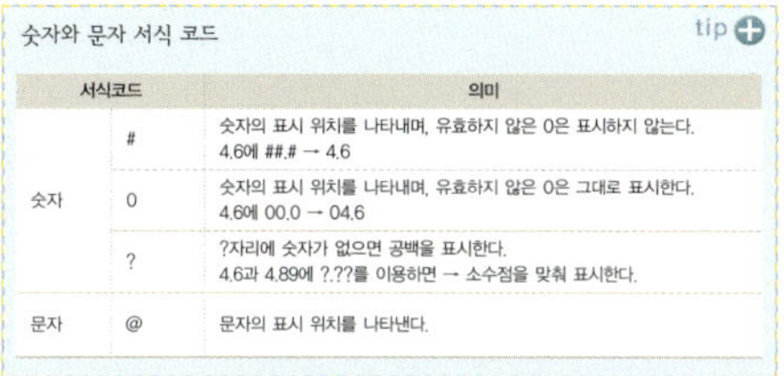

핵심정리

Chapter에서 학습한 핵심적인 내용을 정리해 놓았습니다. 학습 과정에서 놓쳐서는 안될 중요한 사항을 정리하였으므로 다시 한 번 체크해봅니다.

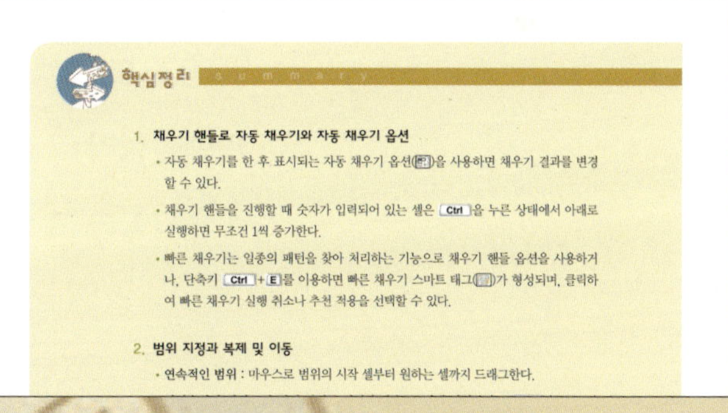

종합실습

Chapter에서 배운 내용에 대한 응용 능력을 높이기 위해 실습 문제를 풀어봅니다. HINT의 내용을 참고하여 지금까지 학습한 내용을 종합적으로 활용해봅니다.

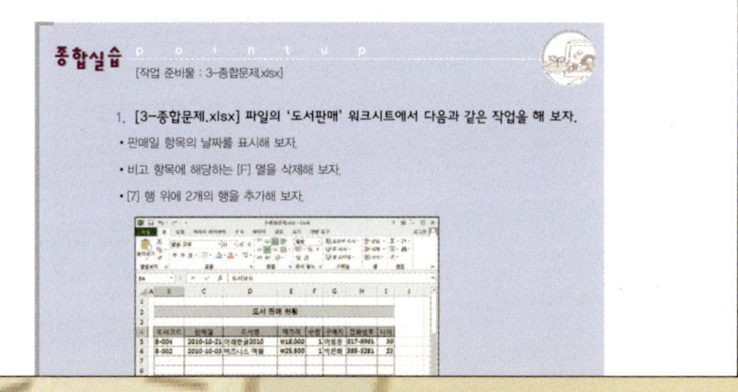

CONTENTS

CONTENTS

01 CHAPTER

엑셀 2013
기본 익히기

엑셀은 계산 작업, 문서 작성, 분석 작업 등을 할 수 있으며, 많은 사용자들을 확보하고 있는 사무용 프로그램이다. 또한 차트 작성과 다양한 형태의 일러스트레이션을 삽입하여 업무를 신속하게 처리할 수 있다. 이번 Chapter에서는 엑셀 2013의 기본적인 사용법에 대해 알아본다.

엑셀 2013의 기본 기능 이해하기

1

Chapter

엑셀 2013을 실행하고 워크시트의 셀에 여러 데이터를 입력하는 방법과 수정 방법에 대해 알아본다. 문서 작성에 있어 채우기 핸들을 이용하면 빠르게 데이터를 입력할 수 있다. 또 엑셀 파일을 일반적인 폴더에 저장하는 방법과 저장되어 있는 파일을 불러오는 방법 및 로그인을 통하여 OneDrive에 저장하는 방법에 대해 알아본다.

01 엑셀 2013 실행과 종료

- **시작** : [시작] 단추를 클릭하고 [모든 프로그램]–[Microsoft Office]–[Microsoft Excel 2013]을 클릭합니다.
- **종료** : 오른쪽 상단에 있는 [닫기](✕) 단추를 클릭한다.

02 셀에 데이터 입력하기와 수정하기

- 데이터를 입력할 셀로 이동한 다음 데이터를 입력한다.
- 입력하는 데이터의 종류에 따라 문자와 숫자로 나뉘며, 숫자는 일반, 날짜, 시간 형태의 분류에 따라 표시되는 방법이 달라진다.
- 데이터를 수정할 셀을 더블클릭하여 수정한다.

● 데이터의 종류와 특징

데이터 종류는 크게 문자와 숫자로 나뉘며, 문자가 숫자보다 큰 개념이다.

종류		특징
문자 데이터		– 문자, 숫자, 기호 등의 조합으로 구성한다. – 셀 왼쪽에 맞추어 입력된다.
숫자 데이터	일반	– 숫자 0부터 9, 소수점(.), 쉼표(,), \$, %, 지수 기호 등으로 구성한다. – 셀 오른쪽에 맞추어 입력된다.
	날짜	– 하이픈(–), 슬래시(/)로 년, 월, 일을 구분하여 입력한다. – 셀 오른쪽에 맞추어 입력된다.
	시간	– 콜론(:)으로 시, 분, 초를 구분하여 입력한다. – 셀 오른쪽에 맞추어 입력된다.

03 엑셀 옵션 활용하기

- 엑셀의 옵션이란 사용자가 다양한 선택 기능을 설정하여 쉽게 엑셀을 사용할 수 있게 하는 부분이다.
- [파일] 탭-[옵션]을 통해 다양한 형태의 옵션을 지정하여 사용할 수 있다.

04 한자와 특수 문자 입력하기

- 한자로 변환할 부분을 블록으로 지정하고 [한자]를 누른 다음 [한글/한자 변환] 대화상자를 이용하여 한글을 한자로 변환한다.
- 한글 자음을 입력하고 [한자]를 누르면 입력한 자음에 할당되어 있는 기호 목록이 표시되며, 기호 목록에서 입력할 기호를 클릭하면 변환된다.

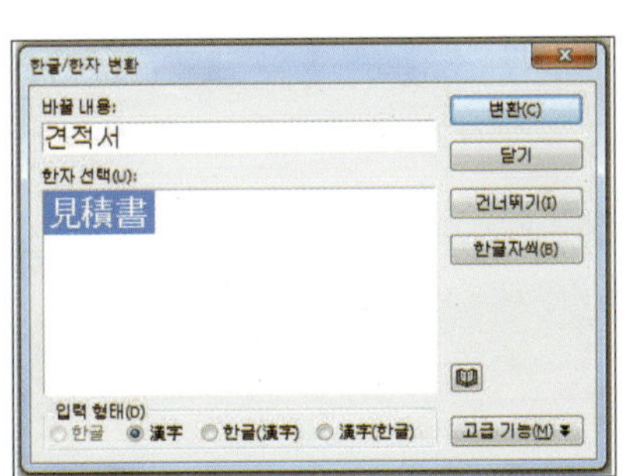 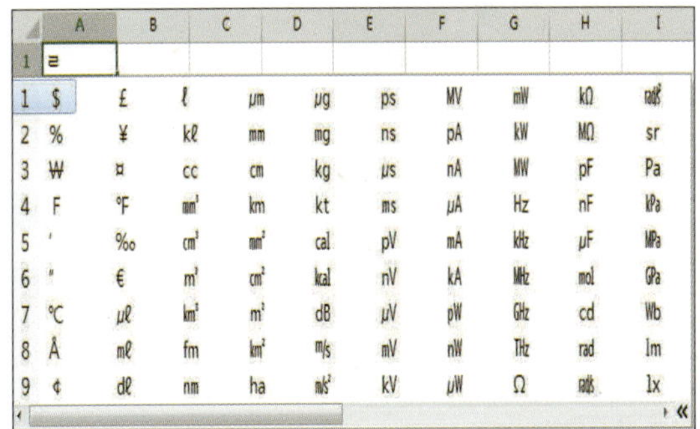

05 엑셀 파일 저장하고 열기와 계정 로그인

- **저장하기** : [파일] 탭-[저장]을 클릭하거나 빠른 실행 도구 모음에서 [저장](🖫)을 클릭한 후, 저장 위치와 파일 이름을 지정하여 저장한다.
- **다른 이름으로 저장하기** : [파일] 탭-[다른 이름으로 저장]을 클릭하고, 저장 위치와 파일 이름을 지정하여 저장한다.

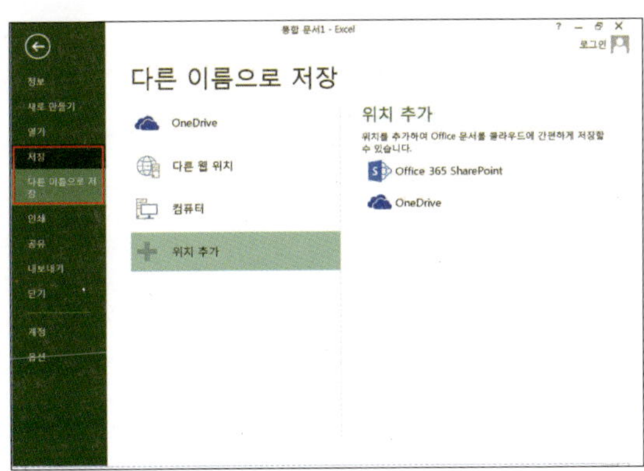

- **열기** : [파일] 탭–[열기]를 클릭하고, [열기] 대화상자에서 파일을 선택하여 불러온다.

- **열기 암호 지정하기** : [파일] 탭–[정보]를 클릭하고 [통합 문서 보호] 단추를 클릭한 다음 [암호 설정]을 선택한다. 여기서 통합 문서의 열기 암호를 지정할 수 있다.

- **쓰기 암호 지정하기** : [다른 이름으로 저장] 대화상자에서 [도구] 단추를 클릭하고 [일반 옵션]을 선택한다. 여기서 열기 암호와 쓰기 암호를 모두 지정할 수 있다. 암호를 변경하고 제거할 때도 [일반 옵션] 대화상자를 이용한다.

- **계정 로그인** : 엑셀 창 오른쪽 상단에 있는 로그인(로그인)을 클릭하고 일반적으로 사용하는 웹 메일로 Microsoft 계정을 등록하여 OneDrive를 이용할 수 있다.

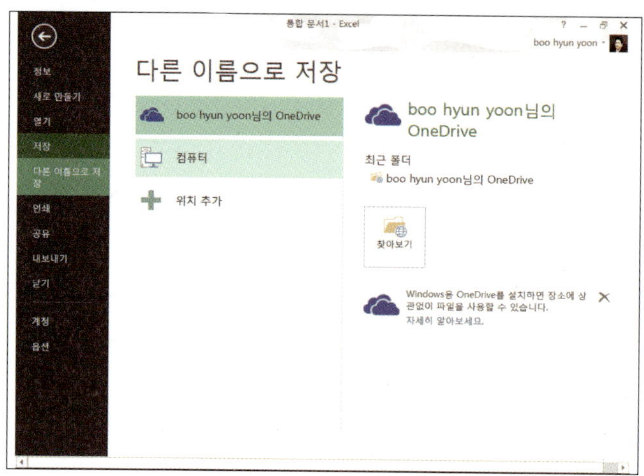

엑셀 2013 실행과 종료

엑셀 2013을 실행하고 종료하는 방법과 함께 엑셀 2013의 레이아웃에 대해 간단하게 알아본다. 엑셀 2013은 리본 메뉴를 통해 일반적인 명령을 실행할 수 있다. 많은 명령어가 존재하므로 빠른 실행 도구 모음을 활용하고 리본 메뉴의 일반적인 사용 방법을 함께 학습한다.

> ● **알아두기**
> - 엑셀 2013의 실행 방법과 종료 방법을 알아보자.
> - 엑셀 2013의 화면 구성 요소에 대해 살펴보자.
> - 빠른 실행 도구 모음과 리본 메뉴를 사용해 보자.

따라하기 01 엑셀 2013의 레이아웃

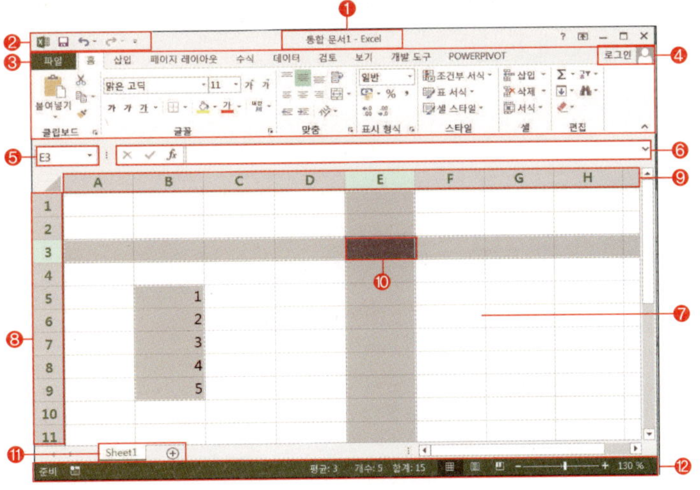

❶ **파일 이름** : 현재 작업 중인 문서의 이름이 표시된다. 저장하지 않은 문서는 '통합 문서1', '통합 문서2'와 같은 임시 파일 이름으로 표시된다. 엑셀 파일을 '통합 문서'라고 부른다.

❷ **빠른 실행 도구 모음** : 자주 사용하는 명령을 모아 놓은 곳으로 사용자가 필요에 의해 새로운 명령을 추가하거나 제거할 수 있으며, 첫 번째 아이콘부터 순서적으로 **Alt** +1, **Alt** +2,... 단축키가 할당된다.

❸ **리본 메뉴** : 엑셀 명령을 실행하기 위한 도구들로 [파일], [홈], [삽입], [페이지 레이아웃], [수식], [데이터], [검토], [보기] 탭으로 구성된다. 각 탭은 다시 서로 관련 있는 명령들이 들어 있는 그룹으로 구분되며, 그룹 단위의 오른쪽 하단에서 바로가기 아이콘을(⬚) 클릭하여 명령을 사용할 수 있다.

❹ **로그인** : 전자 메일 주소로 Office에 로그인하면, Office가 주소를 조회하여 해당 로그인 페이지로 전환한다.

❺ **이름 상자** : 현재 셀 포인터가 놓여 있는 셀의 주소가 표시된다. 예를 들어 [E3]은 현재 셀 포인터가 [E]열 [3]행에 있다는 의미인데, 'E3' 과 같은 것을 '셀 주소' 라고 부른다.

❻ **수식 입력줄** : '수식 표시줄' 이라고도 하며 현재 셀에 입력되어 있는 원본 데이터가 표시된다. 여기를 클릭해 데이터를 입력하거나 수정할 수 있다.

❼ **워크시트** : 엑셀의 메인 작업 공간으로 여러 개의 행과 열로 구성되어 있다.

❽ **행 머리글** : 워크시트의 행을 구분하기 위한 번호로 1~1,048,576까지 숫자로 표시한다.

❾ **열 머리글** : 워크시트의 열을 구분하기 위한 문자로 A~XFD까지 모두 16,384개의 열이 있다.

❿ **셀 포인터** : 작업의 중심이 되는 셀을 표시한다. 굵은 사각형으로 표시되므로 다른 셀과 쉽게 구분할 수 있다.

⓫ **시트 탭** : 엑셀 문서는 여러 개의 워크시트를 포함할 수 있다. 시트 탭은 각 워크시트의 이름이 표시되는 곳으로 워크시트 이름을 클릭해서 다른 워크시트로 이동할 수 있다.

⓬ **상태 표시줄** : 엑셀 프로그램의 현재 상태가 표시되는 곳으로 여러 보기 형식의 탭들과 시트 화면을 확대/축소할 수 있으며 데이터의 셀 범위를 잡으면 간단한 평균, 개수, 합계 등이 나타난다.

02 엑셀 2013의 시작과 종료

엑셀 2013을 실행한 다음 종료해 보자.

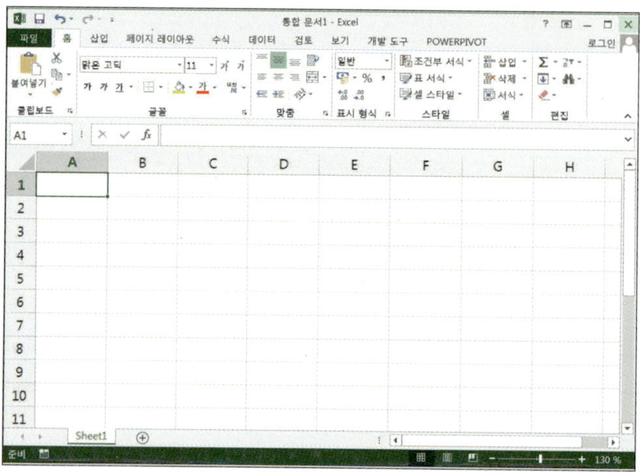

❶ 윈도우의 작업 표시줄에 있는 [시작] 단추를 클릭하고 [모든 프로그램]–[Microsoft Office]–[Microsoft Excel 2013]을 선택한다.

❷ 엑셀 2013의 로고 화면이 잠깐 나왔다가 사라지고 엑셀 2013이 실행된다.

❸ 새 통합 문서를 선택하고 '시작 엑셀2013'이라고 입력한 다음 `Enter`를 누르면 현재 위치에 입력이 완료되고 셀 포인터가 한 행 아래로 이동한다.

❹ 엑셀 2013을 종료하기 위해 엑셀 창 오른쪽 상단에 있는 [닫기](❌) 단추를 클릭한다.

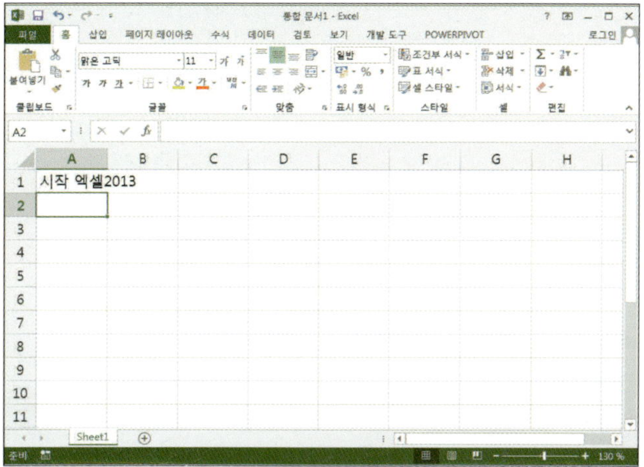

❺ 다음과 같은 경고 창이 나타나면 여기서는 [저장 안 함] 단추를 클릭해서 문서를 저장하지 않고 종료한다.

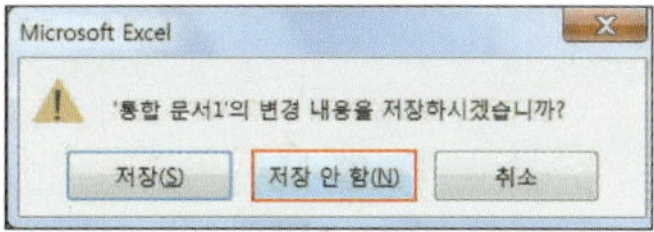

셀, 행과 열, 시트, 통합 문서의 관계   tip ➕

- 엑셀의 화면을 구성하는 가장 작은 사각형들을 셀(Cell)이라고 하며, 셀을 가로 형태로 모아 행(Row), 세로 형태로 모아 열(Column)이라고 한다.
- 행과 열을 모아 시트(Sheet)라고 하며, 시트들을 모아 통합 문서라고 부르며, 이를 일반적으로 엑셀 파일이라고 한다.
- 엑셀은 '몇 개의 낱장'이라는 뜻의 스프레드시트 프로그램이라고 정의한다.

03 빠른 실행 도구 모음과 리본 메뉴

빠른 실행 도구 모음을 사용자 임의로 지정하고 리본 메뉴 사용 방법을 익혀 보자.

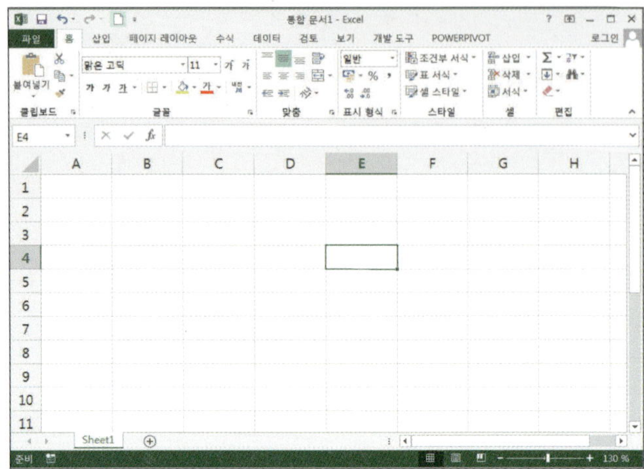

❶ 빠른 실행 도구 모음 사용자 지정(▾) 단추를 클릭하고 [새로 만들기]를 선택한다. 빠른 실행 도구 모음에 [새로 만들기]가 추가된다.

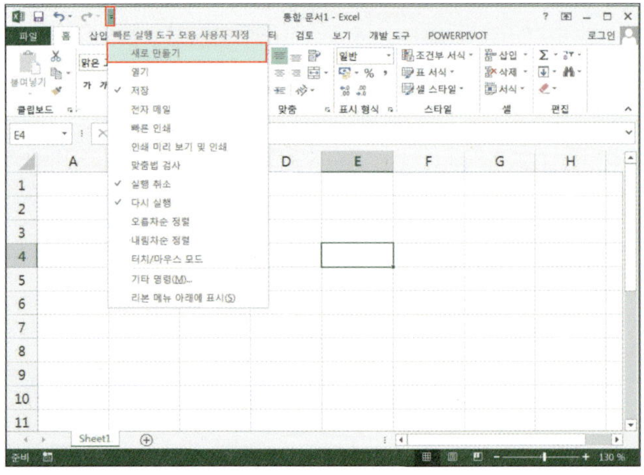

❷ Alt 를 누르면 빠른 실행 도구 모음의 저장 아이콘부터 1번을 부여받아 [새로 만들기]는 4번이 부여된다.

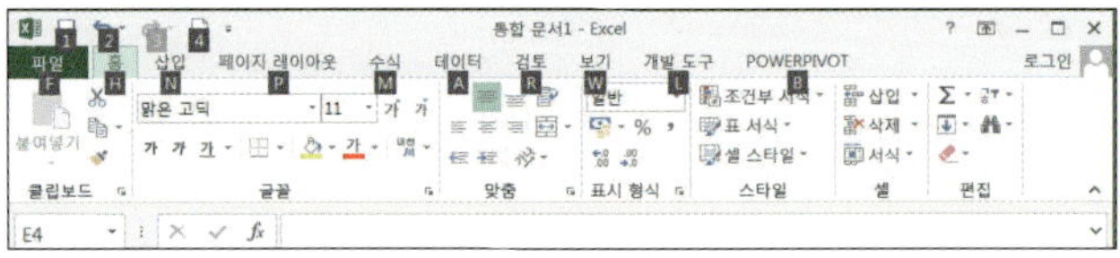

❸ 마우스로 [새로 만들기]를 클릭해도 새로 만들기가 되며, 단축키 [Alt]+4를 눌러도 새로 만들기 명령이 실행된다.

01
혼자해보기

엑셀 2013을 실행하고 [C] 열의 [2] 행에 있는 셀에 '재가 바랍니다.'를 입력해 보자.

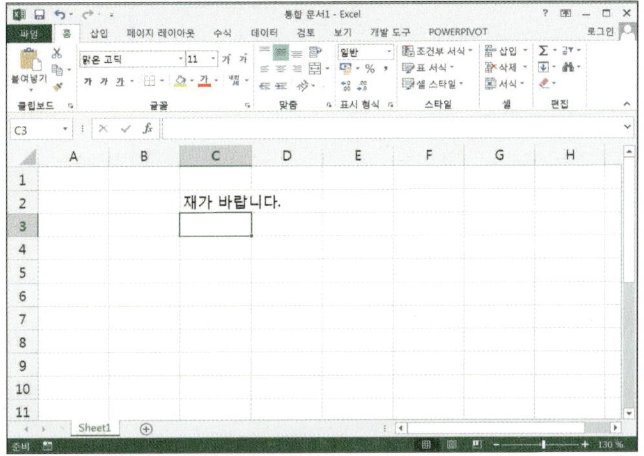

> **HINT** | 엑셀 화면에서 A, B, C, D, … 등으로 표시되는 것을 '열'이라고 하고 1, 2, 3, 4, … 등으로 표시된 것을 '행'이라고 한다. 마우스로 [C] 열 [2] 행에 해당하는 [C2] 셀을 선택하고 데이터를 입력한 후 [Enter]를 누른다.

02
혼자해보기

[파일] 탭-[닫기]를 클릭하여 현재 문서를 저장하지 않고 닫아 보자.

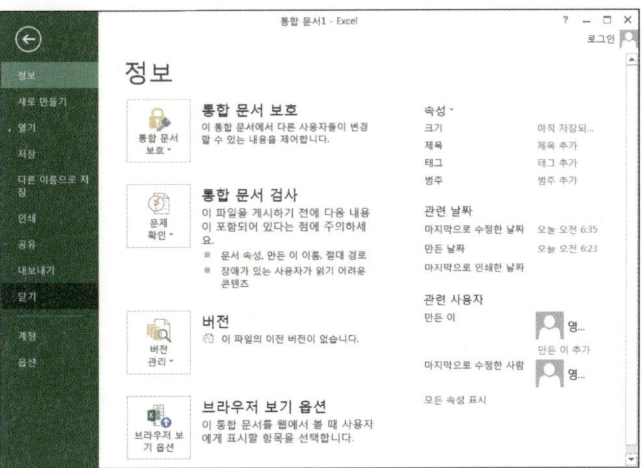

> **HINT** | [파일] 탭-[닫기]를 클릭하면 현재 문서만 닫고 엑셀 2013은 종료되지 않는다. 오른쪽 상단에 [닫기]([×]) 단추를 클릭하면 엑셀 2013을 종료할 수 있다.

03 [홈] 탭–[맞춤] 그룹의 [병합하고 가운데 맞춤](📷)을 빠른 실행 도구 모음에 추가해 보자.

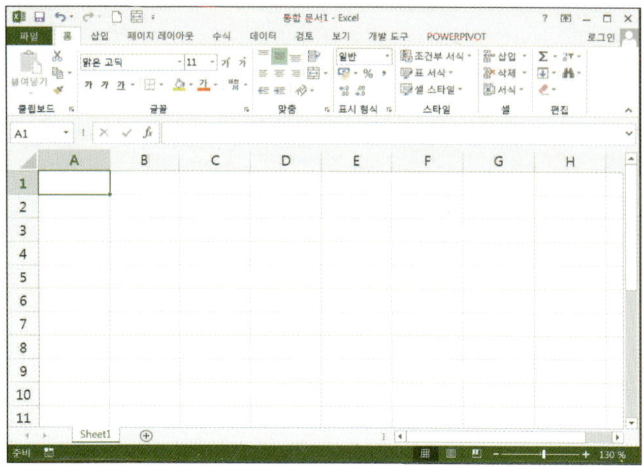

> **HINT** | [홈] 탭–[맞춤] 그룹의 [병합하고 가운데 맞춤](📷)을 마우스 오른쪽 버튼으로 클릭한 후 [빠른 실행 도구 모음에 추가]를 선택한다.

04 [저장](📷), [실행 취소](📷), [다시 실행](📷)을 제외한 나머지 명령을 빠른 실행 도구 모음에서 제거해 보자.

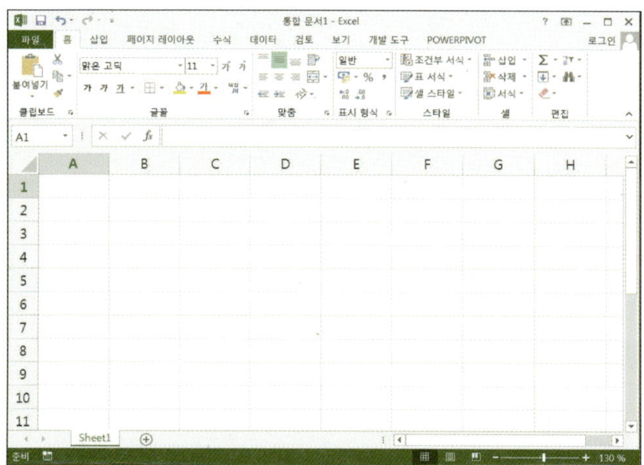

> **HINT** | 빠른 실행 도구 모음 사용자 지정(📷)을 클릭한 후 [기타 명령]을 클릭하여 [Excel 옵션] 대화상 자를 불러온다. [원래대로]를 클릭하고 [빠른 실행 도구 모음만 다시 설정]을 선택한다. [사용자 지정 다시 설정] 대화상자에서 [예] 단추를 클릭한다.

05 혼자해보기

리본 메뉴를 동적으로 표시해 보자.

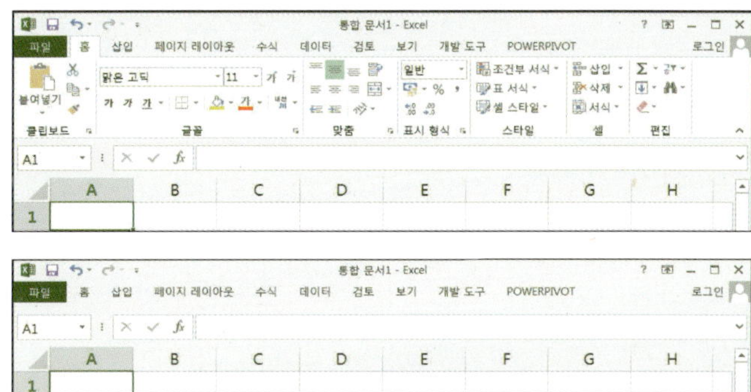

HINT | [홈] 탭을 더블클릭하면 리본 메뉴가 동적으로 표시된다.

Check Point

- 엑셀 2013의 시작 : 작업 표시줄에 있는 [시작] 단추를 클릭하고 [모든 프로그램]-[Microsoft Office]-[Microsoft Excel 2013]을 선택한다.
- 엑셀 2013의 종료 : 엑셀 창 오른쪽 상단에 있는 [닫기](×) 단추를 클릭한다.
- 빠른 실행 도구 모음에 명령 추가 : 빠른 실행 도구 모음 사용자 지정( )을 클릭하고 원하는 명령을 선택한다. 또는 리본 메뉴에서 마우스 오른쪽 버튼으로 원하는 명령을 클릭하고 [빠른 실행 도구 모음에 추가]를 선택한다.
- 빠른 실행 도구 모음에서 명령 제거 : 제거할 명령을 마우스 오른쪽 버튼으로 클릭하고 [빠른 실행 도구 모음에서 제거]를 선택한다.
- 리본 메뉴 : 명령의 종류에 따라 여러 개의 탭으로 나눠지고, 각 탭은 다시 여러 개의 그룹으로 구분되며, 그룹 단위의 오른쪽 하단에서 바로가기 아이콘( )을 클릭하여 명령을 사용할 수 있다.
- 로그인 : 전자 메일 주소로 Office에 로그인하면, Office가 주소를 조회하여 해당 로그인 페이지로 방향을 전환한다.

데이터 입력과 수정하기

엑셀은 데이터를 문자, 숫자로 구분하며, 숫자는 일반 형태의 숫자, 날짜 형태의 숫자, 시간 형태의 숫자로 구분할 수 있습니다. 이번에는 워크시트의 셀에 데이터를 입력하고 수정하는 과정을 학습한다.
[작업 준비물 : 1-Section2-1.xlsx]

○ 알아두기

- 워크시트의 셀에 다양한 종류의 데이터를 입력해 보자.
- 워크시트의 셀에 입력된 데이터를 수정해 보자.

따라하기 **01** 데이터 입력하기

새로운 통합 문서에 문자와 숫자, 날짜 형태의 숫자, 시간 형태의 숫자를 입력하고 데이터의 종류에 따라 셀에 어떻게 정렬되는지 알아보자.

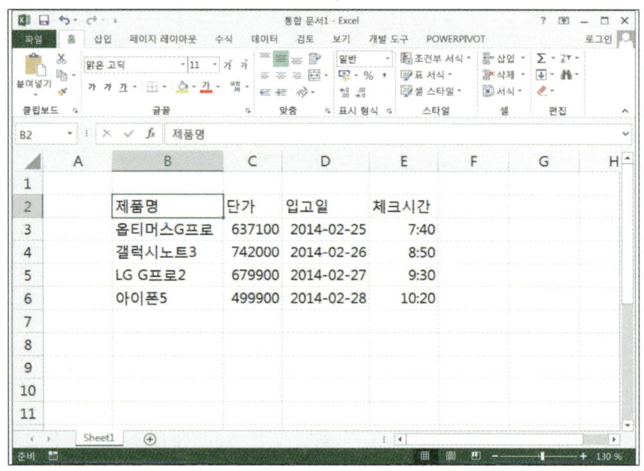

❶ [B2:B6] 범위의 각 셀에 다음과 같이 문자 데이터를 입력한다. 문자는 셀 왼쪽에 맞춰서 정렬되고 셀 너비보다 긴 문자는 오른쪽 셀이 비어 있으면 그대로 표시된다.

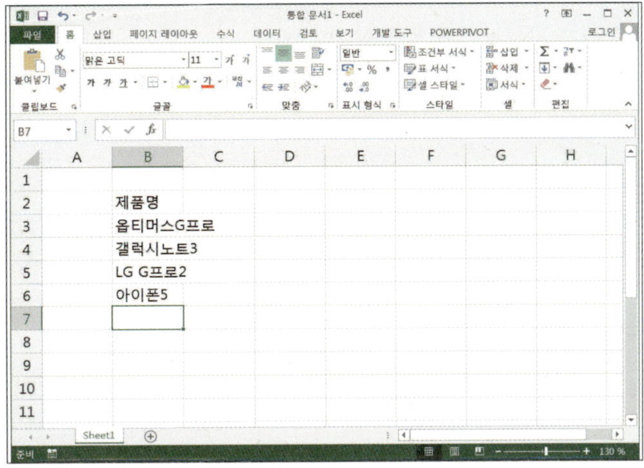

❷ [C2] 셀에 '단가'로 제목을 입력하고 [C3:C6] 범위의 각 셀에 제품의 가격을 입력한다. 숫자는 셀의 오른쪽에 맞춰서 입력된다.

❸ [D2] 셀에 '입고일'로 제목을 입력하고 [D3:D9] 범위의 각 셀에 날짜를 입력한다. [E2] 셀에 '체크시간'을 입력하고 [E3:E6] 범위의 각 셀에 시간을 입력한다. 날짜를 입력할 때는 년, 월, 일을 하이픈(−)으로 구분하며, 시간을 입력할 때는 시, 분, 초를 콜론(:)으로 구분한다. 날짜와 시간은 숫자처럼 셀의 오른쪽에 맞춰서 정렬된다.

따라하기 02 데이터 수정하기

[1-Section2-1.xlsx] 파일의 셀에 입력되어 있는 데이터를 여러 방법으로 수정해 보자.

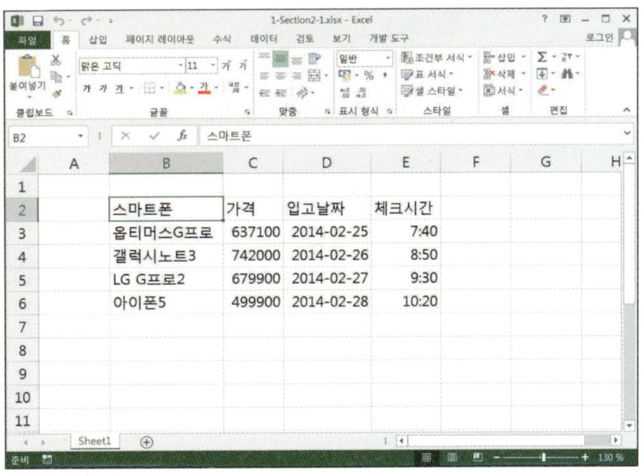

❶ [B2] 셀을 더블클릭하여 '제품명'을 '스마트폰'으로 수정한 다음, [B3] 셀을 클릭하고 수식 입력줄에서 '단가'를 '가격'으로 바꾼다.

❷ [D2] 셀을 클릭하고 F2 를 눌러 커서가 편집 상태가 되면 '입고일' 을 '입고날짜' 로 수
정한다.

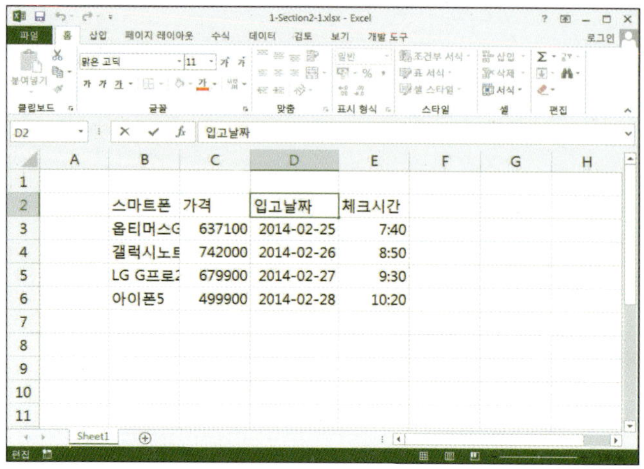

❸ [B:E] 열의 범위를 잡고 [B] 열 머리글의 오른쪽 경계선 위로 마우스 포인터를 위치시
킨 다음 양방향 화살표 모양으로 포인터가 변하면 더블클릭한다. 그러면 가장 긴 문
자 길이에 열 너비가 자동으로 맞춰서 조절된다.

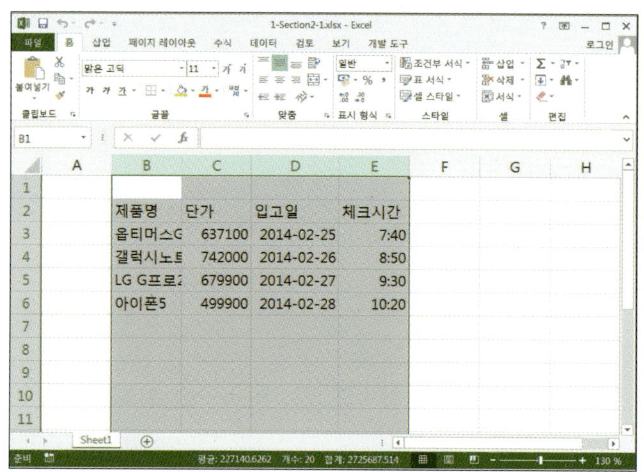

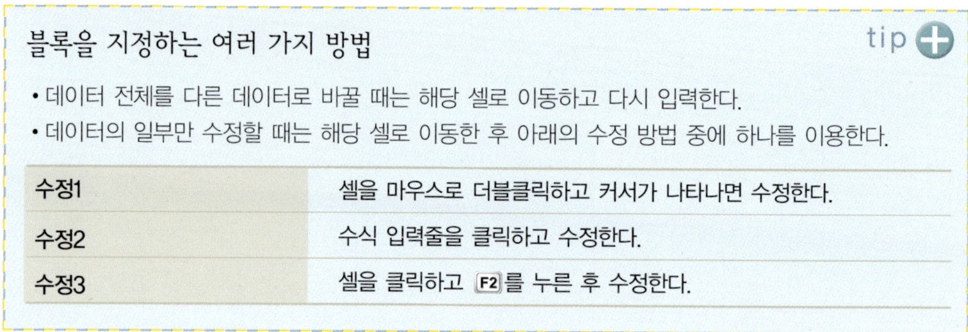

블록을 지정하는 여러 가지 방법　　　　　　　　　　　　　　　　　　tip ➕

• 데이터 전체를 다른 데이터로 바꿀 때는 해당 셀로 이동하고 다시 입력한다.
• 데이터의 일부만 수정할 때는 해당 셀로 이동한 후 아래의 수정 방법 중에 하나를 이용한다.

수정1	셀을 마우스로 더블클릭하고 커서가 나타나면 수정한다.
수정2	수식 입력줄을 클릭하고 수정한다.
수정3	셀을 클릭하고 F2 를 누른 후 수정한다.

01 혼자해보기

시트 탭의 새 시트(⊕)를 클릭하여 다음과 같이 데이터를 입력해 보자. [A1] 셀에는 제목을 두 줄로 입력하고, [B4:E7] 범위로 설정한 상태에서도 입력해 보자.

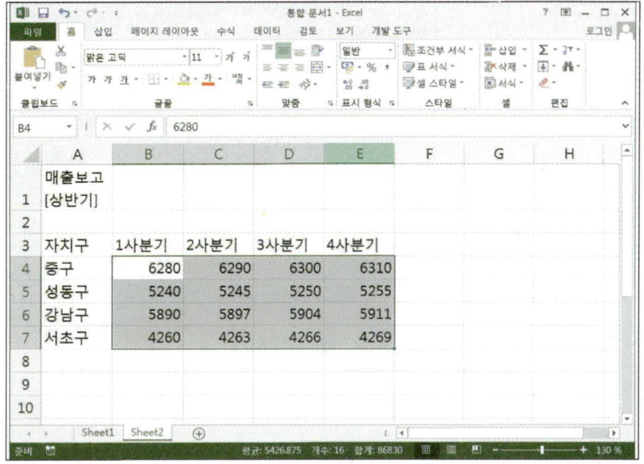

HINT | [A1] 셀에 '매출현황'을 입력하고 **Alt** + **Enter** 를 눌러 줄이 바뀌면 '[상반기]'를 입력하고 다시 **Enter** 를 누른다. [B4:E7] 범위를 설정한 상태에서 그림과 같이 입력하고 **Enter** 를 누르면 셀 포인터가 범위 안에서 차례로 이동한다.

02 혼자해보기

[A1] 셀에 '[상반기]'를 '[하반기]'로 편집하고 다음과 같이 시스템의 현재 날짜와 시간으로 작성일과 작성 시간을 입력해 보자.

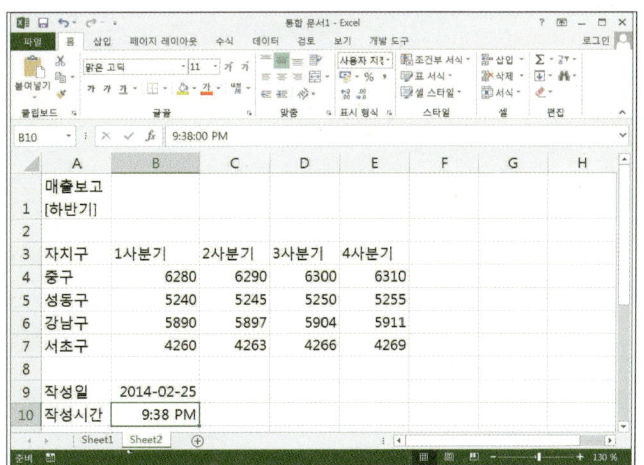

HINT | [A1] 셀을 더블클릭하여 '상반기'를 지우고 '하반기'로 바꾼다. [B9] 셀에서 **Ctrl** + **;** 을 눌러 현재 시스템의 날짜를 입력하고, [B10] 셀에서 **Ctrl** + **Shift** + **;** 을 눌러 현재 시간을 입력한다.

다음과 같이 [A3:E7] 범위에 맞춰 화면을 확대해 보자.

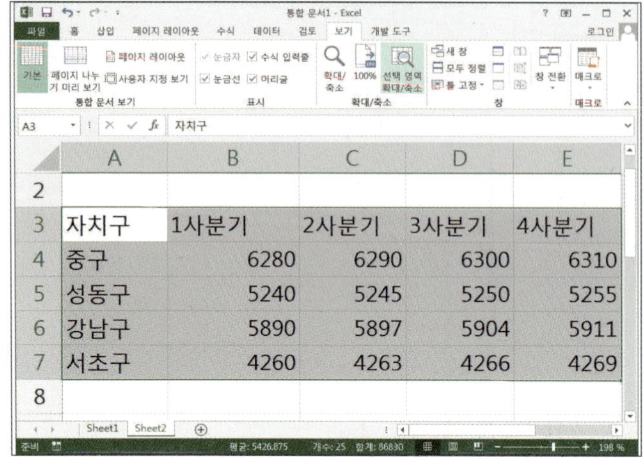

> **HINT** | [A3:E7] 범위를 지정한 다음 [보기] 탭–[확대/축소] 그룹에서 [선택 영역 확대/축소]를 클릭하면 범위로 설정한 영역이 화면에 맞게 확대된다.

유용한 키와 단축키 모음　tip ➕

- **Enter** : 워크시트에서 바로 아래의 셀로 이동한다. **Shift**+**Enter**를 누르면 바로 위의 셀로 이동한다.
- **Tab** : 워크시트에서 오른쪽 셀로 이동한다. **Shift**+**Tab**을 누르면 왼쪽 셀로 이동한다.
- **Ctrl**+**"** : 바로 위의 셀에 데이터가 있으면 위의 데이터를 그대로 셀에 나타낸다.
- **Ctrl**+**Shift**+방향키 : 셀에 데이터가 있는 방향으로 범위를 설정한다.

Check Point

- 문자 데이터는 셀 왼쪽에 맞춰서 입력되고, 숫자 데이터는 셀 오른쪽에 맞춰서 입력된다.
- 날짜는 하이픈(–)으로 년, 월, 일을 구분해서 입력하고, 시간은 시, 분, 초를 콜론(:)으로 구분해서 입력한다.
- 열 머리글의 경계선을 더블클릭하면 가장 긴 데이터 길이에 맞춰 자동으로 열 너비가 조정된다.
- 셀을 더블클릭하거나 수식 입력줄을 클릭하여 데이터를 수정할 수 있다. 또는 **F2**를 눌러 데이터를 수정한다.
- 셀에 여러 줄을 입력할 때는 **Alt**+**Enter**를 누른다.
- 현재 시스템의 날짜는 **Ctrl**+**;**을 눌러 입력하고, 현재 시스템의 시간은 **Ctrl**+**Shift**+**;**을 눌러 입력한다.

엑셀 옵션 활용하기

3

엑셀에는 다양한 형태의 선택 사항을 의미하는 옵션들이 있다. 실무 환경에 필요한 옵션들을 설정하여 사용하는 과정을 학습한다.
[작업 준비물 : 1-Section3-1.xlsx]

◐ 알아두기

- 옵션의 고급 기능을 이용하여 백만 단위를 자동으로 나타내 보자
- 옵션의 고급 기능을 이용하여 숫자 '0' 표시하지 않기

따라하기 **01** **옵션의 고급 기능으로 백만 단위 나타내기**

[1-Section3-1.xlsx] 파일을 열어 '아파트' 워크시트에 다음과 같이 매매가를 입력하여 보자.

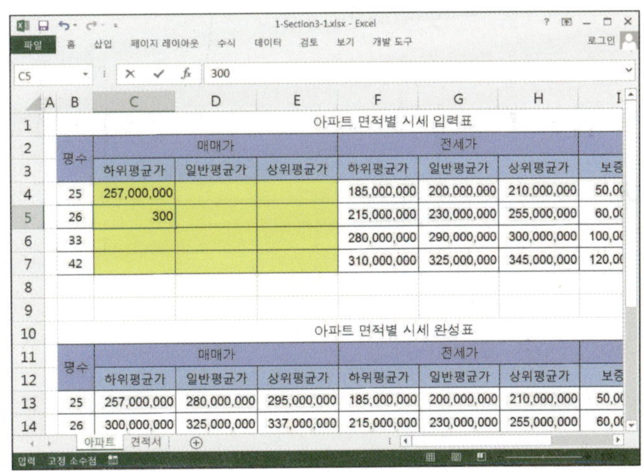

❶ [1-Section3-1.xlsx] 파일을 불러온 다음 '아파트' 워크시트의 [C4] 셀을 클릭한다.

❷ [파일] 탭-[옵션]을 클릭하여 [Excel 옵션] 대화상자를 불러온다.

❸ [고급]을 선택한 다음 [소수점 자동 삽입]을 체크하고 [소수점 위치]는 '-6'으로 설정한 후 [확인] 단추를 클릭한다.

❹ [C4] 셀부터 아파트 '아파트 면적별 시세 완성표'에 있는 매매가를 차례대로 '아파트 면적별 시세 입력표'에 입력한다.

02 옵션의 고급 기능으로 숫자 '0' 안보이게 하기

[1-Section3-1.xlsx] 파일의 '견적서' 워크시트에 다음과 같이 숫자 '0'을 안보이게 하자.

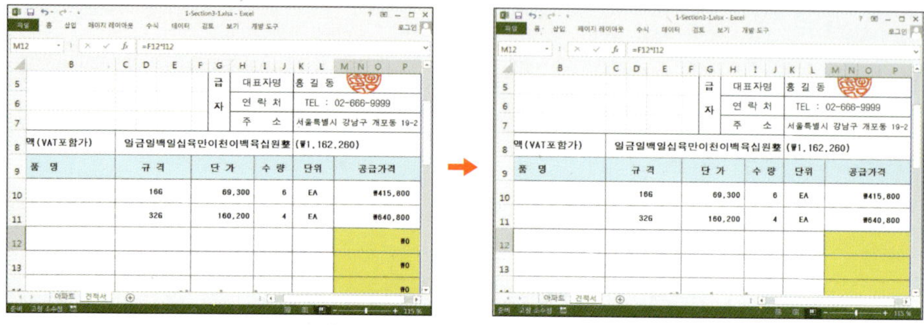

❶ [1-Section3-1.xlsx] 파일의 '견적서' 워크시트를 클릭한다.

❷ [파일] 탭-[옵션]을 클릭하여 [Excel 옵션] 대화상자를 실행한다.

❸ [고급]을 선택한 다음 오른쪽의 스크롤을 아래로 내려 [이 워크시트의 표시 옵션]에서 [0 값이 있는 셀에 0 표시]의 체크를 해제하고 [확인] 단추를 클릭한다.

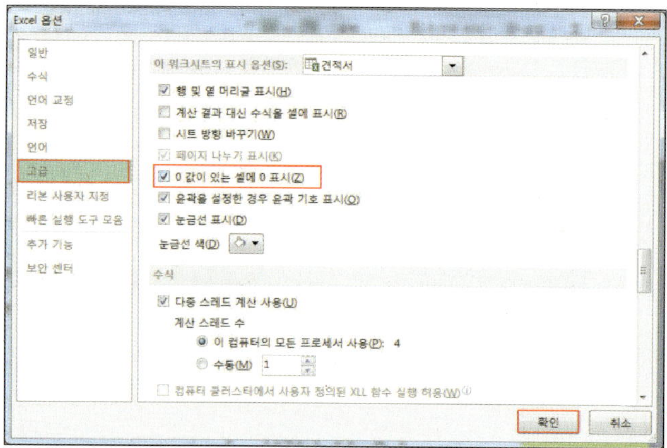

01
혼자해보기

[1-Section3-1.xlsx] 파일에서 다음과 같이 [페이지 레이아웃 보기] 형태로 시트가 추가되도록 옵션을 설정해 보자.

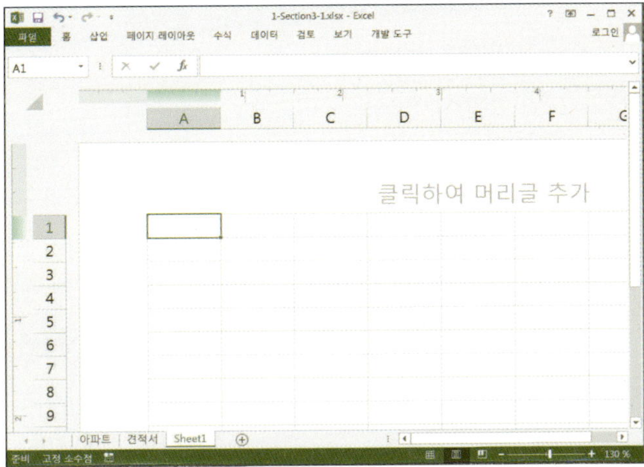

> **HINT** | [Excel 옵션] 대화상자의 [일반]에서 [새 통합 문서 만들기]–[새 시트의 기본 보기]를 클릭하여 '페이지 레이아웃 보기'로 선택하고 [확인] 단추를 클릭합니다. 그리고 새 시트(⊕)를 클릭한다.

02
혼자해보기

[1-Section3-2.xlsx] 파일의 '경력증명원' 시트에서 [D16]과 [D21] 셀에 '영진닷컴 홈페이지(www.youngjin.com)'을 등록하여 빠르게 나타내 보자.

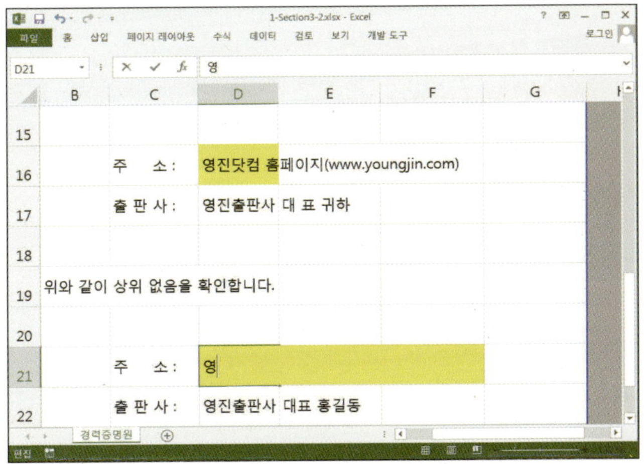

> **HINT** | [Excel 옵션] 대화상자의 [언어 교정]에서 [자동 고침 옵션] 단추를 클릭하고 [입력]에 '영'을, [결과]에는 '영진닷컴 홈페이지(www.youngjin.com)'을 입력하고 [추가]/[확인] 단추를 클릭한다. [D16] 셀에 '영'을 입력하고 Space Bar 를 누른다.

한자와 특수 문자 입력하기

한글을 한자로 변환하는 방법과 키보드에 없는 특수 문자를 입력하는 방법에 대해 학습한다.

[작업 준비물 : 1-Section4-1.xlsx]

◐ 알아두기

• 한글을 한자로 바꾸는 방법에 대해 알아보자.

• 한자 사전 보기로 한자의 음과 뜻을 알아보자.

• 키보드에 없는 특수 문자를 입력해 보자.

따라하기 **01** **한자 입력하기**

[1-Section4-1.xlsx] 파일을 열어 '재고현황' 워크시트에 다음과 같이 한자를 입력하
여 보자.

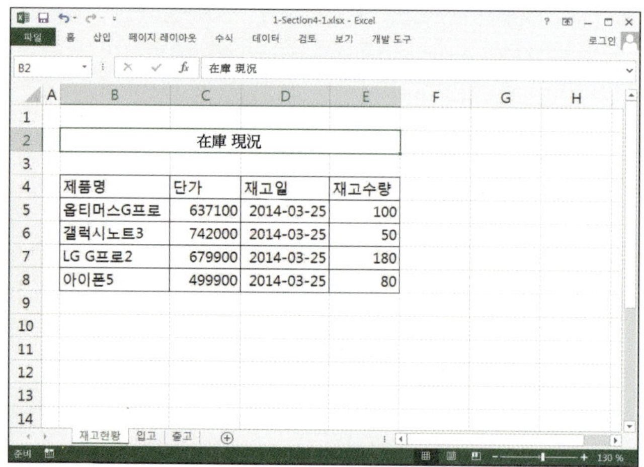

❶ [B2] 셀을 더블클릭하여 '재고 현황'을 범위로 잡고 [한자]를 누른다. [한글/한자 변환]
대화상자에서 '재고'에 대한 한자 '在庫'를 선택하고 [한자 사전](📖)을 클릭하여 음
과 뜻을 보고 [확인]과 [변환] 단추를 클릭한다.

❷ '현황'도 같은 방법을 이용하여 한자로 변환한다.

[1-Section4-1.xlsx] 파일의 '재고현황' 워크시트에 다음과 같이 특수 문자를 입력해 보자.

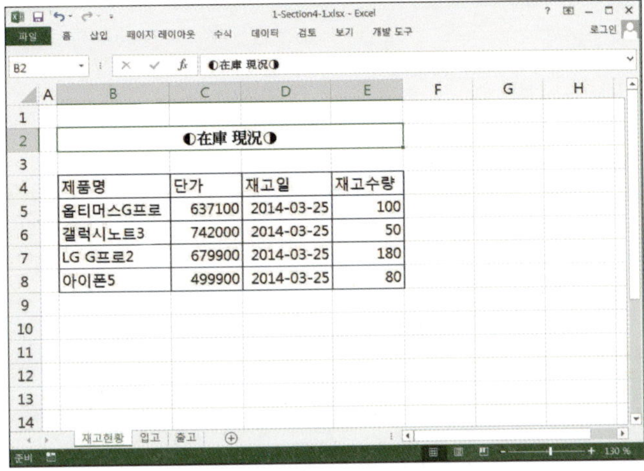

❶ [B2] 셀을 더블클릭하여 '在庫 現況' 앞에 한글 자음 'ㅁ'을 입력하고 한자를 누른다. 도형 창이 나타나면 '◐'을 선택하여 바꾼다.

❷ 계속해서 제목 '在庫 現況' 뒤에 한글 자음 'ㅁ'을 입력하고 한자를 누른다. 도형 창에서 '◐'을 선택하고 **Enter**를 누른다.

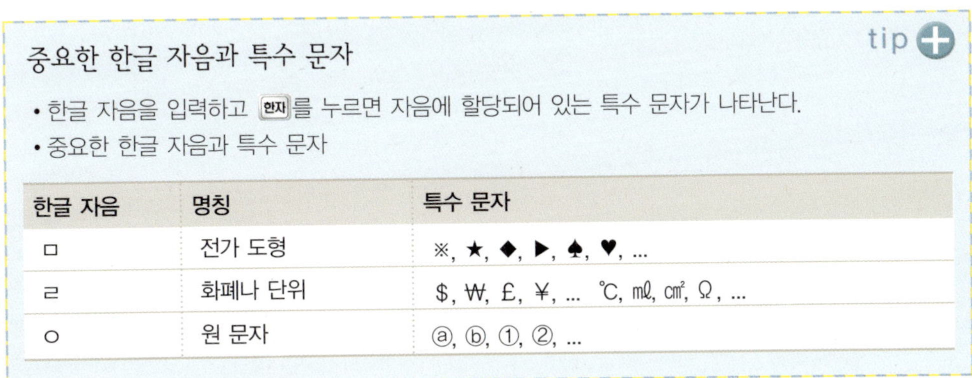

tip ➕

중요한 한글 자음과 특수 문자

- 한글 자음을 입력하고 한자를 누르면 자음에 할당되어 있는 특수 문자가 나타난다.
- 중요한 한글 자음과 특수 문자

한글 자음	명칭	특수 문자
ㅁ	전가 도형	※, ★, ◆, ▶, ♠, ♥, ...
ㄹ	화폐나 단위	$, ₩, £, ¥, ... ℃, ㎖, ㎠, Ω, ...
ㅇ	원 문자	ⓐ, ⓑ, ①, ②, ...

[1-Section4-1.xlsx] 파일의 '입고' 워크시트에 다음과 같이 한자와 특수 문자를 입력해 보자.

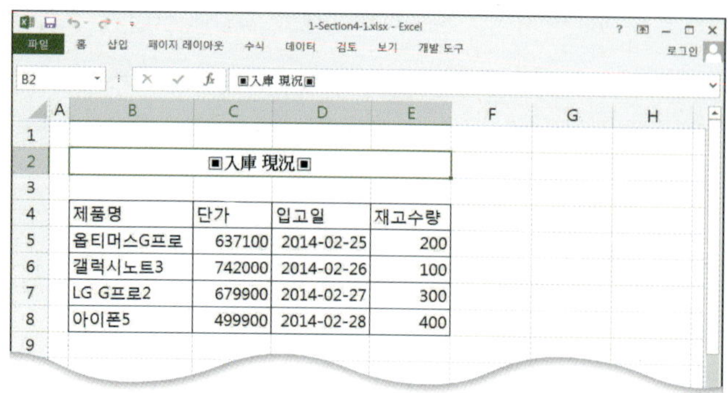

HINT | '입고' 워크시트의 '입고 현황'을 범위로 지정하고 [한자]를 누른다. 단어 단위로 변환하고, 한글 자음 'ㅁ'을 눌러 전각 도형을 입력한다.

'출고' 워크시트의 [C4] 셀에 '단가'를 '單價(단가)' 형태로 입력해 보자.

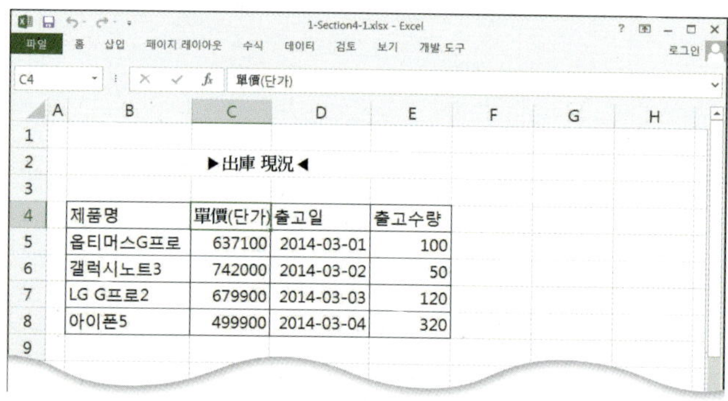

HINT | [C4] 셀을 더블클릭한 후 '단가'를 범위로 지정하고 [한자]를 누른다. [입력 형태]의 [漢字(한글)]을 체크하고 [변환] 단추를 클릭한다.

Check Point

- 한글을 입력한 후 범위로 설정하고 [한자]를 누르면 [한글/한자 변환] 대화상자가 나타난다. 여기서 한자를 선택하여 변환한다.
- 한글을 입력한 후 범위로 설정하고 [한자]를 누른다. [한글/한자 변환] 대화상자에서 [한자 사전]([🔖])을 클릭하면 한자의 음과 뜻을 확인할 수 있다.
- 한글 자음을 입력하고 [한자]를 누르면 특수 문자가 나타난다.
- 한글 'ㅁ' 자음에는 전가 도형, 'ㄹ' 자음에는 화폐나 단위, 'ㅇ' 자음에는 원 문자에 해당하는 특수 문자가 등록되어 있다.

엑셀 파일 저장하고 열기와 계정 로그인

엑셀에서 작성한 엑셀 파일을 통합 문서라고 한다. 엑셀에서 작성한 파일을 내 컴퓨터에 저장하고 불의의 사태에 대비하여 백업 파일과 암호 지정 방법을 알아보며, 계정 로그인을 통해 OneDrive에 저장하는 방법도 알아본다.

◑ 알아두기

- 엑셀 파일을 하드 디스크에 저장해 보자.
- 백업과 암호 파일을 지정해 보자.
- 계정 로그인으로 OneDrive에 저장해 보자.

따라하기 01 엑셀 파일 저장하고 열기

새 통합 문서의 엑셀 시트에 다음과 같이 문서를 작성한 다음 '엑셀저장' 이라는 폴더를 만들어 [판매현황.xlsx] 파일로 저장해 보자.

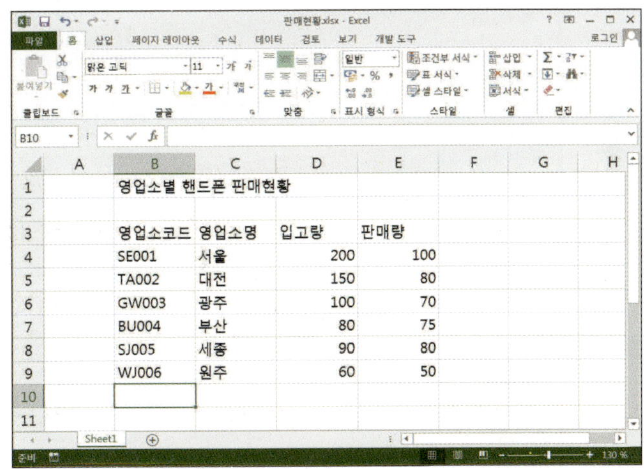

❶ 새 통합 문서의 워크시트에 데이터를 입력한 다음 빠른 실행 도구 모음에서 [저장](🖫)을 클릭한다.

❷ 화면에서 [컴퓨터]-[찾아보기]를 클릭한다.

❸ [다른 이름으로 저장] 대화상자가 나타나면 [새 폴더] 단추를 클릭하여 '엑셀저장' 으로 폴더 이름을 변경한 후 **Enter** 를 누른다.

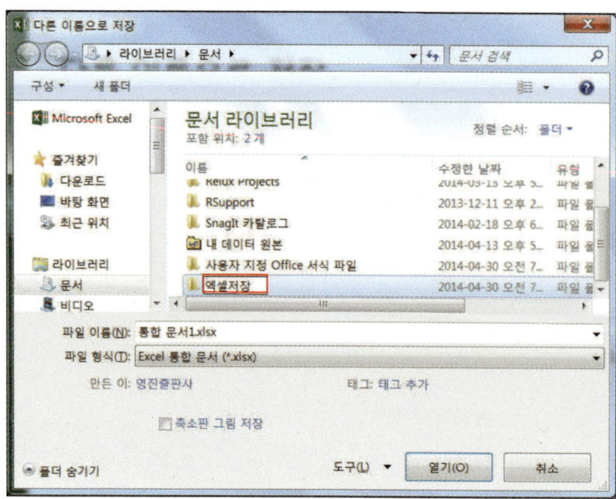

❹ [엑셀저장] 폴더를 더블클릭하고 [파일 이름]에 '판매현황' 을 입력한 후 [저장] 단추를 클릭하면 [판매현황.xlsx] 파일로 저장된다.

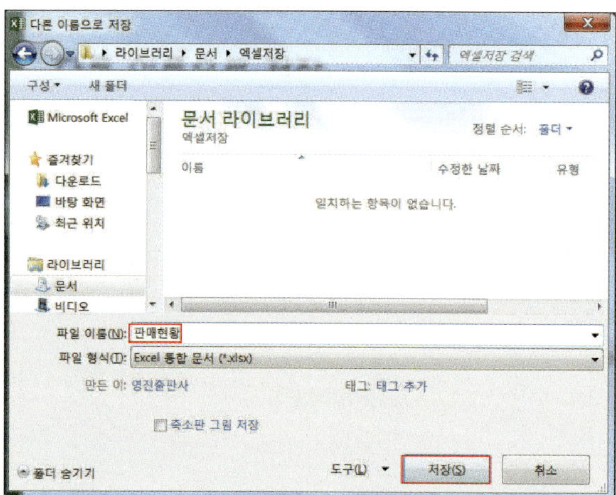

❺ [파일] 탭-[닫기]를 클릭하여 엑셀 2013을 종료하지 않고 현재 엑셀 문서만 닫는다.

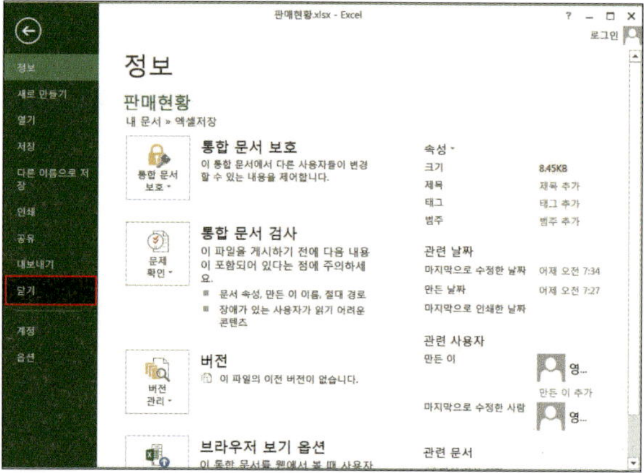

❻ [파일] 탭-[열기]를 클릭하고 [컴퓨터]-[찾아보기] 폴더를 클릭한다.

❼ [열기] 대화상자가 나타나면 파일이 저장되어 있는 경로로 이동한 후 [판매현황.xlsx] 파일을 선택하고 [열기] 단추를 클릭한다.

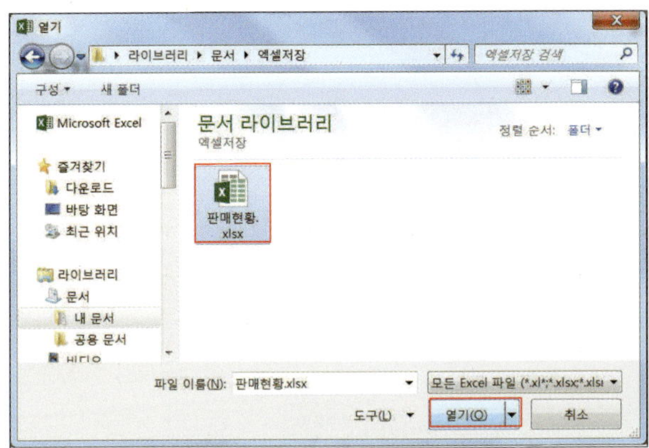

자동 완성 tip ➕

• 엑셀 파일 닫기와 엑셀 프로그램 종료 : 엑셀 창 오른쪽 상단에 있는 [닫기]([×]) 단추를 클릭하면 엑셀 2013이 종료되며, [파일] 탭-[닫기]를 클릭하면 현재 활성화된 엑셀 파일만 종료된다.

• 다른 이름으로 저장하기 : 한 번 이상 저장된 엑셀 파일은 다른 이름으로 저장할 수 있다.

따라하기 **02** 엑셀 파일에 암호 저장하기와 백업 파일 만들기

[판매현황.xlsx] 파일에 열기 암호와 백업 파일 항상 만들기를 지정하여 [판매현황암호.xlsx] 파일로 저장해 보자.

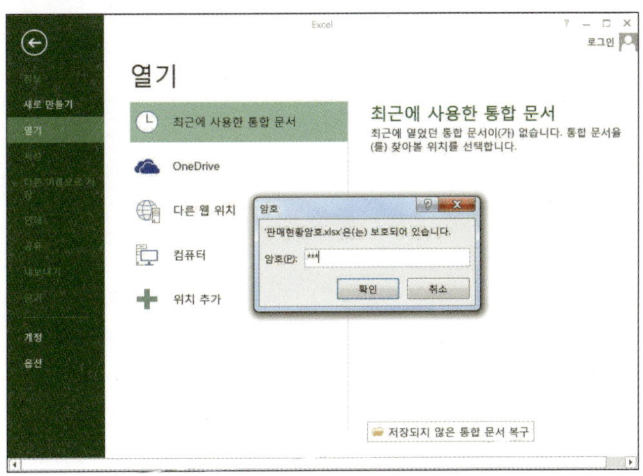

❶ [판매현황.xlsx] 파일을 불러온 후 [파일] 탭-[다른 이름으로 저장]의 [컴퓨터]-[찾아
보기]를 클릭한다. [다른 이름으로 저장] 대화상자가 나타나면 [파일 이름]에 '판매현
황암호'를 입력한 다음 [도구] 단추를 클릭하여 [일반 옵션]을 선택한다.

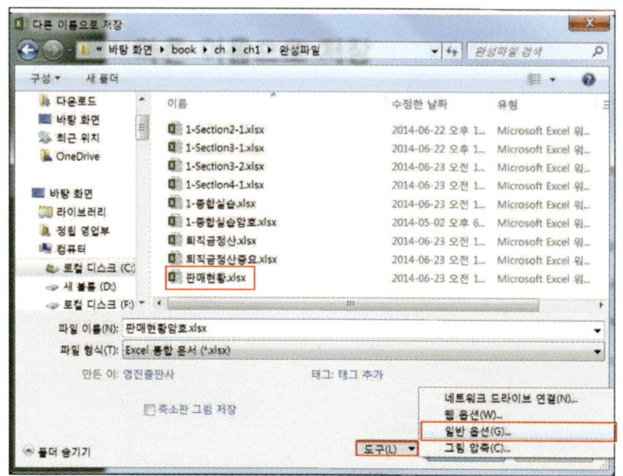

❷ [일반 옵션] 대화상자의 [백업 파일 항상 만들기]를 체크하고 [열기 암호]에는 '123'을
입력한 후 [확인] 단추를 클릭한다. [암호 확인] 대화상자의 [열기 암호를 다시 입력하
십시오.]에 '123'을 입력하고 [확인] 단추를 클릭한다.

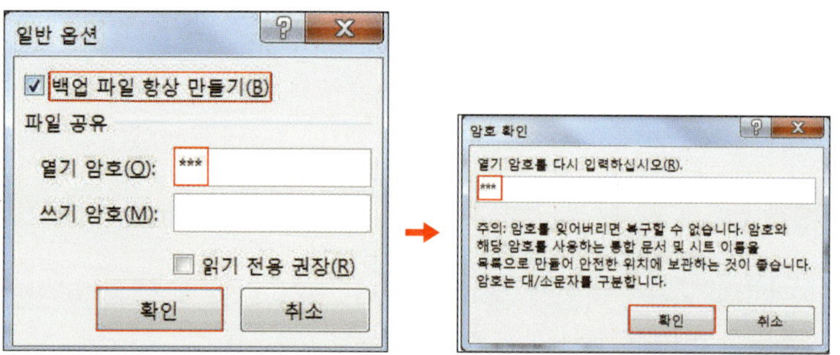

❸ [파일] 탭-[닫기]를 클릭하여 [판매현황암호.xlsx] 파일을 닫고, 다시 [열기] 명령으로
[판매현황암호.xlsx] 파일을 불러오면 [암호] 대화상자가 나타난다. 이곳에서 암호를
입력하고 [확인] 단추를 클릭한다.

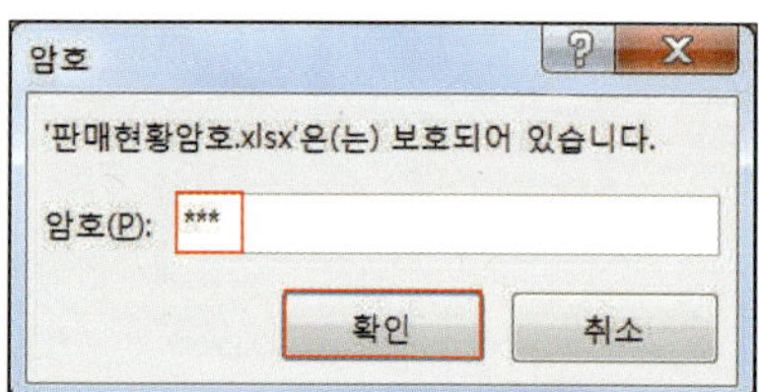

❹ [판매현황암호.xlsx] 파일이 열리면 빠른 실행 도구 모음에서 [저장](🖫)을 클릭하고
[열기] 명령으로 [열기] 대화상자를 살펴보면 [판매현황암호의 백업.xlk] 파일이 백업
파일 형태로 존재하는 것을 확인할 수 있다.

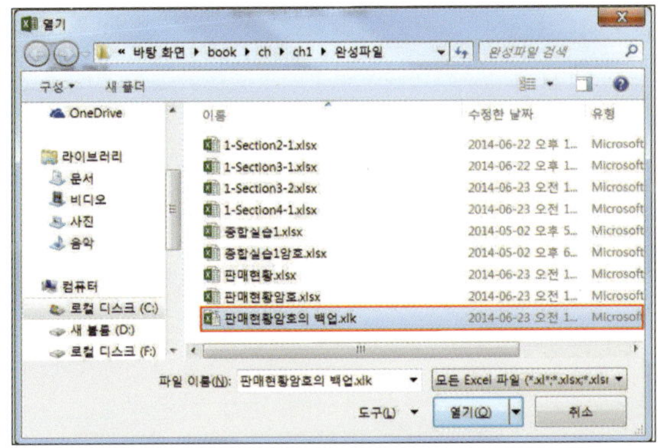

> ### 저장의 [일반 옵션]   tip
>
> - 백업 파일 항상 만들기 : 엑셀 파일 손상에 대비해 마지막 저장 이전 상태까지 백업하는 기능을 지정한다.
> - 열기 암호 : 일반적인 암호로 해당 암호를 입력하지 않으면 파일이 열리지 않는다.
> - 쓰기 암호 : 엑셀 파일의 변경 내용을 저장하기 위해 설정하는 암호이며, 쓰기 암호를 입력하지 않으면 읽기 전용으로 불러올 수 있다.
> - 읽기 전용 권장 : 파일을 읽기 전용으로 불러온 것을 확인한 후 편집할 수 없는 형태로 지정한다.

따라하기 **03** ▎ **계정 로그인하기**

로그인 계정을 얻어 [판매현황.xlsx] 파일을 OneDrive에도 저장해 보자.

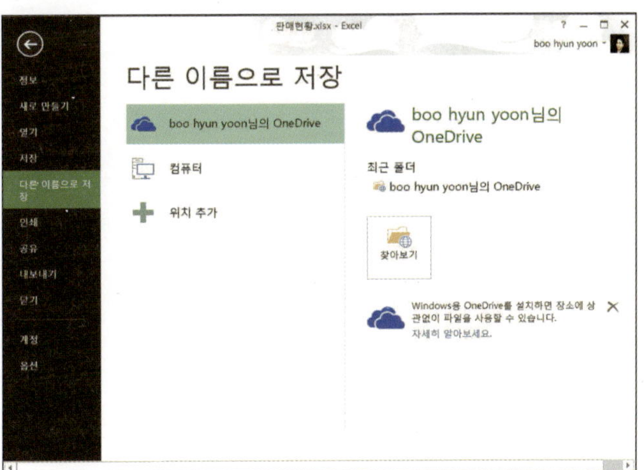

❶ [판매현황.xlsx] 파일을 불러온 후 [파일] 탭-[계정]의 로그인 단추를 클릭한다. 로그인 창에 사용하는 전자 메일을 입력하고 [다음] 단추를 클릭한 후 [새 Microsoft 계정을 만들까요?] 등록의 [등록]을 클릭한다. 계정 항목들을 작성하고 하단의 [계정 만들기] 단추를 클릭한다.

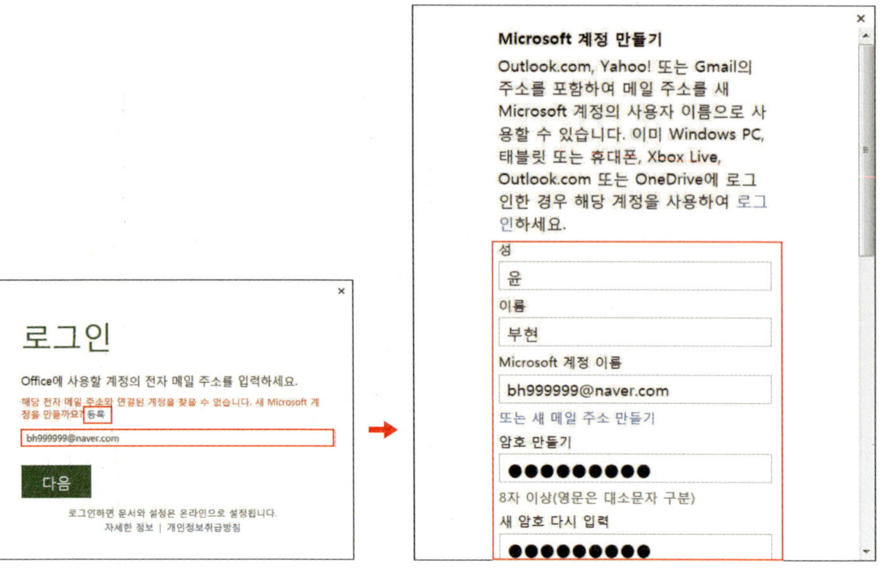

❷ 보안을 위해 본인 전자 메일이 맞는지 확인 창이 나타난다. 전자 메일을 오픈하여 [검증]
을 클릭한 다음 Microsoft 계정에 로그인 후 [계속] 단추를 클릭하여 계정을 완성한다.

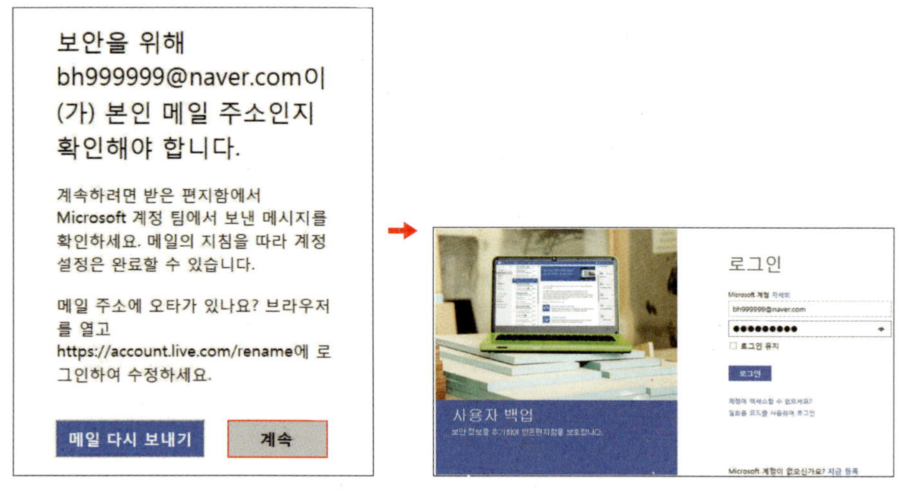

❸ [파일] 탭-[로그인] 단추를 클릭하거나, 오른쪽 상단의 로그인을 클릭한다. 로그인 창
이 나타나면 전자 메일과 암호를 입력한 후 [로그인] 단추를 클릭한다.

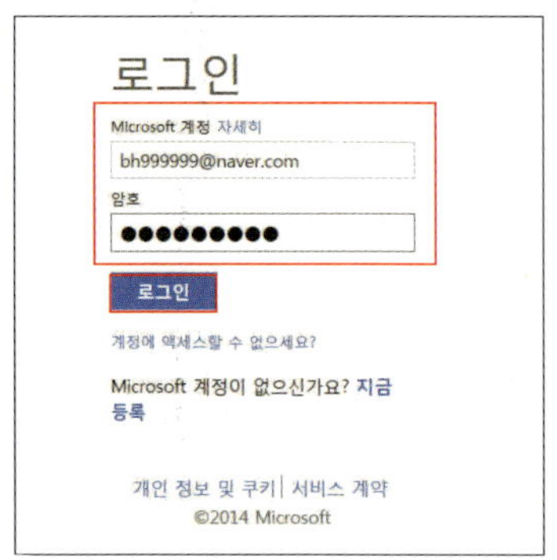

❹ [다른 이름으로 저장]을 클릭하여 구름 모양의 [사용자님의 OneDrive]을 더블클릭하
고 [저장] 단추를 클릭한다.

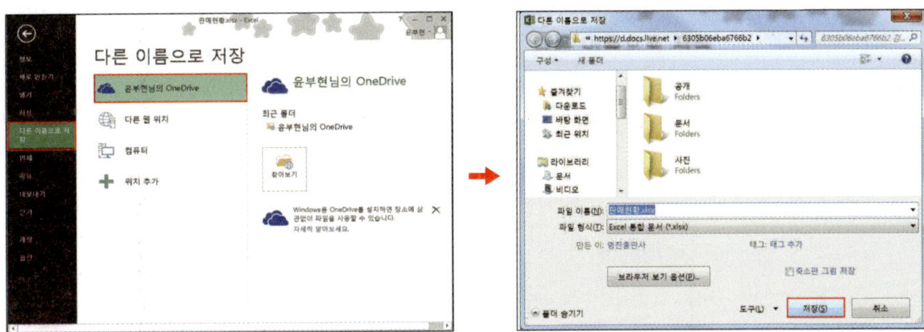

OneDrive

- 클라우드에 파일을 저장하여 어디서나 액세스할 수 있고 손쉽게 가족 및 친구들과 공유할 수 있다.
- OneDrive를 통해 문서를 온라인으로 저장하려면 Microsoft 계정으로 로그인한다.
- 웹 주소(https://onedrive.live.com)에 로그인하면 저장된 파일을 확인할 수 있다.

01 혼자해보기

새 통합 문서의 'Sheet1' 워크시트에 다음과 같이 데이터를 입력하여 [퇴직금정
산.xlsx] 파일로 저장해 보자.

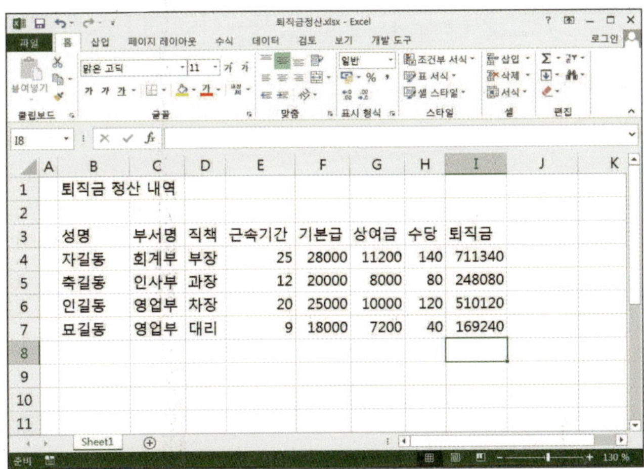

성명	부서명	직책	근속기간	기본급	상여금	수당	퇴직금
자길동	회계부	부장	25	28000	11200	140	711340
축길동	인사부	과장	12	20000	8000	80	248080
인길동	영업부	차장	20	25000	10000	120	510120
묘길동	영업부	대리	9	18000	7200	40	169240

HINT | 새 통합 문서를 불러온 후 그림과 같이 데이터를 입력하고, [파일] 탭-[저장]이나 [다른 이름으로
저장]을 클릭하여 저장한다.

[퇴직금정산.xlsx] 파일을 열어 데이터를 추가한 다음 [퇴직금정산중요.xlsx] 파일로 저장해 보자. 저장하기 전에 열기 암호에는 'young'과 '백업 파일 항상 만들기'를 지정한다.

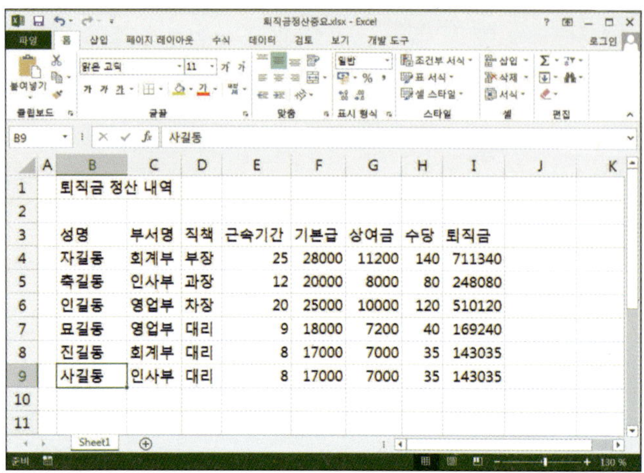

HINT | [퇴직금정산.xlsx] 파일을 열어 데이터를 추가하고, [파일] 탭-[다른 이름으로 저장]을 클릭한다. [다른 이름으로 저장] 대화상자에서 [도구] 단추를 클릭하여 [일반 옵션]을 선택하고, [백업 파일 항상 만들기]를 체크한 후 [열기 암호]에 암호를 입력하여 저장한다.

[퇴직금정산.xlsx] 파일을 OneDrive에 저장하고 로그아웃해 보자.

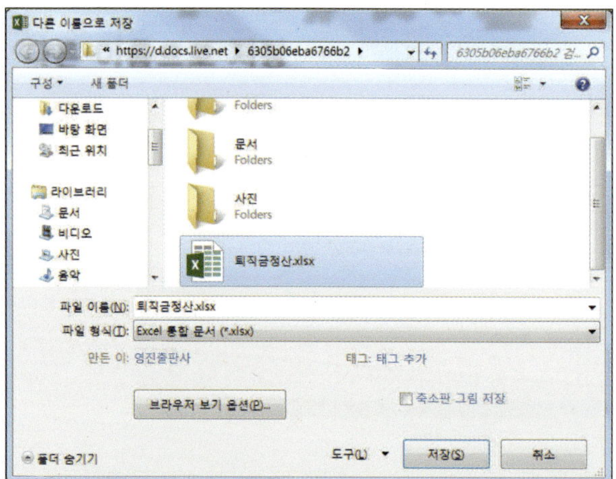

HINT | [퇴직금정산.xlsx] 파일을 열고 엑셀 창 오른쪽 상단에 있는 [로그인]을 클릭하여 전자 메일과 암호를 입력한다. [파일] 탭-[다른 이름으로 저장]-[OneDrive]를 더블클릭하여 저장한다. [파일] 탭-[계정]의 [로그아웃]을 클릭한다.

- [파일] 탭-[저장]이나 [다른 이름으로 저장]을 이용하여 저장한다.

- [파일] 탭-[열기]를 클릭하여 저장되어 있는 엑셀 파일을 불러온다.

- [다른 이름으로 저장] 대화상자의 [도구]-[일반 옵션]을 선택하여 '백업 파일 항상 만들기', '열기 암호', '쓰기 암호'를 선택할 수 있다.

- 전자 메일로 Microsoft 계정에 로그인하면 OneDrive를 이용할 수 있다.

1. 엑셀 2013 실행과 종료

- 시작 : [시작] 단추를 클릭하고 [모든 프로그램]-[Microsoft Office]-[Microsoft Excel 2013]을 클릭합니다.

- 종료 : 엑셀 창 오른쪽 상단에 있는 [닫기](☒) 단추를 클릭한다.

2 엑셀 2013의 레이아웃

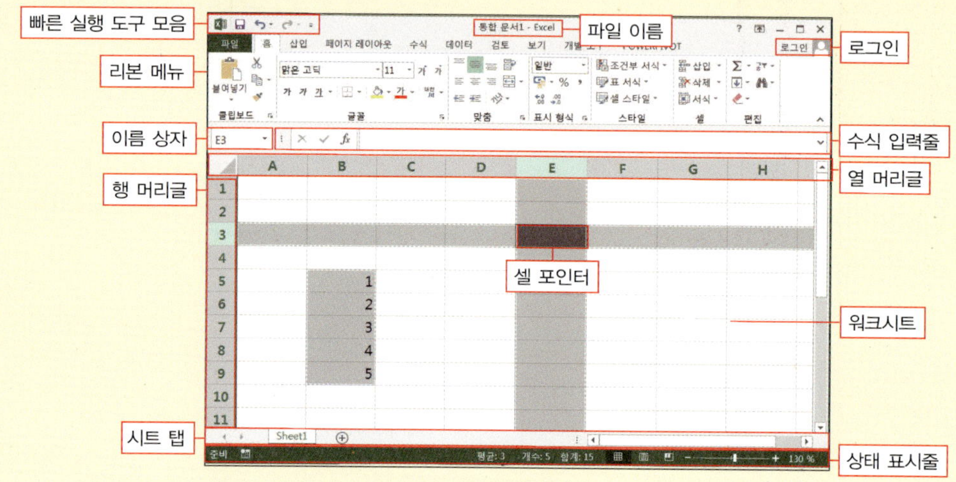

3 셀에 데이터 입력과 수정하기

- 데이터를 입력할 셀로 이동한 후 데이터를 입력한다.

- 입력하는 데이터의 종류에 따라 문자와 숫자로 나뉘며, 숫자는 일반, 날짜, 시간 형태로 분류할 수 있다.

- 수정할 셀을 더블클릭하면 입력한 데이터를 수정할 수 있다.

4 엑셀 옵션 활용하기

- 엑셀의 옵션이란 사용자가 직접 다양한 기능을 설정하여 사용할 수 있게 하는 부분이다.

- [파일] 탭-[옵션]을 통해 다양한 형태의 옵션을 지정하여 사용할 수 있다.

5 한자와 특수 문자 입력하기

- 한자로 변환할 부분을 블록으로 지정하고 [한자]를 누른 다음 [한글/한자 변환] 대화상자를 이용하여 한자로 변환한다.

- 한글 자음을 입력하고 [한자]를 누르면 입력한 자음에 할당되어 있는 기호 목록이 표시되며, 기호 목록에서 입력할 기호를 클릭하면 한글 자음이 기호로 변환된다.

6. 엑셀 파일 저장하고 열기와 계정 로그인

- 저장하기 : [파일] 탭–[저장]을 클릭하거나, 빠른 실행 도구 모음에서 [저장](🖫)을 클릭한 다음 저장 위치와 파일 이름을 지정하여 저장한다.

- 다른 이름으로 저장하기 : [파일] 탭–[다른 이름으로 저장]을 클릭하고 저장 위치와 파일 이름을 지정하여 저장한다.

- 열기 : [파일] 탭–[열기]를 클릭하고 [열기] 대화상자에서 파일을 불러온다.

- 열기 암호와 쓰기 암호 지정하기 : [다른 이름으로 저장] 대화상자에서 [도구]–[일반 옵션]을 선택한다. 여기서 통합 문서의 열기 암호와 쓰기 암호를 지정할 수 있다. 암호를 변경하고 제거할 때도 [일반 옵션] 대화상자를 이용한다.

- 백업 파일 항상 만들기 : [다른 이름으로 저장] 대화상자에서 [도구]–[일반 옵션]을 선택한다. 여기서 [백업 파일 항상 만들기]를 지정하여 백업 파일을 생성한다.

- 계정 로그인 : 엑셀 창 오른쪽 상단에 있는 [로그인]([로그인 👤])을 클릭하고 일반적으로 사용하는 전자 메일로 Microsoft 계정을 등록한다. 로그인 완료 후에 OneDrive를 이용할 수 있다.

1. '새 통합 문서의 'Sheet1' 워크시트에 다음과 같이 데이터를 입력하고 [1-종합실습.xlsx] 파일로 저장해 보자.

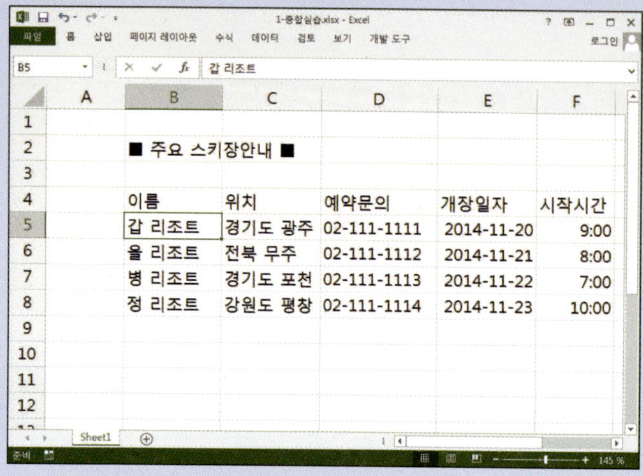

> **HINT |** 특수 문자는 한글 자음 'ㅁ'을 입력하고 한자를 눌러 입력하며, 개장일자는 '2014-11-20' 형태로, 시작시간은 '9:10' 형태로 입력한다.

2. 새로운 워크시트를 추가하여 다음과 같이 한자와 단위의 데이터를 입력하고 저장해 보자.

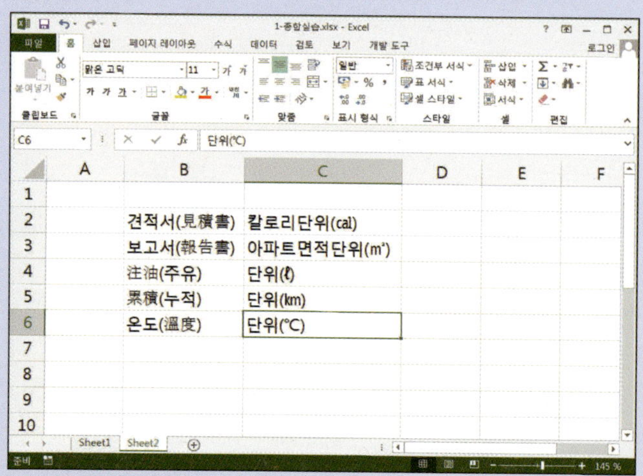

> **HINT |** 시트 탭의 새 시트(⊕)를 클릭하여 새로운 워크시트를 추가한다. 한글을 입력하고 범위로 지정한 후 한자를 눌러 한자로 변환하고, 단위 입력은 한글 자음 'ㄹ'을 입력하고 한자를 눌러 화폐 단위 목록에서 입력한다.

3. [1-종합실습.xlsx] 파일을 닫고 다시 불러온 후 [1-종합실습암호.xlsx] 파일로 'p@2d' 암호를 이용하여 저장하고 열어보자.

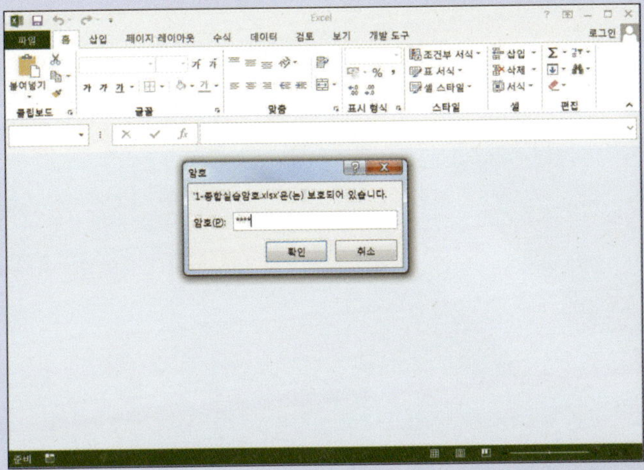

HINT | [1-종합실습.xlsx] 파일을 다시 열고 [파일] 탭–[다른 이름으로 저장]을 클릭한다. [다른 이름으로 저장] 대화상자에서 파일 이름을 입력한 후 [도구]–[일반 옵션]을 선택한다. [열기 암호]를 입력하고 저장한 후 [파일] 탭–[닫기]와 [열기]를 선택하여 [1-종합실습암호.xlsx] 파일을 다시 불러온다.

4. [1-종합실습.xlsx] 파일을 OneDrive에 저장해 보자.

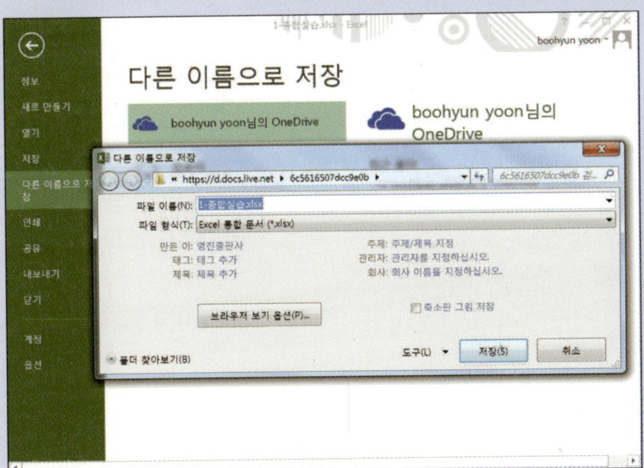

HINT | [파일] 탭–[다른 이름으로 저장]의 [OneDrive]를 더블클릭한다. 로그인 과정을 거쳐 자신의 OneDrive에 저장한다.

02 CHAPTER

자동 채우기와
복제 및 셀 서식

이번 Chapter에서는 채우기 핸들로 빠르게 데이터를 입력하고, 범위를 지정하여 블록 단위의 이동과 복사 및 선택하여 붙여넣기를 학습한다. 또한 셀 서식을 이용하여 셀 단위로 입력된 데이터를 꾸며보며 서식 복사와 서식 붙이기도 학습한다.

엑셀 2013 데이터 꾸미기

데이터를 빠르게 입력하기 위해서 채우기 핸들의 기능과 셀 단위의 범위를 선택하여 이동, 복사, 붙여넣기, 선택하여 붙여넣기, 삭제 등의 편집 명령을 알아본다 또한, 셀에 입력된 데이터를 다양한 형태로 표시하는 셀 서식의 표시 형식과 셀 서식을 복사하는 방법에 대해서 학습한다.

01 채우기 핸들로 자동 채우기와 자동 채우기 옵션

- 채우기 핸들을 드래그하면 상, 하, 좌, 우 셀로 데이터를 자동 채우기할 수 있다.
- 자동 채우기를 한 후 표시되는 자동 채우기 옵션(▦)을 이용하면 채우기 결과 값을 변경할 수 있다.
- 데이터의 형식에 따라 자동 채우기 형태가 변한다.

02 범위 지정과 복제

- **연속적인 범위** : 마우스로 범위의 시작 셀부터 원하는 셀까지 드래그한다.
- **비연속적인 범위** : 첫 번째 범위를 지정한 다음 두 번째 범위부터는 **Ctrl** 을 누른 상태에서 범위를 지정한다.
- **특정 행이나 열 전체 범위** : 행 머리글이나 열 머리글을 마우스로 클릭하거나 드래그한다.
- **활성 시트의 모든 셀 범위** : 행과 열 머리글이 교차하는 부분에 있는 ◣ 버튼을 클릭한다.

● 데이터 복제와 이동하기

명령	순서와 단축키
복제하기	❶범위 지정 ➜ ❷복사 : **Ctrl** + **C** ➜ ❸셀 포인터 이동 ➜ ❹붙여넣기 : **Ctrl** + **V**
이동하기	❶범위 지정 ➜ ❷잘라내기 : **Ctrl** + **X** ➜ ❸셀 포인터 이동 ➜ ❹붙여넣기 : **Ctrl**

03 선택하여 붙여넣기

- 범위를 복사한 후 다른 곳에 붙여넣을 때 [붙여넣기] 옵션을 통하여 [선택하여 붙여넣기] 명령을 이용하면 다양한 붙여넣기를 할 수 있다.
- 복사 명령을 실행한 다음 붙여넣기 옵션(　)의 화살표를 클릭하여 원하는 옵션을 선택한다.
- 복사 명령을 실행한 다음 [선택하여 붙여넣기]에 해당하는 단축키(　**Ctrl**　+　**Alt**　+　**V**　)를 눌러 원하는 옵션을 선택한다.

04 셀 서식의 표시 형식

- 입력 데이터를 사용자가 원하는 형식으로 화면에 표시한다.
- [홈] 탭-[표시 형식] 그룹에 있는 도구 명령을 사용하거나, 마우스 오른쪽 버튼의 바로 가기 메뉴에서 [셀 서식](　셀 서식(F)　)을 선택한다.
- 일반적으로 제공되지 않는 표시 형식은 [사용자 지정] 범주를 선택하여 다양한 서식 코드를 입력한다.

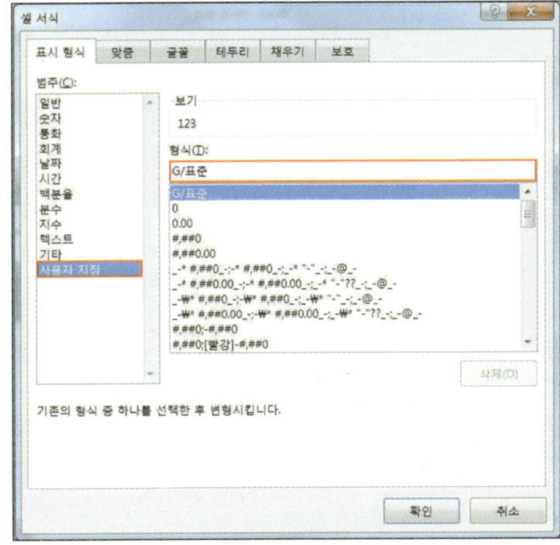

- [홈] 탭의 [글꼴] 그룹, [맞춤] 그룹, [표시 형식] 그룹에서 선택하거나, 마우스 오른쪽 버튼을 이용한 바로가기 메뉴 위쪽에 미니 도구 모음에서 서식을 지정하여 사용한다.

▲ 미니 도구 모음

● [셀 서식] 대화상자의 탭

탭 그룹	설명
표시 형식	서식 코드를 이용하여 다양한 형식으로 지정한다.
글꼴	입력한 데이터의 글꼴, 글꼴 스타일, 크기, 밑줄, 색 등을 지정한다.
맞춤	입력한 데이터의 텍스트 맞춤, 텍스트 조정, 텍스트 방향 등을 지정한다.
테두리	셀의 상, 하, 좌, 우에 테두리의 선 스타일과 색상을 지정하여 테두리를 그린다.
채우기	셀에 배경색, 무늬 색, 채우기 효과의 그레이디언트로 지정한다.
보호	셀 잠금 또는 수식 숨기기를 지정한다.

- 서식 복사

  셀 서식으로 꾸며져 있는 셀의 꾸밈만 그대로 복사하는 기능이다.

- 서식 복사 순서

명령	순서
한번 실행	❶범위 지정 ➡ ❷서식 복사 : 🖌클릭 ➡ ❸서식 복사 받을 셀을 클릭
여러 번 실행	❶범위 지정 ➡ ❷서식 복사 : 🖌더블클릭 ➡ ❸서식 복사 받을 셀을 계속해서 클릭 ➡ ❹ Esc 를 눌러 서식 복사 상태 해제하기

채우기 핸들로 자동 채우기와 자동 채우기 옵션

채우기 핸들을 이용하여 상, 하, 좌, 우에 있는 셀 범위로 데이터를 빠르고 쉽게 복사하는 채우기와 자동 채우기 옵션에 대해 학습한다.

[작업 준비물 : 2-Section1.xlsx]

> **○ 알아두기**
>
> • 채우기 핸들로 연속적인 데이터를 입력해 보자.
>
> • 채우기 명령의 옵션을 통해 계열을 변경해 보자.
>
> • 패턴을 인식하는 빠른 채우기를 이용해 보자.

따라하기 **01** 자동 채우기

[2-Section1.xlsx] 파일을 열어 '자동채우기' 워크시트에 여러 종류의 데이터를 채워보자.

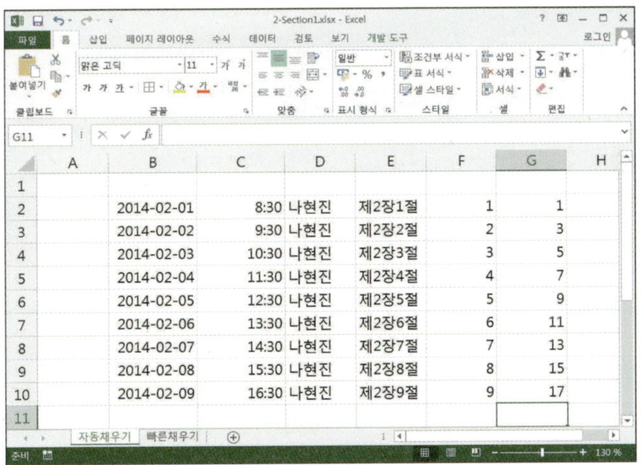

❶ [B2] 셀을 클릭하고(2014-02-01) 오른쪽 끝에 마우스 포인터를 맞춘(채우기 핸들) 다음, 클릭한 채로 [B10] 셀까지 드래그한다. 날짜는 1일 단위로 증가되면서 채워진다.

❷ [C2] 셀을 클릭하고 채우기 핸들로 [C10] 셀까지 드래그한다. 시간은 1시간 단위로 증가되면서 채워진다.

❸ [D2] 셀을 클릭하고 채우기 핸들로 [D10] 셀까지 드래그한다. 일반적인 문자 데이터는 같은 내용으로 복사된다.

❹ [E2] 셀을 클릭하고 채우기 핸들로 [E10] 셀까지 드래그한다. 문자 데이터와 숫자가 섞여있으면 마지막 숫자가 1씩 증가한다.

❺ [F2] 셀을 클릭하고 채우기 핸들로 [E10] 셀까지 드래그한다. 데이터가 복사되고 자동
채우기 옵션(📋)이 표시되면, 클릭하여 [연속 데이터 채우기]를 선택한다.

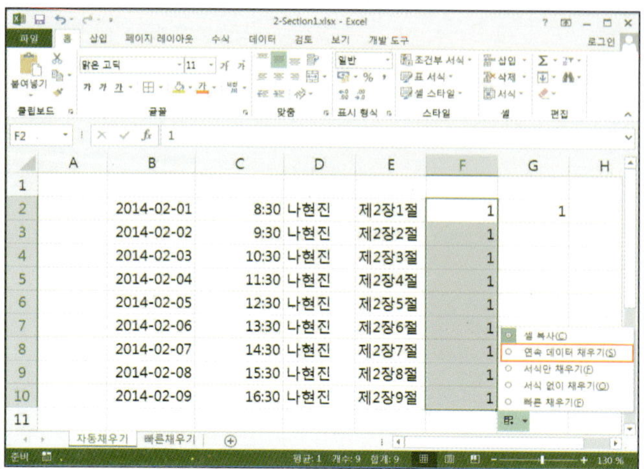

❻ [G2] 셀을 클릭하고 채우기 핸들로 [G10] 셀까지 드래그하여 데이터를 복사한다. [홈]
탭-[편집] 그룹의 [채우기](📥)를 클릭하고 [계열]을 선택한다.

❼ [연속 데이터] 대화상자가 나타나면 [단계 값]에 '2'를 입력하고 [확인] 단추를 클릭한다.

셀, 행과 열, 시트, 통합 문서의 관계　　tip ➕

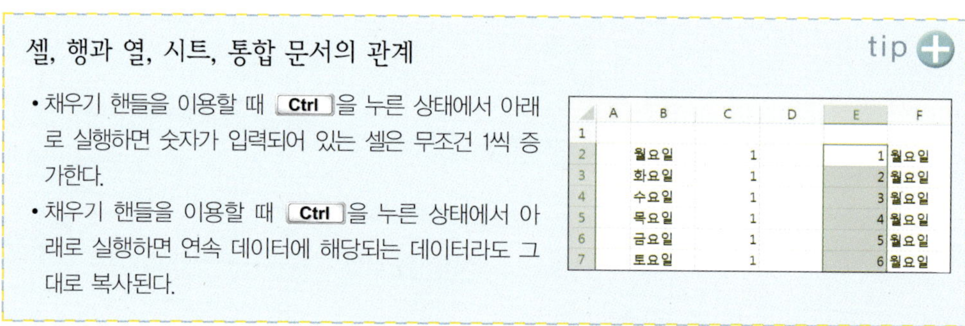

- 채우기 핸들을 이용할 때 **Ctrl** 을 누른 상태에서 아래
  로 실행하면 숫자가 입력되어 있는 셀은 무조건 1씩 증
  가한다.
- 채우기 핸들을 이용할 때 **Ctrl** 을 누른 상태에서 아
  래로 실행하면 연속 데이터에 해당되는 데이터라도 그
  대로 복사된다.

[2-Section1.xlsx] 파일의 '빠른채우기' 워크시트에서 빠른 채우기를 이용하여 성과 이름을 분리해 보자.

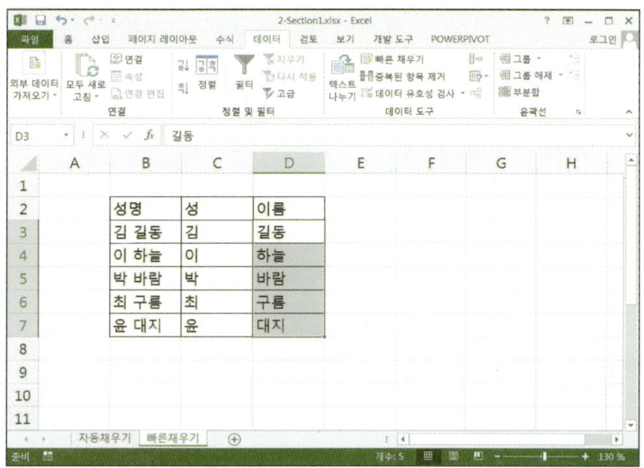

❶ [2-Section1.xlsx] 파일에 '빠른채우기' 워크시트의 [C3] 셀에 '김'을 입력하고 채우기 핸들로 [C7] 셀까지 드래그한다. 데이터가 복사되고 자동 채우기 옵션(📋)이 나타나면 [빠른 채우기]를 선택한다.

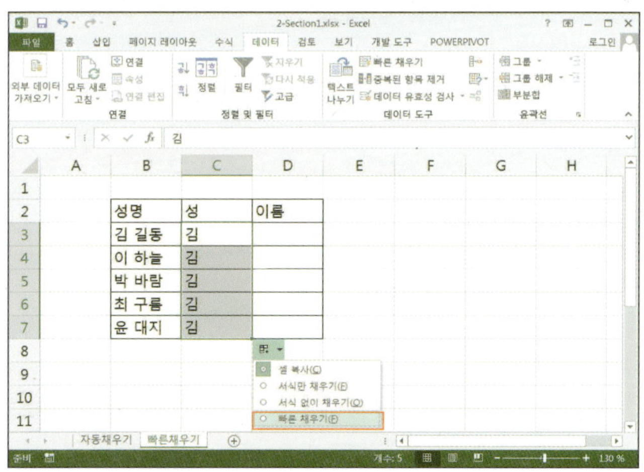

❷ [D3] 셀을 클릭하고 '길동'을 입력한 후 Enter 를 누른다. 다시 [D3] 셀을 클릭하고 [D7] 셀까지 범위를 설정한다. [데이터] 탭-[데이터 도구] 그룹의 [빠른 채우기](빠른 채우기)를 클릭한다.

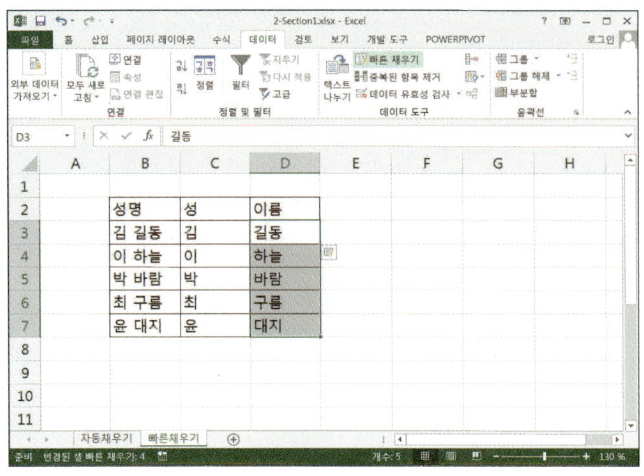

01

혼자해보기

새로운 워크시트를 추가하고 다음과 같이 데이터를 채우기 핸들로 입력해 보자.

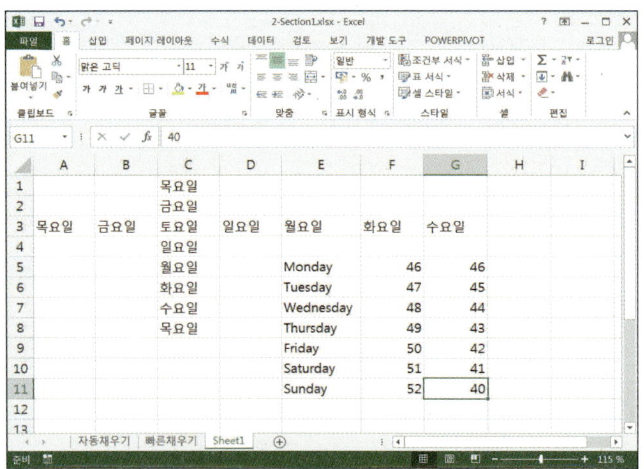

HINT | [C3] 셀에 '토요일'을 입력하고 채우기 핸들로 상, 하, 좌, 우로 드래그하여 자동 채우기를 완성
한다. [F5] 셀에 '46'을 입력하고 자동 채우기 옵션(   )에서 [연속 데이터 채우기]를 선택한다. [G5] 셀에
'46'을 입력하고 채우기 핸들로 데이터를 채운 후 [홈] 탭–[편집] 그룹의 [채우기](   )–[계열]을 선택한다.
[연속 채우기] 대화상자의 [단계 값]에 '–1'을 입력한다.

02
혼자해보기

[2-Section1-2.xlsx] 파일을 열어 다음과 같이 전화번호 항목을 빠른 채우기로 완성해 보자.

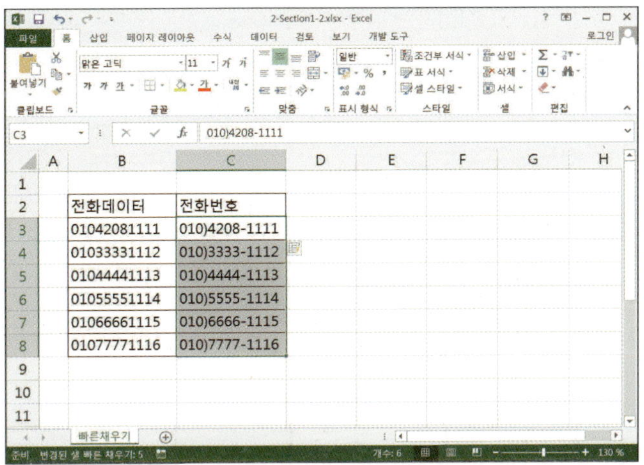

> **HINT** | [C3] 셀에 '010)4208-1111'을 입력하고 [C3:C8]을 범위로 지정한 후 단축키(**Ctrl** + **E**)를 눌러 완성한다.

Check Point

- 셀의 오른쪽 끝에 마우스 포인터를 맞춘(채우기 핸들) 후, 클릭한 채로 원하는 곳까지 드래그하면 데이터를 자동 채우기할 수 있다.
- 자동 채우기를 한 후 표시되는 자동 채우기 옵션(圄)을 사용하면 채우기 결과를 변경할 수 있다.
- 빠른 채우기는 일종의 패턴을 찾아 처리하는 기능으로 단축키는 **Ctrl** + **E** 이다.

범위 지정과 복제

셀에 입력된 데이터를 범위로 지정하는 다양한 방법과 지정한 범위를 똑같이 복제하고 이동시키는 방법을 알아본다.

[작업 준비물 : 2-Section2.xlsx]

◐ 알아두기

• 연속적인 범위와 비연속적인 범위의 지정 방법을 살펴보자.

• 지정된 범위를 복제하고 다른 곳으로 이동시켜 보자.

따라하기 01 범위 지정하기

[2-Section2.xlsx] 파일을 열어 '복제하기' 워크시트에서 다음과 같이 범위를 지정해 보자.

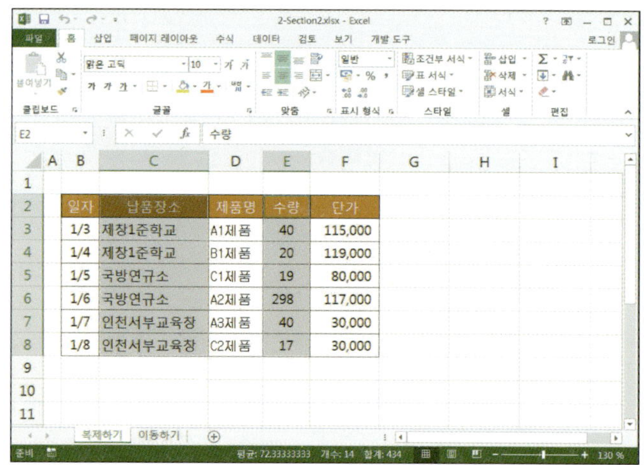

❶ [2-Section2.xlsx] 파일의 '복제하기' 워크시크를 선택한다.

❷ [C2] 셀을 클릭한 상태로 [C8] 셀까지 드래그한다.

❸ **Ctrl** 을 누른 상태로 [E2] 셀을 클릭하고 [E8] 셀까지 드래그한다.

범위를 지정하는 다양한 방법 tip ➕

연속적인 범위	시작 셀부터 마지막 셀까지 드래그하여 범위를 지정한다.
비연속적인 범위	첫 번째 범위를 지정한 다음 `Ctrl`을 누른 상태에서 범위를 지정한다.
행 머리글	행 머리글을 클릭하면 해당 행 전체가 범위로 지정된다.
열 머리글	열 머리글을 클릭하면 해당 열 전체가 범위로 지정된다.
모든 셀	행과 열 머리글이 교차하는 부분에 있는 ◢ 버튼을 클릭한다.
연속적인 데이터	`Ctrl` + `Shift` +방향키를 눌러 빠르게 연속 데이터 범위를 지정한다.

따라하기 02 복제하기

[2-Section2.xlsx] 파일의 '복제하기' 워크시트에 있는 납품장소, 수량 항목을 복제해 보자.

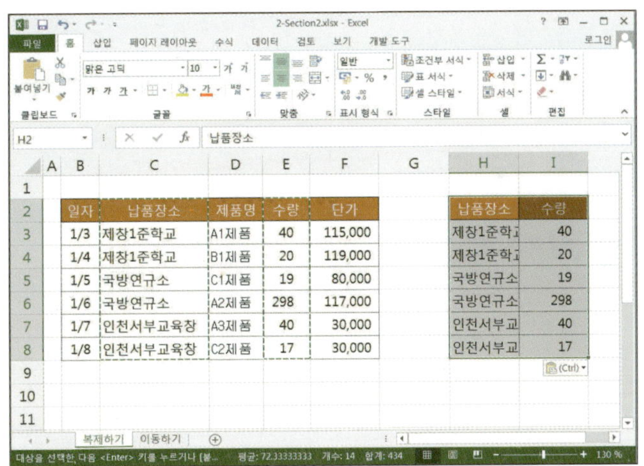

❶ '복제하기' 워크시트의 [C2:C8]을 범위로 지정한 다음 `Ctrl`을 누른 상태로 [E2:E8]을 범위로 지정한다.

❷ [홈] 탭-[클립보드] 그룹의 [복사]( )를 클릭한다. 범위로 지정한 부분이 임시 기억 장소인 클립보드에 복사되었다는 테두리가 표시된다.

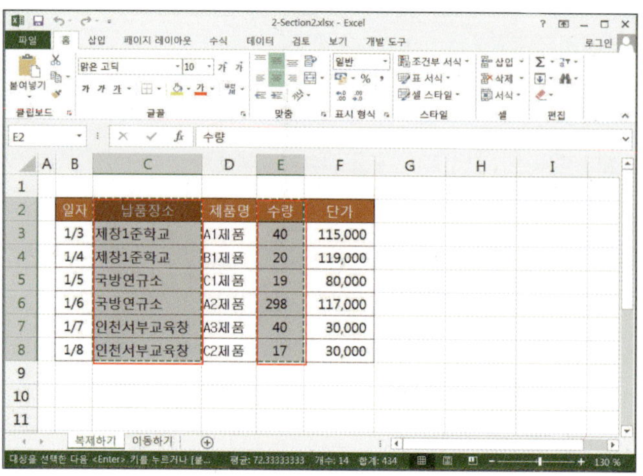

❸ [H2] 셀을 클릭하고 [홈] 탭-[클립보드] 그룹의 [붙여넣기](📋)를 클릭하면 [H2] 셀부터 데이터가 복제된다.

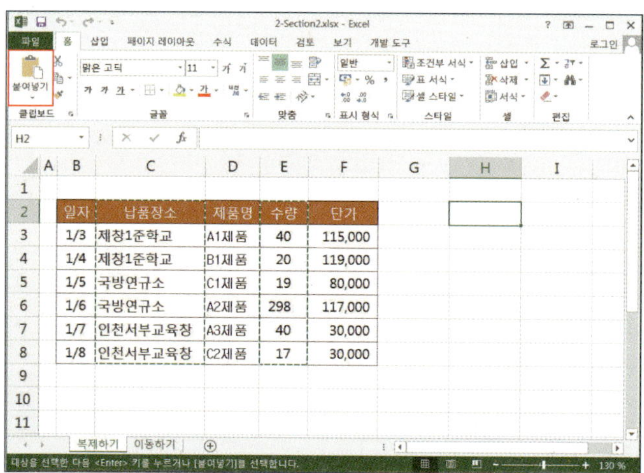

❹ 복제된 납품장소의 데이터가 모두 나타나지 않으면 [H] 열 머리글의 오른쪽 경계선을 더블클릭하여 데이터가 모두 나타나게 한다. 임시 기억 장소인 클립보드에 복제되었다는 테두리를 해제하려면 **Esc** 를 누른다.

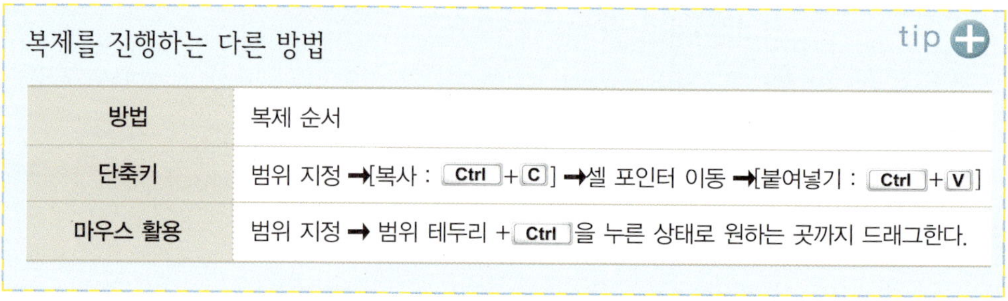

복제를 진행하는 다른 방법	tip ➕

방법	복제 순서
단축키	범위 지정 ➡ [복사 : **Ctrl** + **C**] ➡ 셀 포인터 이동 ➡ [붙여넣기 : **Ctrl** + **V**]
마우스 활용	범위 지정 ➡ 범위 테두리 + **Ctrl** 을 누른 상태로 원하는 곳까지 드래그한다.

[2-Section2.xlsx] 파일의 '이동하기' 워크시트에서 일자 항목을 이동시켜 보자.

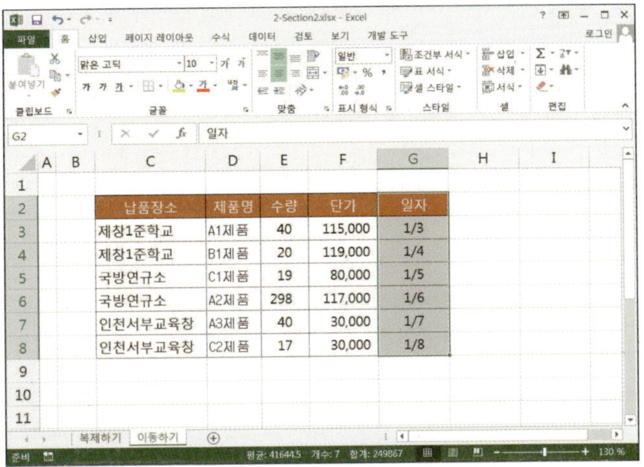

❶ [2-Section2.xlsx] 파일의 '이동하기' 워크시트에서 [B2:B8] 범위를 선택한다.

❷ [홈] 탭-[클립보드] 그룹의 [잘라내기](✖)를 클릭한다.

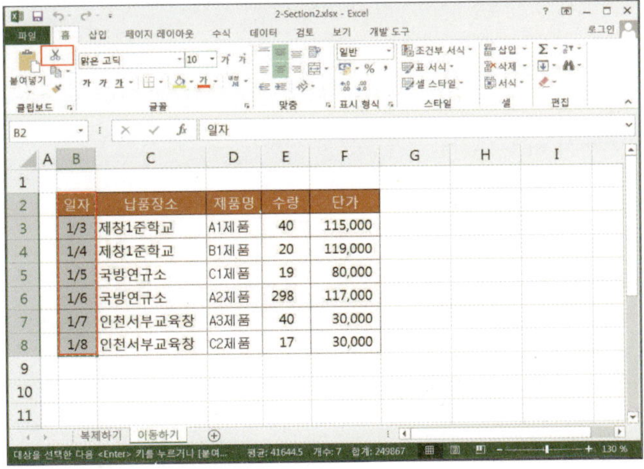

❸ [G2] 셀을 클릭하고 [홈] 탭-[클립보드] 그룹의 [붙여넣기](📋)를 클릭하면 [G2] 셀부터 데이터가 복제된다.

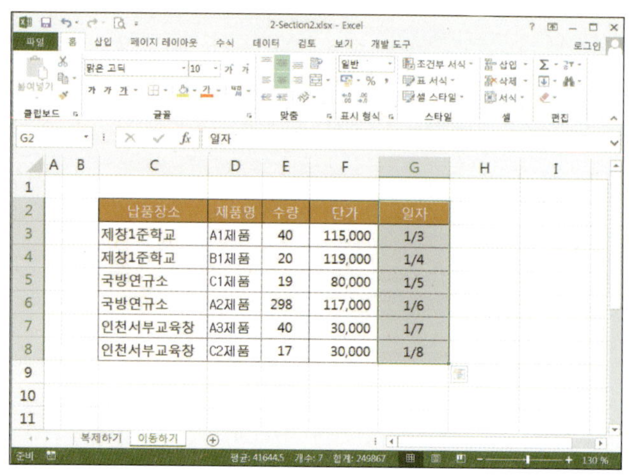

이동을 진행하는 다른 방법

방법	이동 순서
단축키	범위 지정 ➡ [잘라내기 : **Ctrl** + **X**] ➡ 셀 포인터 이동 ➡ [붙여넣기 : **Ctrl** + **V**]
마우스 활용	범위 지정 ➡ 범위 테두리를 누른 상태로 원하는 곳까지 드래그한다.

01
혼자해보기

[2-Section2-1.xlsx] 파일의 '아파트' 워크시트에 다음과 같은 범위를 지정해 보자.

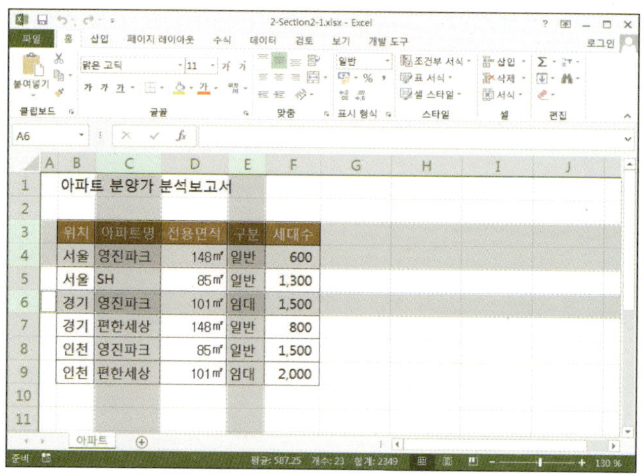

HINT | [C] 열 머리글을 클릭하고 **Ctrl** 을 누른 상태에서 [E] 열 머리글을 클릭한다. 계속해서 [3], [4] 행 머리글을 드래그하여 선택하고 [6] 행 머리글을 클릭한다.

02
혼자해보기

[2-Section2-1.xlsx] 파일의 '아파트' 워크시트에서 '영진파크' 아파트명에 해당하는 데이터를 다음과 같이 복제해 보자.

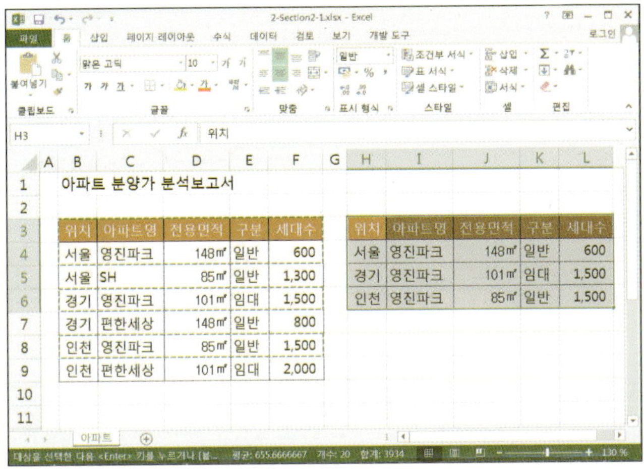

HINT | [B3:F4], [B6:F6], [B8:F8] 범위를 선택한 후 복사 단축키(Ctrl + C)를 누르고, [H3] 셀을 클릭한 후 붙여넣기 단축키(Ctrl + V)를 누른다.

03
혼자해보기

[2-Section2-1.xlsx] 파일의 '아파트' 워크시트에 복제된 데이터를 다음과 같이 이동해 보자.

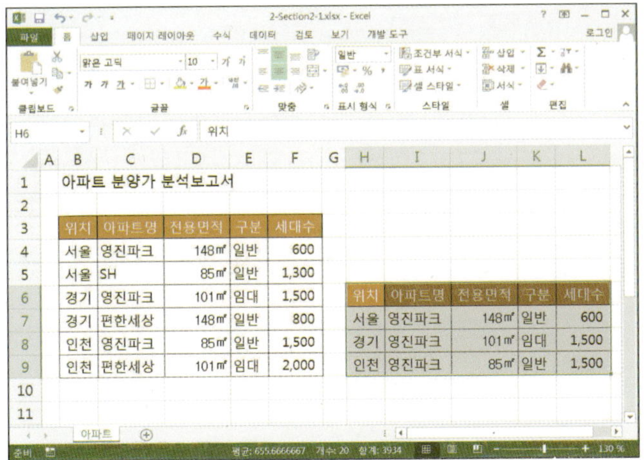

HINT | [H3:L6] 범위를 지정한 후 잘라내기 단축키(Ctrl + X)를 누르고, [H6] 셀을 클릭한 후 붙여넣기 단축키(Ctrl + V)를 누른다.

- 연속적인 범위를 지정할 때는 시작부터 끝까지 마우스로 드래그하여 지정한다.
- 비연속적인 범위를 지정할 때는 첫 번째 범위를 지정한 다음 Ctrl 을 누른 상태로 다음 범위를 지정한다.
- 복제를 실행하는 순서는 범위를 지정한 다음 복사(Ctrl + C)를 진행하고, 붙여넣을 셀을 선택한 후 붙여넣기(Ctrl + V)를 진행한다.
- 이동을 실행하는 순서는 범위를 지정한 다음 잘라내기(Ctrl + X)를 진행하고, 이동한 다음 붙여넣기(Ctrl + V)를 진행한다.

선택하여 붙여넣기

셀에 데이터를 입력한 다음 붙여넣기 옵션과 연산 옵션 및 행/열 바꿈, 연결하여 붙여넣기에 대해 알아본다.

[작업 준비물 : 2-Section3.xlsx]

● 알아두기

- 선택하여 붙여넣기의 옵션을 이용하여 값, 서식을 붙여넣어 보자.
- 연결하여 붙여넣기를 이용하여 동기화를 시켜보자.

따라하기 01 선택하여 붙여넣기 옵션의 값과 서식

[2-Section3.xlsx] 파일의 '선택붙여넣기' 워크시트에 다음과 같이 [G2:G8] 범위를 복사하여 [C10] 셀부터 값, 서식을 붙여 넣어보자.

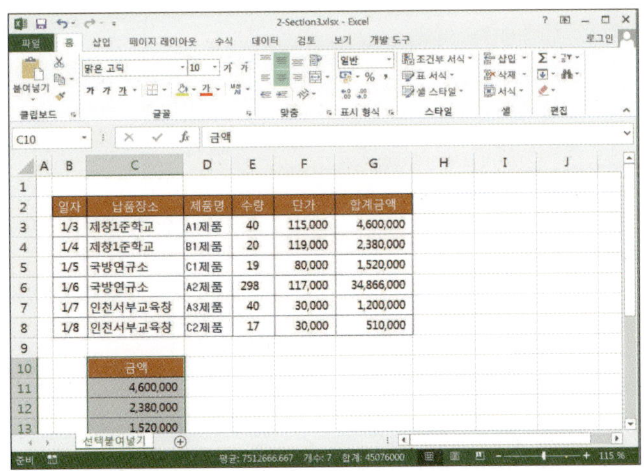

❶ [2-Section3.xlsx] 파일을 열고 '선택붙여넣기' 워크시트에서 [G2:G8] 범위를 지정한다.

❷ 복사의 단축키 **Ctrl** + **C** 를 눌러 복사하고 [C10] 셀을 클릭한다.

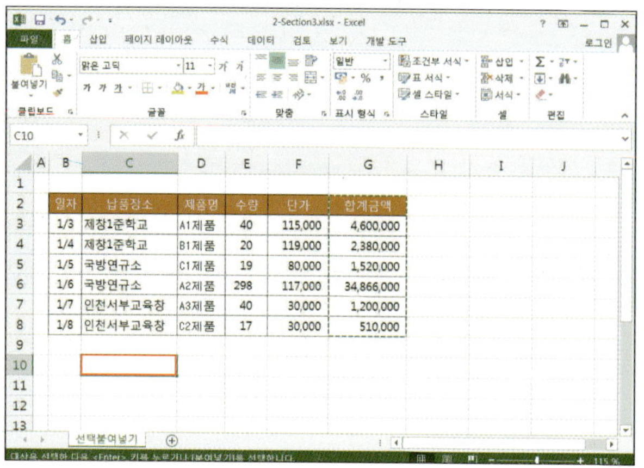

❸ [홈] 탭-[클립보드] 그룹에서 [붙여넣기](📋)의 화살표를 클릭하여 [선택하여 붙여넣기]를 클릭한다.

❹ [선택하여 붙여넣기] 대화상자에서 [값]을 체크하고 [확인] 단추를 클릭한다.

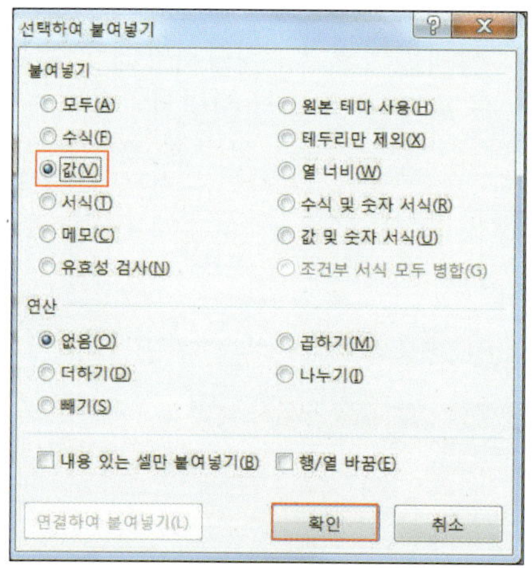

❺ 값만 복제되었으므로 [홈] 탭-[클립보드] 그룹에서 [붙여넣기](📋)의 화살표를 클릭하여 [선택하여 붙여넣기]를 클릭한다. 그리고 [선택하여 붙여넣기] 대화상자에서 [서식]을 체크하고 [확인] 단추를 클릭한다.

선택하여 붙여넣는 방법 tip 

- 바로가기 메뉴 사용하기 : 마우스 오른쪽 버튼을 클릭하여 복사한 다음 선택하여 붙여 넣을 곳을 선택한다. 그리고 마우스 오른쪽 버튼을 클릭하여 [선택하여 붙여넣기]를 선택하면 된다.
- 단축키 사용하기 : `Ctrl`+`C`를 눌러 복사를 실행하고 선택하여 붙여 넣을 곳을 선택한다. 그리고 `Ctrl`+`Alt`+`V`를 눌러 선택하여 붙여넣기 옵션을 선택하고 완성한다.

[2-Section3.xlsx] 파일의 '선택붙여넣기' 워크시트에 다음과 같이 [G2:G8] 범위를 복사하여 [G10] 셀부터 연결하여 붙여 넣어보자.

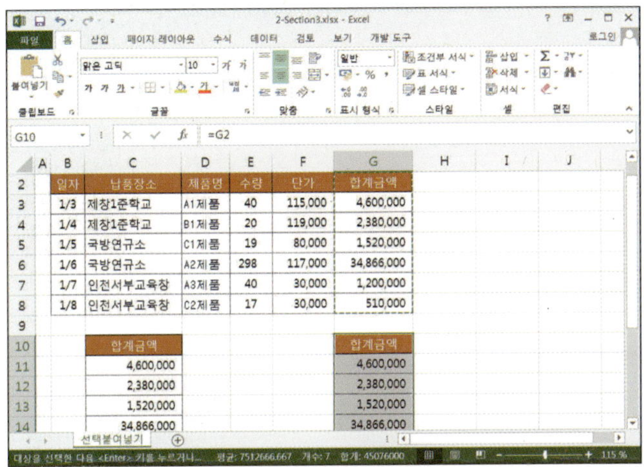

❶ '선택붙여넣기' 워크시트의 [G2:G8] 범위를 선택하고 **Ctrl** + **C** 를 눌러 복사한다.

❷ [G10] 셀을 클릭하고 [홈] 탭–[클립보드] 그룹에서 [붙여넣기](📋)의 화살표를 클릭하여 [선택하여 붙여넣기]를 선택한다.

❸ [선택하여 붙여넣기] 대화상자의 [연결하여 붙여넣기] 단추를 클릭하고, 서식을 복사하기 위하여 **Ctrl** + **Alt** + **V** 를 눌러 [선택하여 붙여넣기] 대화상자가 나타나면 [서식]을 체크한 후 [확인] 단추를 클릭한다.

선택하여 붙여넣기 의미   tip ➕

• 값 붙여넣기 : 값을 입력한 것처럼 붙여넣기를 하여 원본 부분이 변해도 변화가 없다.

• 연결하여 붙여넣기 : 원본과 동기화가 되어 있으므로 원본이 변하면 같이 변한다.

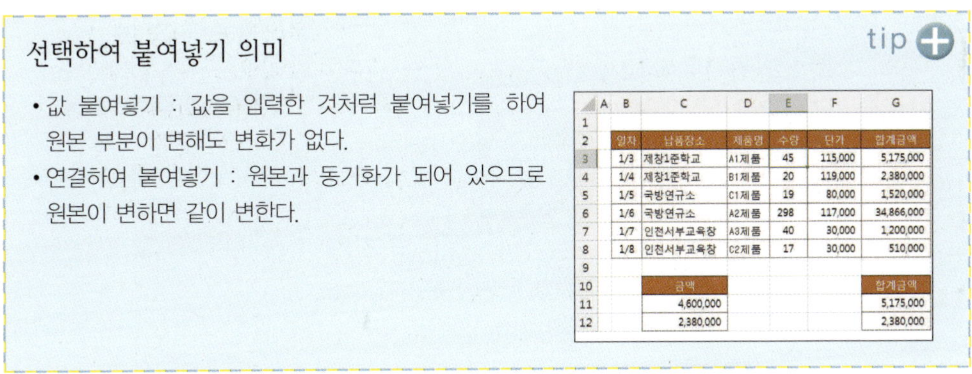

[2-Section3-1.xlsx] 파일의 '입출재고현황' 워크시트에서 [B2:E6] 범위를 복사하여 같은 시트의 [B8:F11] 범위에 행/열 바꿈 형태로 붙여 넣어보자.

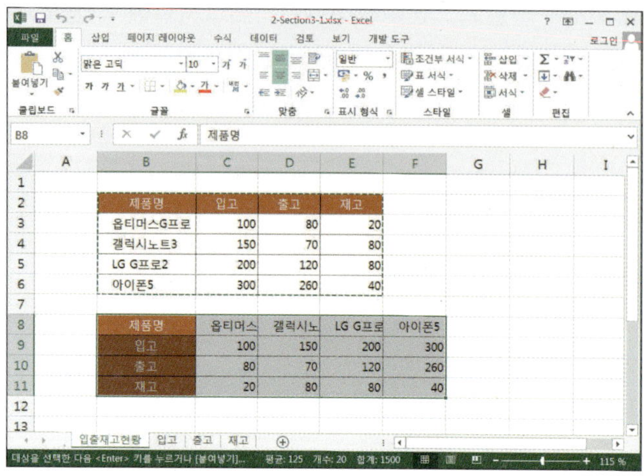

HINT | '입출재고현황' 워크시트의 [B2:E6] 범위를 지정하고 Ctrl+C를 눌러 복사한 다음 [B8] 셀을 클릭한다. Ctrl+Alt+V를 눌러 [선택하여 붙여넣기] 대화상자가 나타나면 [행/열 바꿈]을 체크하고 [확인] 단추를 클릭한다.

[2-Section3-1.xlsx] 파일의 '출고' 워크시트에서 [C3:C6] 범위의 값을 복사하여 '재고' 워크시트의 [C3:C6] 범위에 연산 결과를 빼기 형태로 붙여 넣어보자.

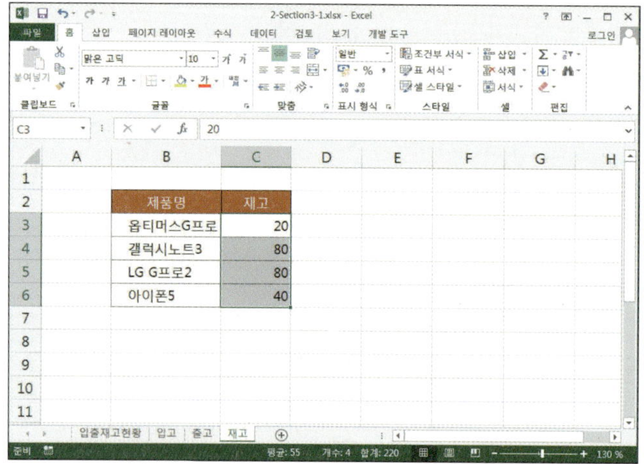

HINT | '출고' 워크시트의 [C2:C6] 범위를 지정하고 Ctrl+C를 눌러 복사한 다음 '재고' 워크시트의 [C2] 셀을 클릭한다. Ctrl+Alt+V 눌러 [선택하여 붙여넣기] 대화상자의 [연산]에서 [빼기]를 체크하고 [확인] 단추를 클릭한다.

03
혼자해보기

[2-Section3-1.xlsx] 파일의 '입출재고현황' 워크시트에서 제품명과 재고 항목을 '재고' 워크시트의 [E2:F6] 범위에 연결하여 붙여 넣어보자.

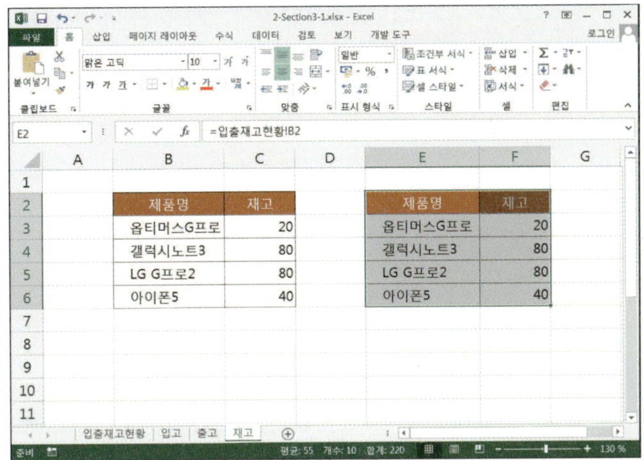

HINT | '입출재고현황' 워크시트의 [B2:B6], [E2:E6] 범위를 복사하여 '재고' 워크시트의 [E2] 셀을 클릭한다. **Ctrl** + **Alt** + **V** 를 눌러 [선택하여 붙여넣기] 대화상자가 나타나면 [연결하여 붙여넣기] 단추를 클릭한다. 다시 **Ctrl** + **Alt** + **V** 를 눌러 [서식]을 체크하고 [확인] 단추를 클릭한다.

Check Point

- 복사 명령을 실행한 다음 [붙여넣기]( )의 화살표를 클릭하여 원하는 옵션을 선택한다.
- 복사 명령을 실행한 다음 [선택하여 붙여넣기] 대화상자를 불러오는 단축키(**Ctrl** + **Alt** + **V**)를 눌러 원하는 옵션을 선택한다.
- [선택하여 붙여넣기] 대화상자의 [연결하여 붙여넣기] 단추는 원본과 동기화를 시킬 때 사용한다.

셀 서식의 표시 형식

셀에 입력하는 데이터의 종류는 일반적으로 숫자와 문자 형태로 입력되며, 컴퓨터는 문자 연산을 행하지 않는다. 숫자만 입력하면 어떤 숫자를 의미하는지 알 수 없다. 숫자에 의미를 부여하기 위해서는 표시 형식을 익혀야 한다.

[작업 준비물 : 2-Section4.xlsx]

> **○ 알아두기**
>
> • 숫자와 문자를 여러 가지 형식으로 표시해 보자.
>
> • 날짜를 여러 가지 형식으로 표시해 보자
>
> • 사용자 지정 표시 형식에 대해 살펴보자.

따라하기 **01** 표시 형식 지정하기

[2-Section4.xlsx] 파일의 '제품단가' 워크시트에 다음과 같이 표시 형식을 지정하여 최종단가와 입고체크를 완성해 보자.

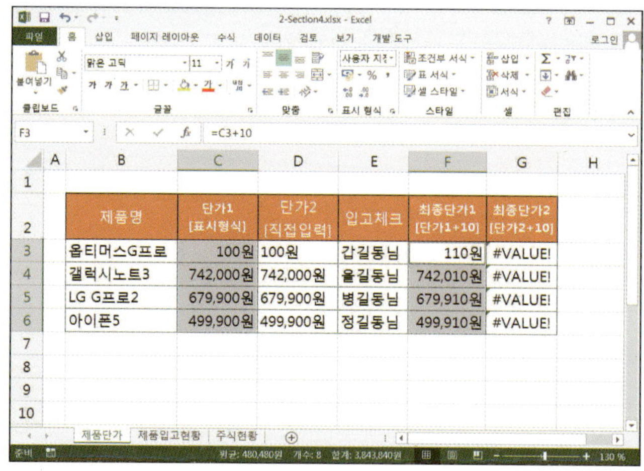

❶ '제품단가' 워크시트의 [G3] 셀에 '=D3+10'을 입력하고 채우기 핸들로 [G6] 셀까지 드래그하면, #VALUE!라는 오류가 나타난다.

> tip ➕
>
> '100원' 처럼 처음부터 숫자와 문자가 직접 입력되어 있으면 연산 처리를 하지 못한다.

❷ [C3:C6] 범위를 선택하고 [홈] 탭-[표시 형식] 그룹에서 바로가기 아이콘(⬚)을 클릭한다. [셀 서식] 대화상자의 [표시 형식] 탭에서 '사용자 지정'을 선택한다.

❸ [형식]에 '#,###원'을 입력하고 [확인] 단추를 클릭한다.

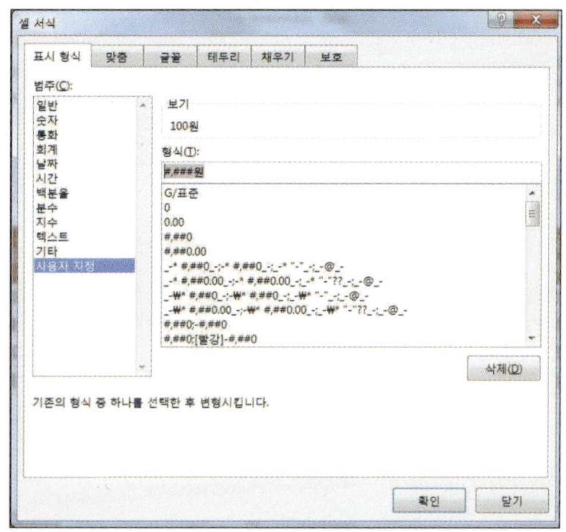

❹ [F3] 셀에 '=C3+10'을 입력하고 채우기 핸들로 [F6] 셀까지 드래그하면, 정상적으로 [단가1]에 '10'을 더한 값들이 나타나고 [단가1]의 표시 형식도 나타난다.

❺ [E3:E6] 범위를 선택하고 [홈] 탭-[표시 형식] 그룹의 바로가기 아이콘(⬚)을 클릭한다. [셀 서식] 대화상자의 [표시 형식] 탭에서 '사용자 지정'을 선택한다.

❻ [형식]에 '@님'을 입력하고 [확인] 단추를 클릭한다.

숫자와 문자 서식 코드   tip ➕

	서식코드	의미
숫자	#	숫자의 표시 위치를 나타내며, 유효하지 않은 0은 표시하지 않는다. 4.6에 ##.# → 4.6
	0	숫자의 표시 위치를 나타내며, 유효하지 않은 0은 그대로 표시한다. 4.6에 00.0 → 04.6
	?	?자리에 숫자가 없으면 공백을 표시한다. 4.6과 4.89에 ?.??를 이용하면 → 소수점을 맞춰 표시한다.
문자	@	문자의 표시 위치를 나타낸다.

[2-Section4.xlsx] 파일의 '제품입고현황' 워크시트에서 입고일 '2014-02-25'를 '2014年02月25日 Feb Tuesday 화요일' 형식으로 바꿔보자.

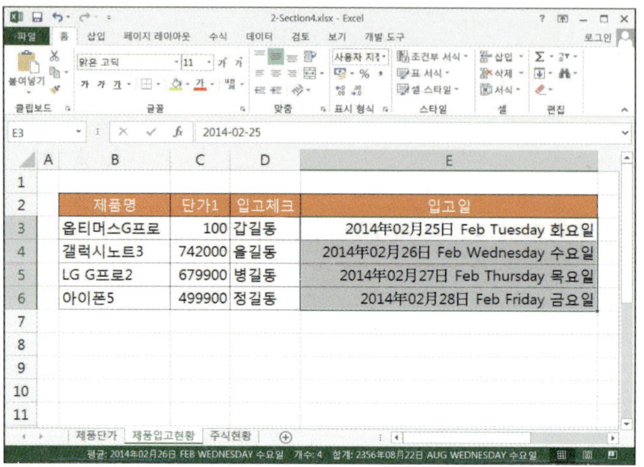

❶ '제품입고현황' 워크시트의 [E3:E6] 범위를 선택하고 마우스 오른쪽 버튼을 클릭한 후 [셀 서식]을 선택한다. [셀 서식] 대화상자의 [표시 형식] 탭에서 '사용자 지정'을 선택한다.

❷ [형식]에 'yyyy年mm月dd日 mmm dddd aaaa'를 입력하고 [확인] 단추를 클릭한다.

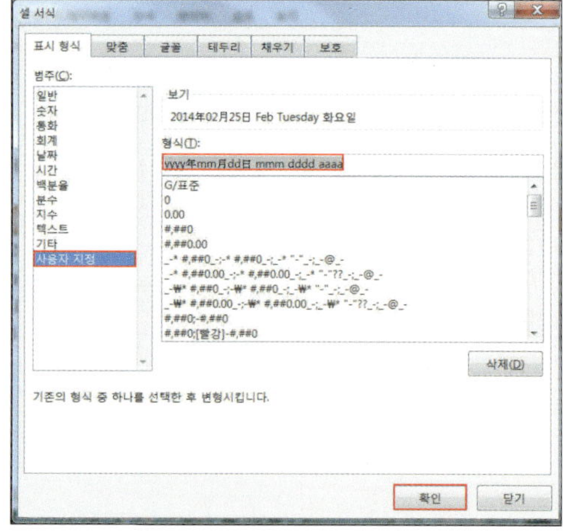

❸ [E] 열의 폭이 작아 셀에 '####'으로 나타나면 [E] 열의 머리글 오른쪽 경계에 마우스 포인터를 위치시키고 더블클릭하여 열의 폭을 자동으로 조정한다.

날짜와 시간 서식   tip ➕

서식코드		의미
숫자	y	연도를 지정 자릿수로 표시 yy→14, yyyy→2014
	m	월을 지정 자릿수로 표시 mm→02, mmm→Feb, mmmm→February
	d	일을 지정 자릿수로 표시 dd→25, ddd→Tue, dddd→Tuesday
	a	해당 날짜의 요일을 한글로 표시. aaa→화, aaaa→화요일
문자	h	시간의 지정 자릿수로 표시 h→1, hh→01
	m	분의 지정 자릿수로 표시 m→5, mm→05
	s	초를 지정 자릿수로 표시 s→6, ss→06
	am/pm	am이나 pm으로 시간을 표시 am/pm hh:mm→am 01:05

따라하기

03 주식 등락 포인트 표시하기

[2-Section4.xlsx] 파일의 '주식현황' 워크시트에 다음과 같이 양수는 빨간색의 오름 형태가, 음수는 파란색의 하락 형태가 표시되도록 설정해 보자.

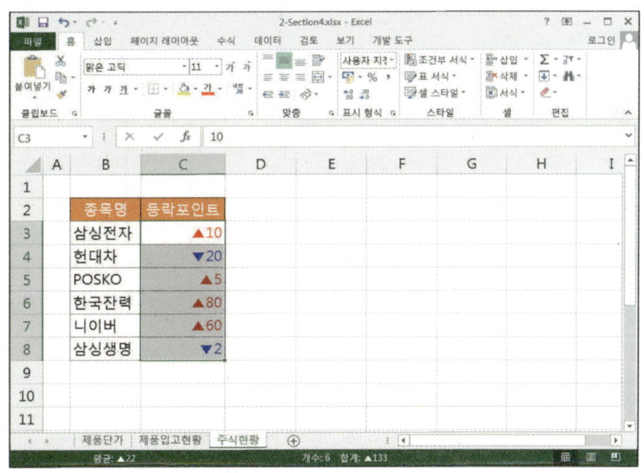

❶ '주식현황' 워크시트의 [C3:C8] 범위를 선택하고 [홈] 탭-[표시 형식] 그룹에서 바로 가기 아이콘(▣)을 클릭한다. [셀 서식] 대화상자의 [표시 형식] 탭에서 '사용자 지정'을 선택한다.

❷ [형식]에 '[빨강]▲#;[파랑]▼#' 을 입력하고 [확인] 단추를 클릭한다.

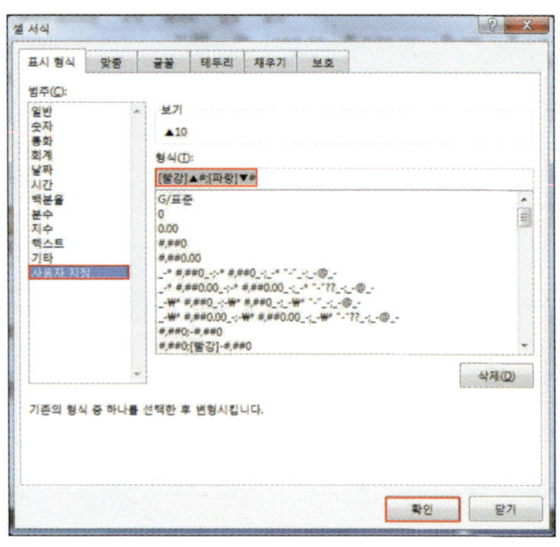

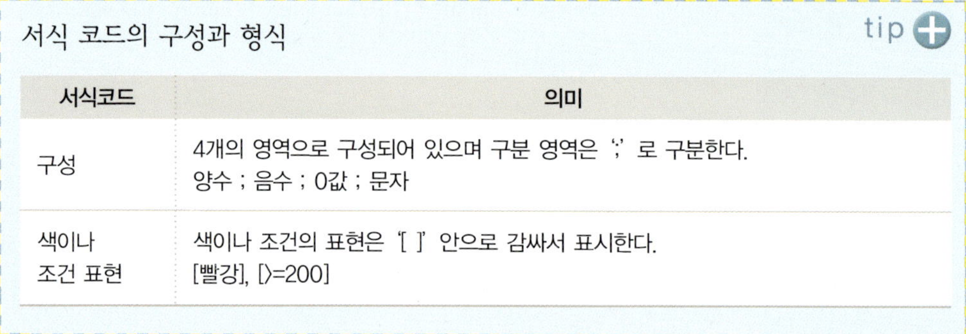

서식 코드의 구성과 형식   tip +

서식코드	의미
구성	4개의 영역으로 구성되어 있으며 구분 영역은 ';' 로 구분한다. 양수 ; 음수 ; 0값 ; 문자
색이나 조건 표현	색이나 조건의 표현은 '[ ]' 안으로 감싸서 표시한다. [빨강], [>=200]

01
혼자해보기

[2-Section4-1.xlsx] 파일의 '입고현황' 워크시트에 다음과 같이 단가와 입고 항목의 표시 형식을 지정해 보자.

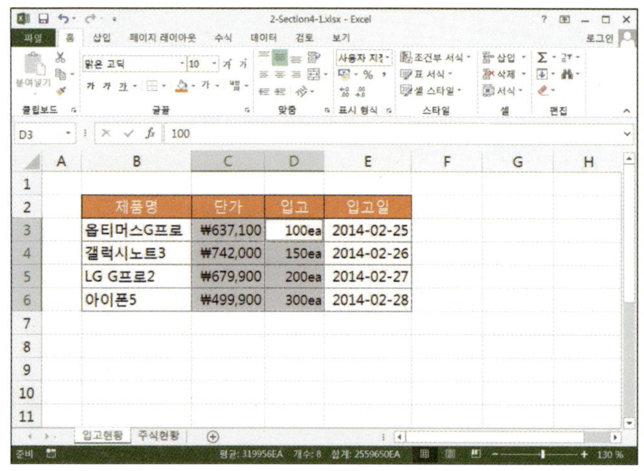

HINT | [단가]는 [셀 서식] 대화상자의 [표시 형식] 탭에서 '통화'를 선택하고, [입고]는 [셀 서식] 대화상자의 [표시 형식] 탭에서 '사용자 지정'의 [형식](#"ea")을 설정한다. 한글은 문자 양쪽에 자동으로 큰 따옴표 처리를 하지만 영어는 큰 따옴표 처리를 직접 입력해야 한다.

02 혼자해보기

[2-Section4-1.xlsx] 파일의 '입고현황' 워크시트에 다음과 같이 입고일 항목의 표시 형식을 지정해 보자.

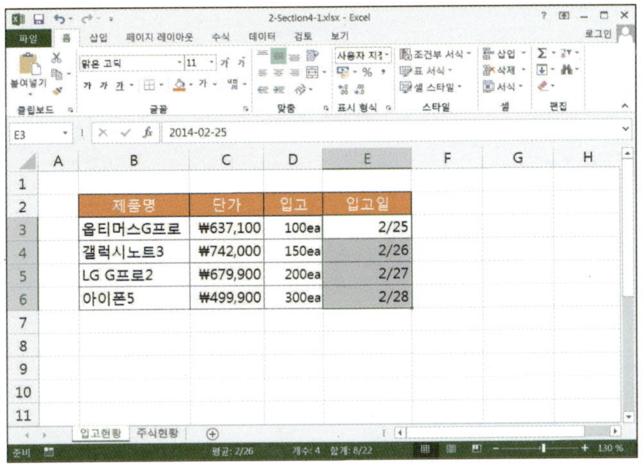

> **HINT** | [입고일]을 범위로 지정하고 [셀 서식] 대화상자의 [표시 형식] 탭에서 '사용자 지정'을 선택한 후 [형식]에 'm/d'를 입력한다.

03 혼자해보기

[2-Section4-1.xlsx] 파일의 '주식현황' 워크시트에 다음과 같이 등락 항목을 양수는 빨간색의 '+0.22%', 음수는 녹색의 '-2.17%'와 같은 형태로 표시해 보자.

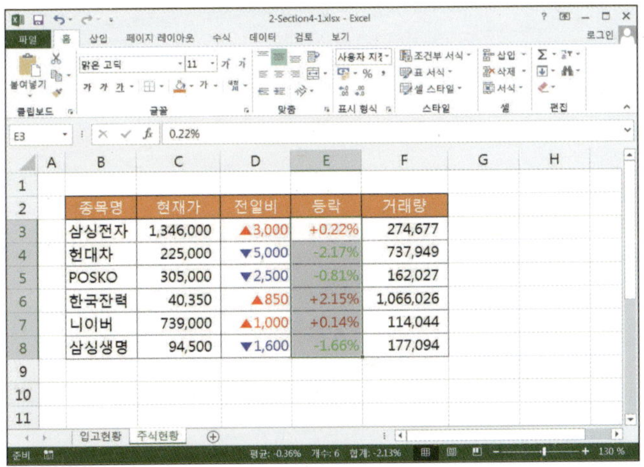

> **HINT** | '주식현황' 시트의 [E3:E8] 범위를 선택하고 [셀 서식] 대화상자의 [표시 형식] 탭에서 '사용자 지정'을 선택한다. [형식]에 '[빨강]+0.00%;[녹색]-0.00%'을 입력하고 [확인] 단추를 클릭한다.

셀 서식과 서식 복사

셀에 데이터를 입력한 다음 맞춤, 글꼴, 테두리, 채우기 등의 셀을 꾸미는 작업을 서식 작업이라고 한다. 이러한 서식 작업에 대하여 학습한다. 그리고 여러 서식 작업이 들어간 서식을 빠르게 복제할 때 사용하는 서식 복사 작업도 알아보자.

[작업 준비물 : 2-Section5.xlsx]

○ 알아두기

- 셀에 입력된 데이터를 병합하고 가운데 맞춤을 해 보자.
- 셀에 입력한 데이터의 글꼴과 테두리를 지정해 보자.
- 셀에 배경색과 그레이디언트를 지정해 보자.

따라하기 | 01 | **글꼴 서식 지정하기**

[2-Section5.xlsx] 파일의 '지점판매성과' 워크시트에서 [B2:E2], [B3:E3] 범위를 병합하고 가운데 맞춤과 오른쪽 맞춤을 지정해 보자.

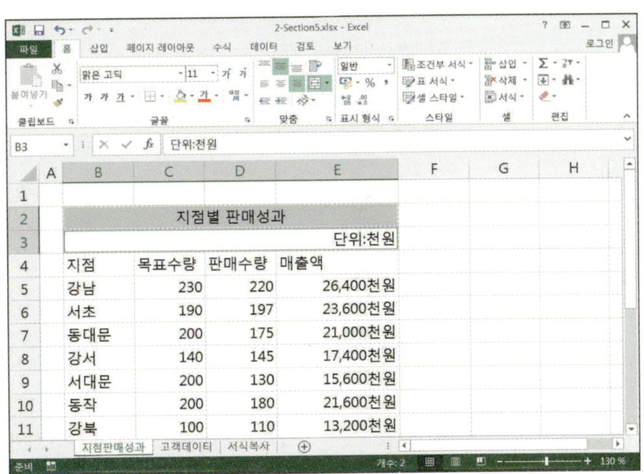

❶ 지점판매성과' 워크시트의 [B2:E2]를 범위로 지정한다.

❷ [홈] 탭-[맞춤] 그룹에서 [병합하고 가운데 맞춤](📑▾)을 클릭한다.

❸ [B3:E3] 범위를 선택하고 [홈] 탭-[맞춤] 그룹에서 [병합하고 가운데 맞춤](📑▾)을 클릭하고, [오른쪽 맞춤](📑)을 클릭한다.

02 글꼴 서식 지정하기

[2-Section5.xlsx] 파일의 '지점판매성과' 워크시트에 다음과 같은 글꼴 서식을 지
정해 보자.

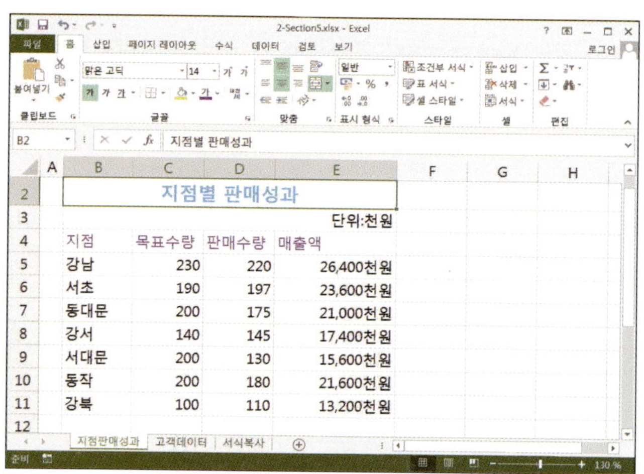

❶ '지점판매성과' 워크시트의 [B2] 셀을 더블클릭한 후 '지점별 판매성과' 텍스트를 범
  위로 지정하면 오른쪽 위에 글꼴 미니 도구 모음이 나타난다.

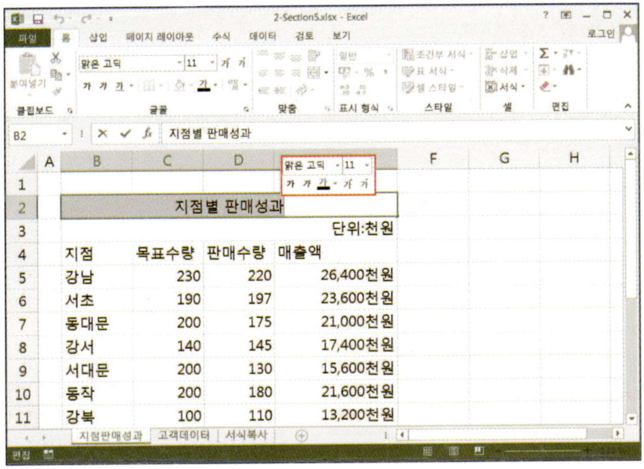

❷ 미니 도구 모음의 [글꼴 크기](11 ▾)의 화살표를 클릭하고 '14'로 설정한다.

❸ 계속해서 [굵게](가)를 클릭한 다음 [글꼴 색](가 ▾)의 화살표를 클릭하여 '연한 파랑'을 선택한다.

❹ [B4:E4] 범위를 선택한 다음 마우스 오른쪽 버튼을 클릭하고 미니 도구 모음에서 [글꼴 색](가 ▾)의 화살표를 클릭하여 '자주색'을 선택한다.

미니 도구 모음　　tip ➕

- 셀 안의 데이터를 마우스로 드래그하여 범위로 지정하면 글꼴과 관련된 미니 도구 모음이 오른쪽 위에 나타나서 빠르게 서식 작업을 진행할 수 있다. 글꼴 미니 도구 모음이 보이지 않으면 [파일] 탭의 [옵션]을 클릭하고 [Excel 옵션] 대화상자의 [일반]–[사용자 인터페이스 옵션]에서 [선택 영역에 미니 도구 모음 표시]를 체크한다.

- 셀을 클릭하거나 셀 단위로 범위를 지정한 다음 마우스 오른쪽 버튼을 클릭하면 바로가기 메뉴 위쪽에 미니 도구 모음이 나타난다.

[2-Section5.xlsx] 파일의 '고객데이터' 워크시트에 다음과 같은 테두리 서식을 지정해 보자.

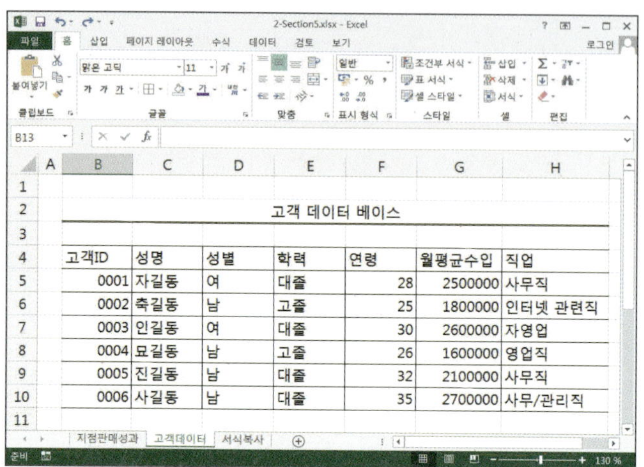

❶ [고객데이터] 워크시트의 [B2] 셀을 클릭한 다음 [홈] 탭-[글꼴] 그룹에서 [테두리](⊞▼)의 화살표를 클릭하고 [아래쪽 이중 테두리]를 클릭한다.

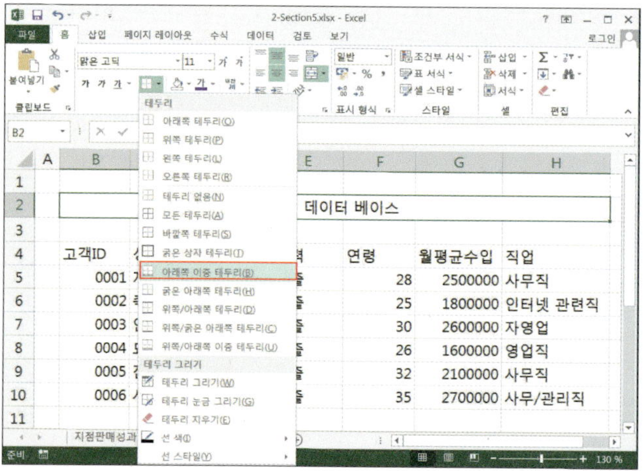

❷ [B4:H10] 범위를 선택한 다음 [홈] 탭-[글꼴] 그룹에서 바로가기 아이콘(🔽)을 클릭한다. [셀 서식] 대화상자가 나타나면 [테두리] 탭을 클릭하고 [미리 설정]의 [윤곽선]과 [안쪽]을 각각 클릭한다.

❸ 계속해서 [선 스타일]의 '없음' 을 선택하고 테두리의 [왼쪽]과 [오른쪽]을 클릭한 다음 [확인] 단추를 클릭한다.

[2-Section5.xlsx] 파일의 '고객데이터' 워크시트에 다음과 같은 배경색 서식을 지정해 보자.

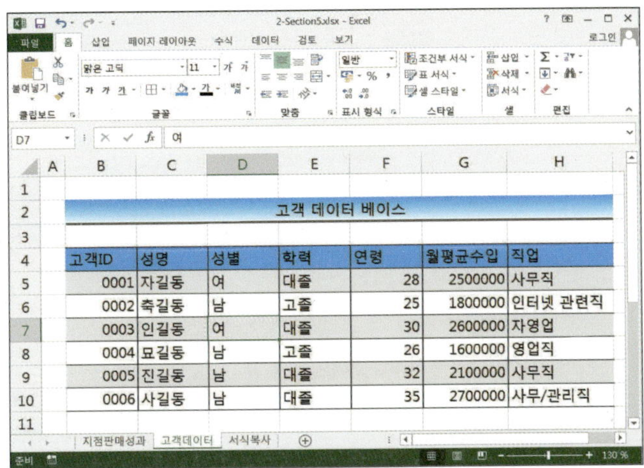

❶ '고객데이터' 워크시트의 [B2] 셀을 클릭한 다음 [홈] 탭-[글꼴] 그룹에서 바로가기 아이콘(⬜)을 클릭한 다음 [채우기] 탭에서 [채우기 효과] 단추를 클릭한다.

❷ [채우기 효과] 대화상자에서 [색 1] '하얀색', [색 2] '연한 파랑'을 선택하여 연한 파랑에서 흰색으로 변하는 그라데이션 스타일로 설정하고 [확인] 단추를 클릭한다.

❸ [B4:H4] 범위를 선택하고 [홈] 탭-[글꼴] 그룹에서 [채우기 색](⬜)의 화살표를 클릭한 후 [연한 파랑]을 클릭하고 [확인] 단추를 클릭한다.

❹ **Ctrl** 을 누른 상태로 [B5:H5], [B7:H7], [B9:H9] 범위를 모두 선택하고 [홈] 탭-[글꼴] 그룹에서 [채우기 색](⬜)의 화살표를 클릭하여 [회색-25%, 배경 2]를 선택한다.

[셀 서식] 대화상자 

• 그룹에 있는 서식 명령보다 더 많은 서식 작업을 위해서 마우스 오른쪽 버튼을 클릭한 후 [셀 서식](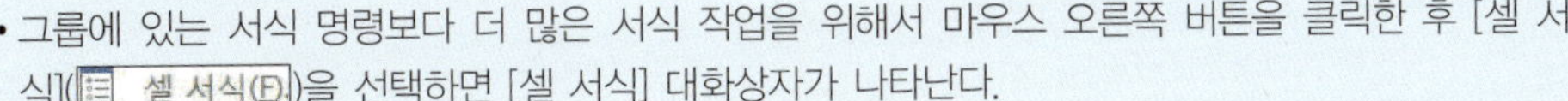셀 서식(F))을 선택하면 [셀 서식] 대화상자가 나타난다.

[2-Section5.xlsx] 파일의 '서식복사' 워크시트에서 월평균수입 항목의 서식을 총 구매액 항목에 복제해 보자

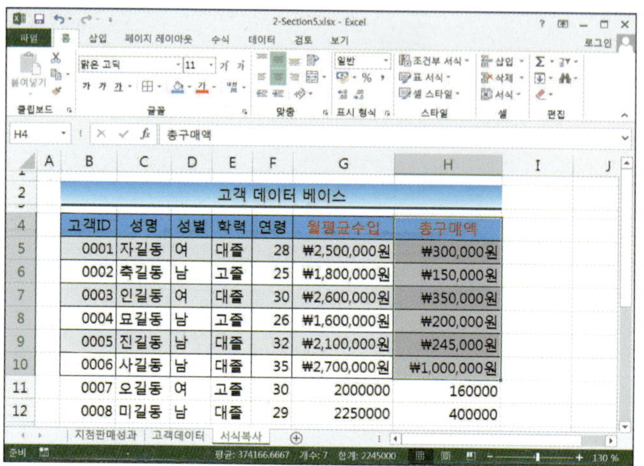

❶ '서식복사' 워크시트의 [G4:G10] 범위를 선택한다.

❷ [홈] 탭–[클립보드] 그룹의 [서식 복사](🖌)를 클릭하면 임시 기억 장소에 서식이 복사 되었다는 의미로 움직이는 테두리가 나타난다.

❸ 서식을 적용할 [H5] 셀을 클릭하면 서식이 복제되고 움직이는 테두리가 사라진다.

서식 복사 tip ➕

- 여러 가지 명령의 서식 작업이 되어있는 모습을 빠르게 적용하기 위해 서식 복사를 이용한다.
- 순서는 범위 지정 ➡서식 복사(🖌) ➡서식 붙이기 형태로 진행한다.

01 혼자해보기

[2-Section5-1.xlsx] 파일의 '지점판매성과' 워크시트에서 [B4:E4] 범위는 가운데 맞춤을 적용하고, [B5:B11] 범위는 균등 분할(들여쓰기)로 설정해 보자.

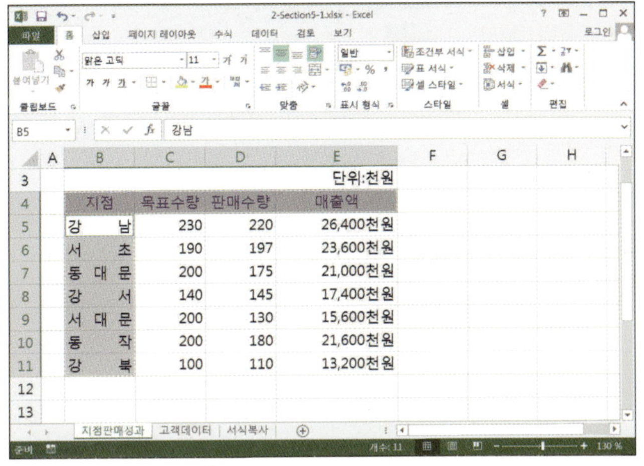

HINT | [B4:E4] 범위를 설정하고 [홈] 탭의 [맞춤] 그룹에서 가운데 맞춤(▤)을 클릭한다. [B5:B11]을 범위를 설정하고 [홈] 탭의 [맞춤] 그룹에서 오른쪽 아래의 바로가기 아이콘(▣)을 클릭한 다음 [맞춤] 탭의 [텍스트 맞춤]을 '균등 분할 (들여쓰기)'로 선택한다.

02 혼자해보기

[2-Section5-1.xlsx] 파일의 '지점판매성과' 워크시트에서 '지점별 판매성과' 제목에 글꼴 스타일-[굵게], 밑줄-[이중 실선(회계용)]으로 설정하고, '단위:천원'에 글꼴 크기 '9'로 설정해 보자.

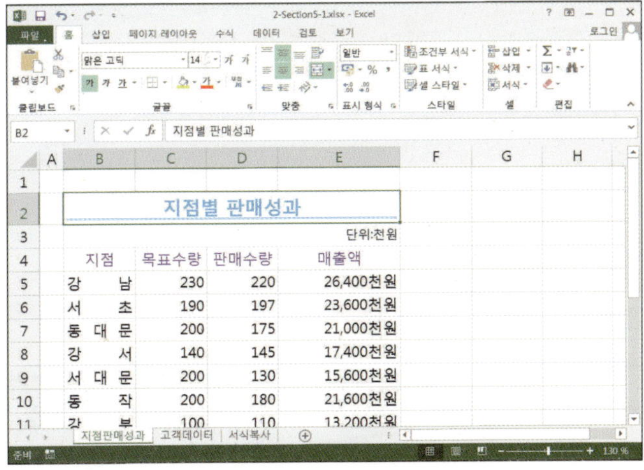

HINT | '지점별 판매성과' 셀을 클릭한 후 마우스 오른쪽 버튼을 클릭하고 바로가기 메뉴에서 [셀 서식](▤ 셀 서식(F))을 선택한다. [셀 서식] 대화상자의 [글꼴] 탭에서 [글꼴 스타일] '굵게', [밑줄] '이중 실선(회계용)'으로 설정하고 [확인] 단추를 클릭한다. 그리고 '단위:천원' 셀을 클릭한 후 제목과 같은 방법으로 [셀 서식] 대화상자에서 [글꼴] 탭의 [크기]를 '9'로 설정한다.

[2-Section5-1.xlsx] 파일의 '지점판매성과' 워크시트에서 [B4:E11] 범위에 다음과 같은 테두리를 설정해 보자.

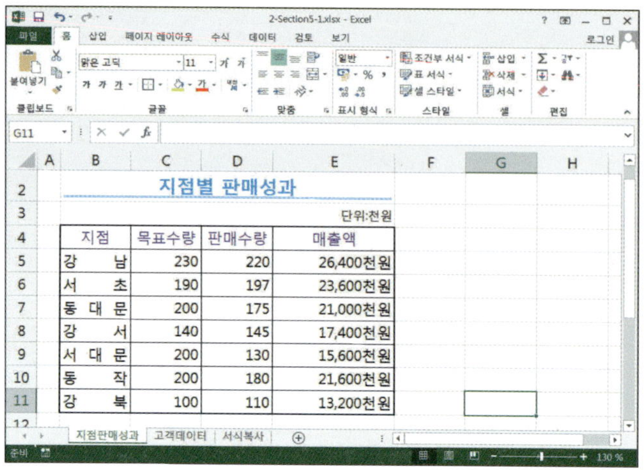

> **HINT** | [B4:E11] 범위를 선택하고 [홈] 탭–[글꼴] 그룹에서 [테두리](⊞▾)의 화살표를 클릭한 후 [모든 테두리]를 선택한다. 계속해서 [테두리](⊞▾)의 화살표를 클릭한 후 [굵은 상자 테두리]를 선택한다.

[2-Section5-1.xlsx] 파일의 '지점판매성과' 워크시트에서 [B4:E4] 범위에 다음과 같은 그레이디언트 채우기를 해보자.

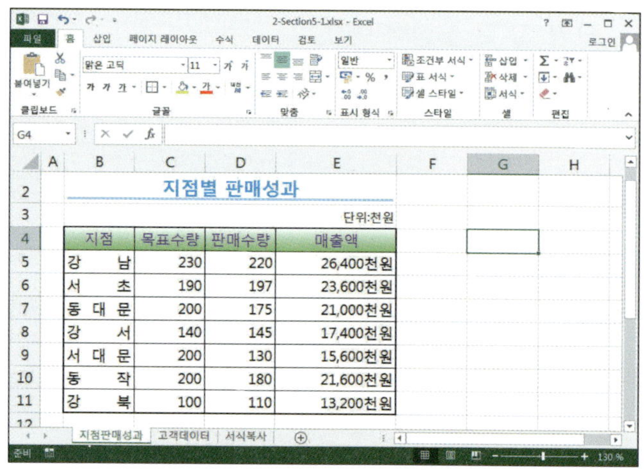

> **HINT** | [B4:E11] 범위를 선택하고 마우스 오른쪽 버튼을 클릭한 후 바로가기 메뉴에서 [셀 서식](▤ 셀 서식(F))을 선택한다. [셀 서식] 대화상자의 [채우기] 탭에서 [채우기 효과] 단추를 클릭한 후 [색 2] '연한 녹색'을 선택하여 하얀색에서 연한 녹색으로 변하는 그레이디언트 효과를 만든다.

05
혼자해보기

[2-Section5-1.xlsx] 파일의 '서식복사' 워크시트에서 [9] 행, [10] 행의 서식을 [11] 행, [12] 행 영역에 복제해 보자.

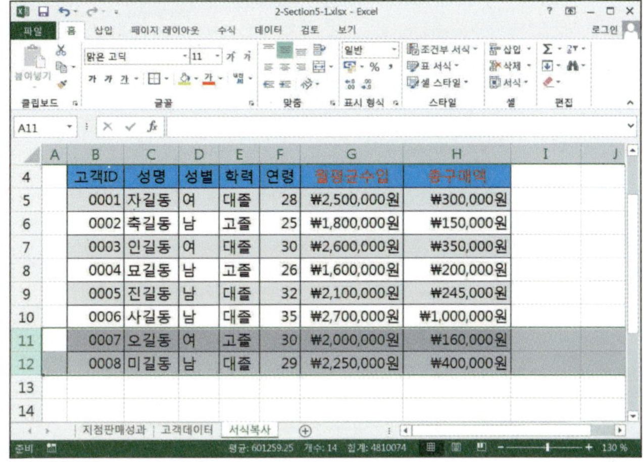

HINT | [9], [10] 행을 범위로 선택하고 [홈] 탭–[클립보드] 그룹에서 [서식 복사](☞)를 클릭한다. 그리고 [11], [12] 행을 드래그하여 서식 복제를 완성한다.

1. 채우기 핸들로 자동 채우기와 자동 채우기 옵션

- 자동 채우기를 한 후 표시되는 자동 채우기 옵션(▦)을 사용하면 채우기 결과를 변경할 수 있다.

- 채우기 핸들을 진행할 때 숫자가 입력되어 있는 셀은 **Ctrl**을 누른 상태에서 아래로 실행하면 무조건 1씩 증가한다.

- 빠른 채우기는 일종의 패턴을 찾아 처리하는 기능으로 채우기 핸들 옵션을 사용하거나, 단축키 **Ctrl** + **E**를 이용하면 빠른 채우기 스마트 태그(▦)가 형성되며, 클릭하여 빠른 채우기 실행 취소나 추천 적용을 선택할 수 있다.

2. 범위 지정과 복제 및 이동

- 연속적인 범위 : 마우스로 범위의 시작 셀부터 원하는 셀까지 드래그한다.

- 비연속적인 범위 : 첫 번째 범위를 지정한 다음 두 번째 범위부터는 **Ctrl**을 누른 상태에서 지정한다.

- 연속적인 데이터 범위 : **Ctrl** + **Shift** +방향키를 눌러 빠르게 연속 데이터 범위를 지정한다.

- 데이터 복제하기 : 실행하는 순서는 범위를 지정한 다음 복사(**Ctrl** + **C**)를 진행하고 이동한 후 붙여넣기(**Ctrl** + **V**)를 진행한다.

- 데이터 이동하기 : 실행하는 순서는 범위를 지정한 다음 잘라내기(**Ctrl** + **X**)를 진행하고 이동한 후 붙여넣기(**Ctrl** + **V**)를 진행한다.

3. 선택하여 붙여넣기

- 바로가기 메뉴 사용하기 : 마우스 오른쪽 버튼을 클릭하여 복사한 다음 선택하여 붙여넣을 위치를 선택한다. 그리고 마우스 오른쪽 버튼을 클릭하여 [선택하여 붙여넣기]를 선택하고 옵션을 설정하여 완성한다.

- 단축키 사용하기 : **Ctrl** + **C**늘 눌러 복사하고 선택하여 붙여 넣을 위치를 선택한다. 그리고 **Ctrl** + **Alt** + **V**를 눌러 선택하여 붙여넣기 옵션을 설정하고 완성한다.

- 값 붙여넣기 : 값을 입력한 것처럼 붙여 넣어서 원본 부분이 변해도 변화가 없다.

- 연결하여 붙여넣기 : 원본과 동기화를 해놓았으므로 원본이 변하면 같이 변한다.

4 셀 서식의 표시 형식

- 숫자와 문자 서식 코드

서식 코드		의미
숫자	#	숫자의 표시 위치를 나타내며, 유효하지 않은 0은 표시하지 않는다. 4.6에 ##.# → 4.6
	0	숫자의 표시 위치를 나타내며, 유효하지 않은 0은 그대로 표시한다. 4.6에 00.0 → 04.6
	?	?자리에 숫자가 없으면 공백을 표시한다. 4.6과 4.89에 ?.??를 이용하면 → 소수점을 맞춰 표시한다.
문자	@	문자의 표시 위치를 나타낸다.

- 서식 코드의 구성과 형식

서식 코드	의미
구성	4개의 영역으로 구성되어 있으며 구분 영역은 ';'로 구분한다. 양수 ; 음수 ; 0값 ; 문자
색이나 조건 표현	색이나 조건의 표현은 '[ ]' 안으로 감싸서 표시한다. [빨강], [>=200]

5 셀 서식과 서식 복사

- [홈] 탭의 [글꼴], [맞춤], [표시 형식] 그룹 오른쪽 하단의 바로가기 아이콘()을 클릭하거나, 마우스 오른쪽 버튼을 눌러 [셀 서식](셀 서식(F)...)을 선택한다.

- [셀 서식] 대화상자의 탭

탭 그룹	설명
글꼴	입력한 데이터의 글꼴, 글꼴 스타일, 크기, 밑줄, 색 등을 지정한다.
맞춤	입력한 데이터의 텍스트 맞춤, 텍스트 조정, 텍스트 방향 등을 지정한다.
테두리	셀의 상, 하, 좌, 우에 테두리의 선 스타일과 색을 지정하여 테두리를 그린다.
채우기	셀에 배경색, 무늬색, 채우기 효과의 그레이디언트로 지정한다.

- 서식 복사 순서는 '범위 지정➡서식 복사()➡서식 붙이기' 형태로 진행한다.

1. [2-종합문제.xlsx] 파일의 '고객정보리스트' 워크시트에서 [B3] 셀부터 1씩 증가하는 넘버링 작업을 채우기 핸들로 완성하고, [E3] 셀부터 주소 항목의 지역을 빠른 채우기로 정리해 보자.

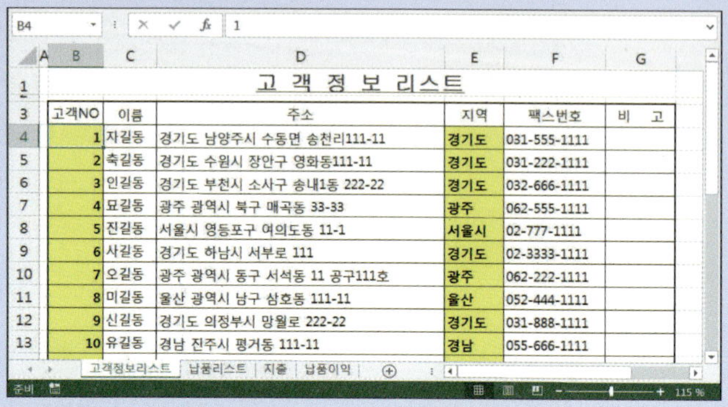

HINT | [B4] 셀에 '1'을 입력하고 키보드의 Ctrl 을 누른 상태에서 채우기 핸들 작업을 한다. [E4] 셀에 '경기도'를 입력하고 [E15] 셀까지 마우스로 채우기 핸들 작업을 한 다음 자동 채우기 옵션(⊞)에서 [빠른 채우기]를 선택한다.

2. [2-종합문제.xlsx] 파일의 '납품리스트' 워크시트에서 [G], [I] 열을 [B] 열부터 복제하고, [F2:F8] 범위를 [G2:G8] 범위로 이동시켜 보자.

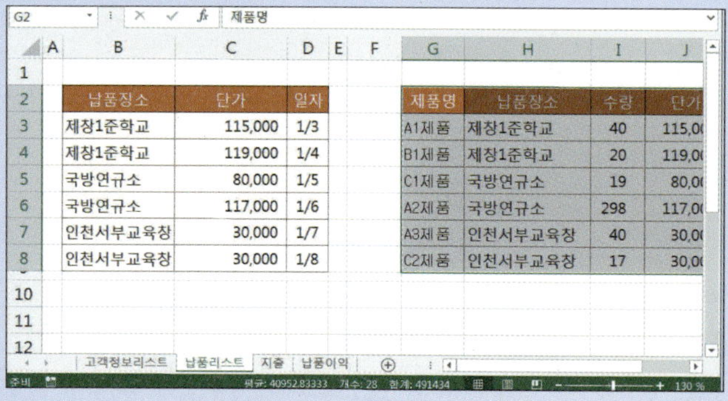

HINT | Ctrl 을 누른 상태로 [G], [I] 열을 선택하고 Ctrl + C 를 눌러 복사한다. [B] 열을 선택하고 Ctrl + V 를 눌러 복제한다. [F2:F8] 범위를 선택하고 Ctrl + X 를 눌러 잘라내기를 실행한 후 [G2] 셀을 클릭하고 Ctrl + V 를 누른다

3. [2-종합문제.xlsx] 파일의 '지출' 워크시트에서 [AX9:AX11] 범위를 [C9:C11] 범위에 연결하여 붙여넣기를 해 보자. [G9:G11] 범위는 통화 표시로 나타내고 [K9:K11] 범위는 '식대-'를 문자 앞에 입력해 보자.

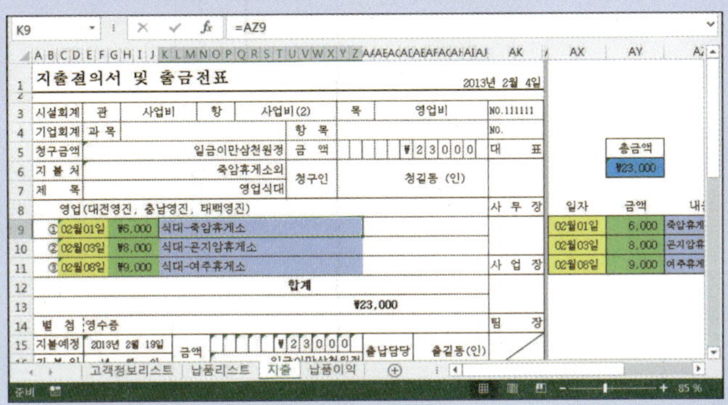

> **HINT** | [AX9:AX11] 범위를 선택하고 Ctrl + C 를 눌러 복사한다. [C9:C11] 범위를 선택하고 Ctrl + Alt + V 를 눌러 [선택하여 붙여넣기] 대화상자가 나타나면 [연결하여 붙여넣기] 단추를 클릭한다. [G9:G11] 범위를 선택하고 [셀 서식] 대화상자의 [표시 형식] 탭에서 [범주]를 '통화'로 설정하고 [기호]에서 ₩ 를 선택한다. [K9:K11] 범위를 선택하고 [셀 서식] 대화상자의 [표시 형식] 탭에서 '사용자 지정'을 선택하고 [형식]에 '식대-@'를 입력한다.

4. [2-종합문제.xlsx] 파일의 '납품이익' 워크시트에서 [B2:G2] 범위는 맞춤 작업과 글꼴 작업을 진행하고, [9], [10] 행에 [7], [8] 행의 서식을 복제해 보자.

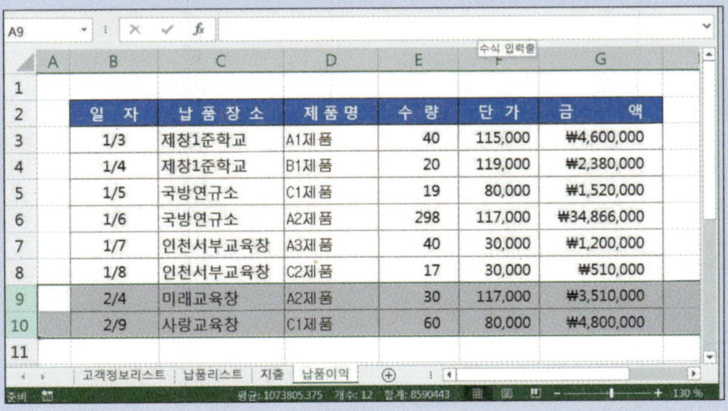

> **HINT** | [B2:G2] 범위를 선택하고 [셀 서식] 대화상자의 [맞춤] 탭을 설정(가로-균등 분할(들여쓰기), 들여쓰기-1)한다. [글꼴] 탭에서 [글꼴 스타일] '굵게', [색] '흰색', [배경1]로 지정하고 [채우기] 탭에서 [배경색] '파랑'을 선택한다. [7], [8] 행을 선택하고 [클립보드] 그룹의 [서식 복사]( )를 클릭한 후 [9] 행부터 [10] 행까지 드래그하여 복사한 서식을 적용한다.

03
CHAPTER

워크시트 편집과
빠른 분석

워크시트를 구성하는 행, 열, 셀 단위의 삽입과 삭제 및 크기 변화 고정 등의 작업을 익혀
워크시트를 관리해야 한다. 이번 Chapter에서는 데이터를 빠르게 분석하는 다양한 기능을
익혀 워크시트를 한눈에 파악할 수 있도록 학습한다.

3

Chapter

워크시트 편집을 위해서는 행과 열 단위 편집과 행 열을 구성하는 셀 단위 편집 명령을 알아야 한다. 그리고, 엑셀 2013부터 새롭게 도입된 빠른 분석을 통하여 워크시트의 데이터를 다양하게 분석하는 방법을 살펴본다.

01 행/열/셀의 삽입과 삭제

- 삽입하려는 행, 열 머리글을 클릭하거나 범위를 선택하고, [홈] 탭-[셀] 그룹에서 [삽입](▤삽입 ▾)의 화살표를 클릭한 후 [셀 삽입], [시트 행 삽입], [시트 열 삽입]을 선택하여 삽입한다.
- 삭제하려는 행, 열 머리글을 클릭하거나 범위를 선택하고, [홈] 탭-[셀] 그룹에서 [삭제](▤삭제 ▾)의 화살표를 클릭한 후 [셀 삭제], [시트 행 삭제], [시트 열 삭제]를 선택하여 삭제한다.

02 행/열 크기 조절과 틀 고정하기

- 열 머리글 오른쪽 경계선이나 행 머리글의 아래쪽 경계선을 원하는 크기로 드래그하여 열 너비와 행 높이를 조절한다.
- 가장 긴 데이터에 맞추어 열 너비를 자동으로 변경하거나, 가장 높은 텍스트 행 높이를 자동으로 변경할 때는 경계선을 더블클릭한다.
- 선택한 행 위쪽이나 열 왼쪽을 고정하여 스크롤하는 동안 데이터가 표시되도록 한다.

03 워크시트의 관리

- 시트 탭에서 마우스 오른쪽 버튼을 클릭하고 바로가기 메뉴에서 다양한 시트 관리 명령을 선택한다.
- 시트의 삽입과 삭제 이름 바꾸기를 할 수 있다.
- 시트의 이동과 복사 및 숨기기를 작업할 수 있다.

04 빠른 분석 합계의 총 (%)와 누적

- 데이터를 범위로 지정하면 오른쪽 하단에 빠른 분석 아이콘(📊)이 나타난다.
- 빠른 분석 아이콘(📊)을 클릭하고 [합계]를 선택하여 다양한 분석을 한다.
- 총 (%)는 전체에 대한 현재 데이터의 차지 비율을 뜻하며, 누적은 첫 번째 데이터를 고정시키면서 합계를 구하는 것이다.

05 빠른 분석의 표와 스파크라인

- 빠른 분석 아이콘(📊)을 클릭하고 [표]를 선택하면, 데이터를 표로 변환시켜 정렬, 필터링 및 요약을 할 수 있다.
- 빠른 분석 아이콘(📊)을 클릭하고 [스파크라인]을 선택하면, 셀 하나에 표시되는 작은 차트를 표현할 수 있다.

행/열/셀의 삽입과 삭제

문서에 새로운 행/열/셀이 필요한 경우 원래 있던 내용의 왼쪽과 위쪽에 새로운 데이터를 추가할 수 있는 상태를 '삽입' 이라고 하며, 사라진 행/열/셀을 오른쪽이나 아래쪽에 있던 내용으로 채워지는 것을 '삭제' 라고 한다.

[작업 준비물 : 3-Section1.xlsx]

◐ 알아두기

• 행/열/셀의 삽입은 선택한 곳을 기준으로 왼쪽과 위쪽에서 발생한다.

• 행/열/셀의 삭제는 선택한 곳을 기준으로 오른쪽과 아래쪽의 데이터가 채워지는 것이다.

따라하기 01 행/열/셀의 삽입

[3-Section1.xlsx] 파일의 '행_열 삽입', '셀 삽입' 워크시트에 다음과 같이 행/열 단위와 셀 범위 단위의 삽입을 해보자.

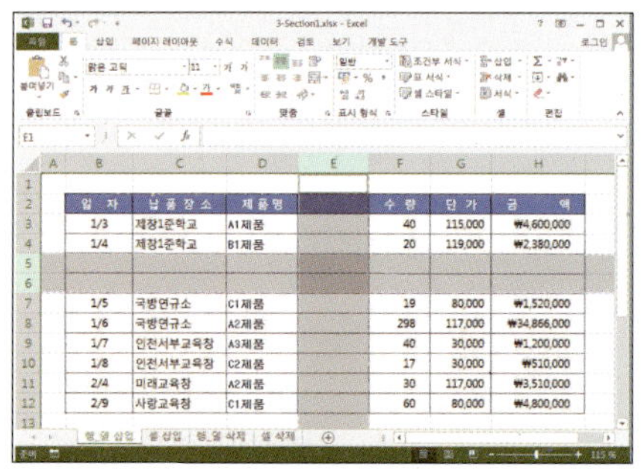 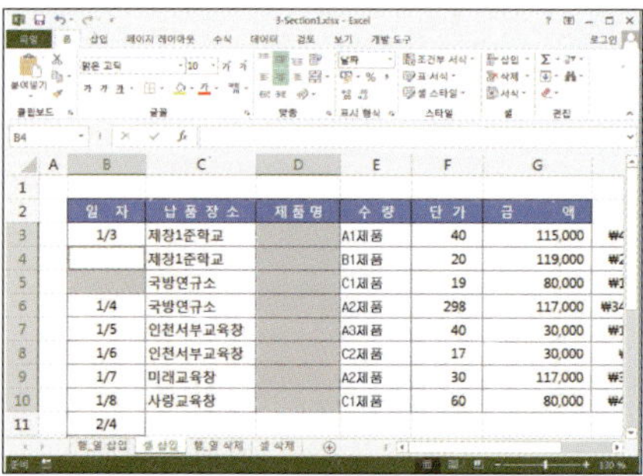

❶ '행_열 삽입' 워크시트의 [E] 열을 클릭하고 [홈] 탭-[셀] 그룹에서 [삽입](삽입)의 화살표를 클릭한 후 [시트 열 삽입]을 선택한다. [E] 열 왼쪽에 열이 삽입된다.

❷ [5], [6] 행을 범위로 선택하고 [홈] 탭-[셀] 그룹에서 [삽입](삽입)의 화살표를 클릭한 후 [시트 행 삽입]을 선택한다. [5], [6] 행 위쪽에 2개의 행이 삽입된다.

❸ '셀 삽입' 워크시트에서 [D3:D10] 범위를 선택하고 [홈] 탭-[셀] 그룹에서 [삽입](삽입)의 화살표를 클릭한 후 [셀 삽입]을 선택한다.

❹ [삽입] 대화상자에서 [셀을 오른쪽으로 밀기]를 체크한 후 [확인] 단추를 클릭한다.

❺ '셀 삽입' 워크시트에서 [B4:B5] 범위를 선택하고 [홈] 탭-[셀] 그룹의 [삽입](삽입)의 화살표를 클릭한 후 [셀 삽입]을 선택한다.

⑥ [삽입] 대화상자에서 [셀을 아래로 밀기]를 체크하고 [확인] 단추를 클릭한다.

행/열/셀 삽입의 단축키 

• 해당 행/열/셀 단위의 범위를 선택한 후 `Ctrl` + `+`(숫자 키패드)를 누른다.

따라하기 **02 행/열/셀의 삭제**

[3-Section1.xlsx] 파일의 '행_열 삭제', '셀 삭제' 워크시트에 다음과 같이 행/열 단위와 셀 범위 단위로 삭제해 보자.

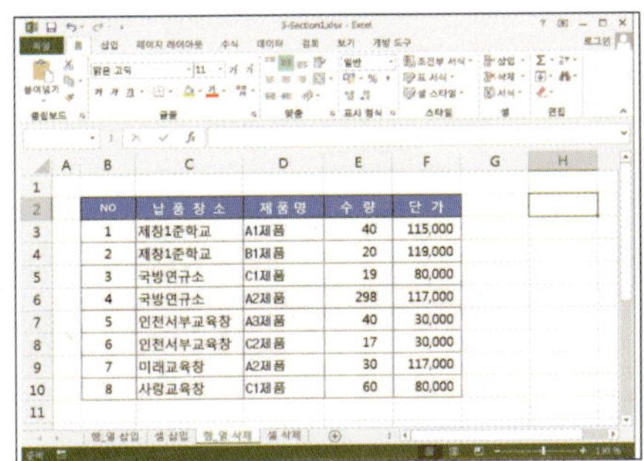 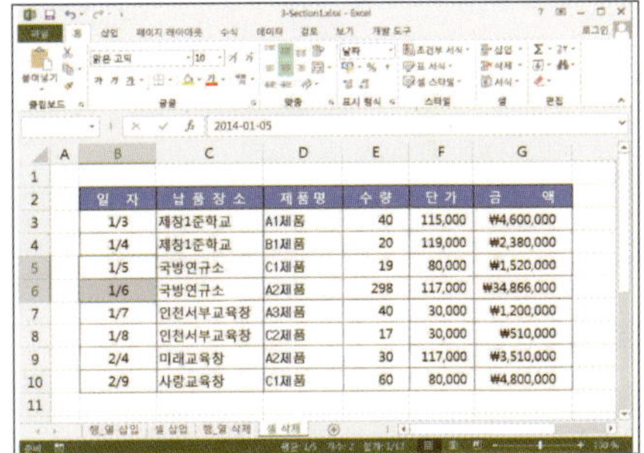

❶ '행_열 삭제' 워크시트의 [C] 열과 [H] 열을 선택하고 [홈] 탭-[셀] 그룹에서 [삭제] (🗑× 삭제 ▾)의 화살표를 클릭한 후 [시트 열 삭제]를 선택한다.

❷ [6] 행을 클릭한 다음 [홈] 탭-[셀] 그룹에서 [삽입](🗑 삽입 ▾)의 화살표를 클릭한 후 [시트 행 삭제]를 선택한다.

❸ '셀 삭제' 워크시트에서 [D3:D10] 범위를 선택하고 [홈] 탭-[셀] 그룹에서 [삭제](🗑× 삭제 ▾)의 화살표를 클릭한 후 [셀 삭제]를 선택한다.

❹ [삭제] 대화상자에서 [셀을 왼쪽으로 밀기]를 체크한 후 [확인] 단추를 클릭한다.

❺ '셀 삽입' 워크시트에서 [B5:B6] 범위를 선택하고 [홈] 탭-[셀] 그룹에서 [삭제](🗑× 삭제 ▾)의 화살표를 클릭한 후 [셀 삭제]를 선택한다.

❻ [삭제] 대화상자에서 [셀을 위로 밀기]를 체크하고 [확인] 단추를 클릭한다.

행/열/셀 삭제의 단축키 

• 해당 행/열/셀 단위의 범위를 지정한 다음 `Ctrl` + `-`(숫자 키패드)를 누른다.

[3-Section1-2.xlsx] 파일의 '급여내역' 워크시트에 근무시간 왼쪽에 다음과 같이 주민번호 항목의 열을 추가하여 데이터를 입력해 보자.

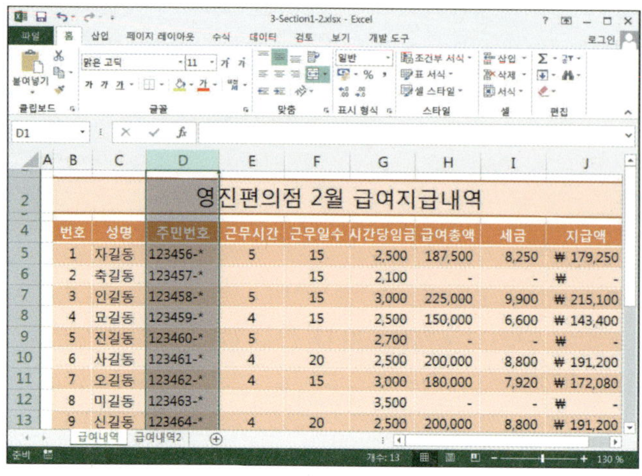

> **HINT** | [D] 열을 클릭한 다음 `Ctrl`+`+`를 누르고, 열이 추가되면 [D4] 셀을 클릭하여 데이터를 입력한다. 열 단위 삽입은 왼쪽에 삽입되며, 셀 단위 범위는 오른쪽이나 아래쪽으로 데이터를 밀어낸다.

[3-Section1-2.xlsx] 파일의 '급여내역2' 워크시트에서 근무시간과 근무일수가 없는 행들을 삭제해 보자.

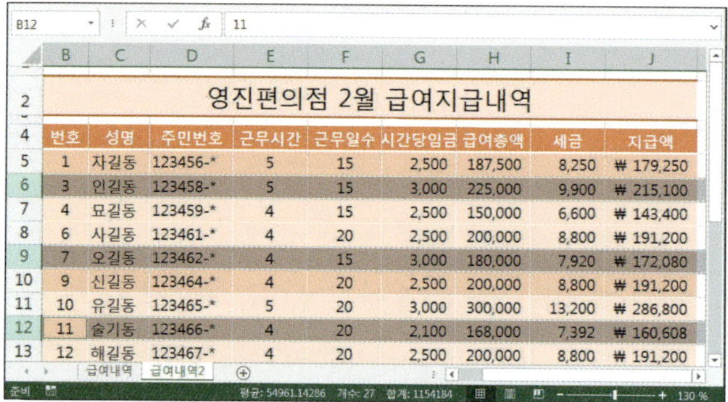

> **HINT** | [6], [9], [12] 행을 범위로 선택한 다음 `Ctrl`+`-`를 눌러 삭제한다. 행 단위로 삭제하면 아래쪽 데이터로 채워지며, 셀 단위 범위는 왼쪽이나 위로 데이터를 밀어낸다.

Check Point

- 셀 범위를 지정하거나 행, 열 머리글을 선택하고 [홈] 탭-[셀] 그룹에서 [삽입](삽입)의 화살표를 클릭하여 삽입한다. 단축키는 `Ctrl`+`+`(숫자 키패드)이다.
- 셀 범위를 지정하거나 행, 열 머리글을 선택하고 [홈] 탭-[셀] 그룹에서 [삭제](삭제)의 화살표를 클릭하여 삭제한다. 단축키는 `Ctrl`+`-`(숫자 키패드)이다.

행/열의 크기 조절과 틀 고정하기

셀에 입력한 데이터가 열이 너비보다 좁거나 행의 높이보다 낮아 정상적으로 데이터가 나타나지 않을 때 열의 너비와 행의 높이 조절이 필요하다. 스크롤하여 보기를 할 경우 항목이 같이 스크롤되는데 이를 틀 고정하기로 항상 표시하는 방법을 알아보자.

[작업 준비물 : 3-Section2.xlsx]

◑ 알아두기

- 행 높이와 열 너비를 임의로 조절해 보자.
- 행 높이와 열 너비를 자동으로 조절해 보자.

따라하기 01 행/열의 크기 조절

[3-Section2.xlsx] 파일에서 [1] 행과 [3] 행의 높이를 '5'로 조절하고, [4] 행의 높이는 자동으로 조절한다. [D] 열의 너비를 '10'으로 조절하고, [E], [F], [G] 열의 너비는 자동으로 조절해 보자.

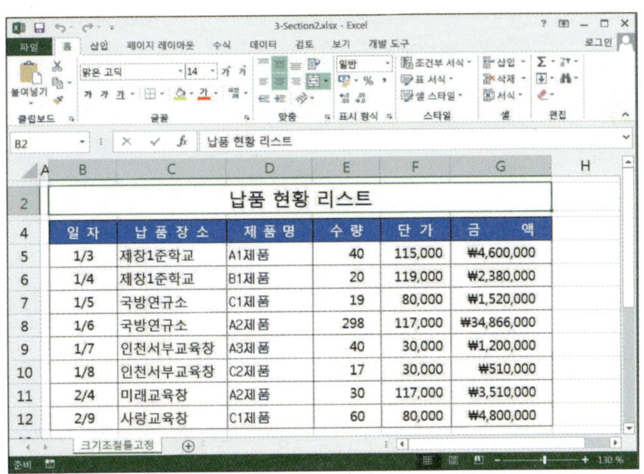

❶ [1] 행과 [3] 행을 클릭한 다음 행 글머리 위에서 마우스 오른쪽 버튼을 클릭하고 [행 높이]를 선택한다.

❷ [행 높이] 대화상자에 '5'를 입력하고 [확인] 단추를 클릭한다.

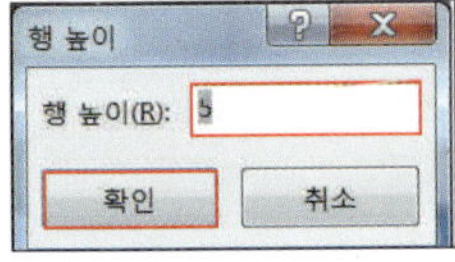

❸ [4] 행을 클릭하고 [4] 행과 [5] 행 사이의 경계선을 더블클릭한다.

❹ [D] 열의 오른쪽 경계선을 클릭한 후 '10'이 될 때 까지 오른쪽으로 드래그한다.

❺ [E] 열부터 [G] 열을 범위로 선택한 다음 [E], [F], [G] 열 오른쪽 경계선 중 하나를 더블클릭한다.

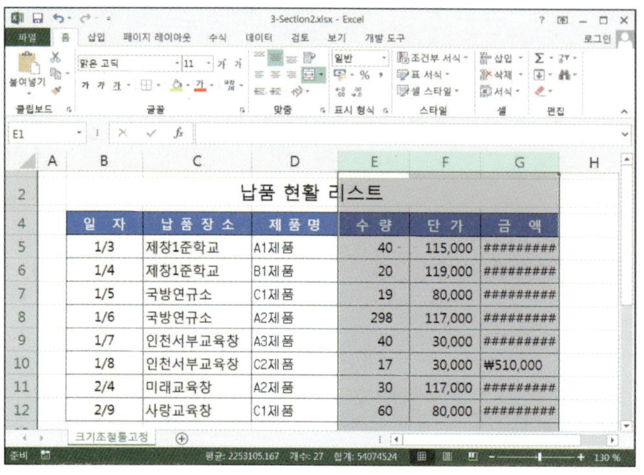

> **행 높이/열 너비 조절** tip ➕
>
> • 행 높이나 열 너비를 조절할 때 행/열 머리글 경계에서 마우스로 드래그하여 조절하거나 마우스 오른쪽 버튼을 클릭하고 바로가기 메뉴의 [행 높이]나 [열 너비] 대화상자에 직접 값을 입력한다.
> • 행 높이나 열 너비를 자동으로 조절할 때는 행 아래나 열 오른쪽 머리글 경계선을 더블클릭한다.

따라하기

02 틀 고정하기

[3-Section2.xlsx] 파일의 [4] 행을 틀 고정시키고 스크롤로 확인해 보자.

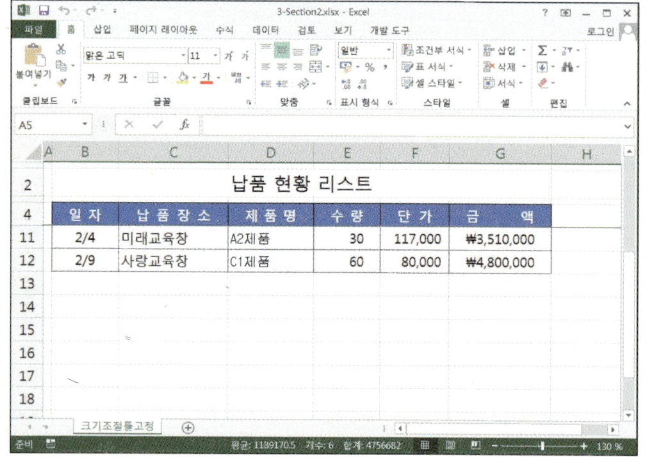

❶ [3-Section2.xlsx] 파일의 [5] 행을 클릭한 다음 [보기] 탭을 클릭한다.

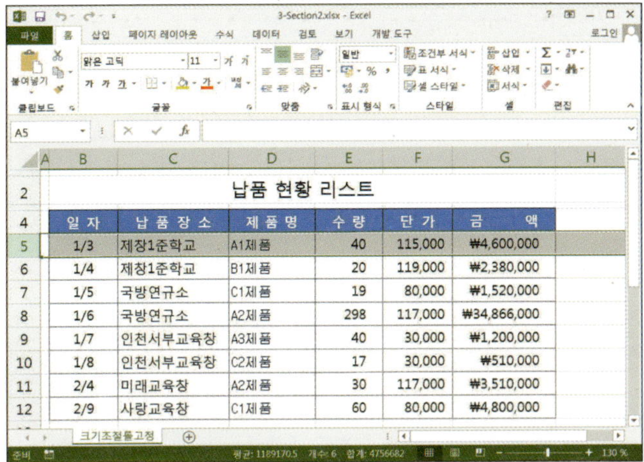

❷ [보기] 탭-[창] 그룹에서 [틀 고정](틀 고정)의 화살표를 클릭한 후 [틀 고정]을 선택한다.

❸ 마우스 휠을 아래로 스크롤해 보면, 항목이 고정되어 데이터들이 항목 안으로 움직이는 것을 확인할 수 있다.

행과 열 틀 고정하기 tip

- [4] 행을 틀 고정시키려면 [5] 행을 선택하고 [틀 고정]을 클릭한다. 선택 행의 위쪽에서 행은 틀 고정되며, 선택 열의 왼쪽에서 열은 틀 고정된다.
- 선택한 셀의 위쪽과 왼쪽이 틀 고정된다.

---

01 혼자해보기

[3-Section2-1.xlsx] 파일의 '급여내역' 워크시트에서 다음과 같이 [1], [3] 행의 높이는 '6'으로, [A] 열의 너비는 '1'로 설정해 보자.

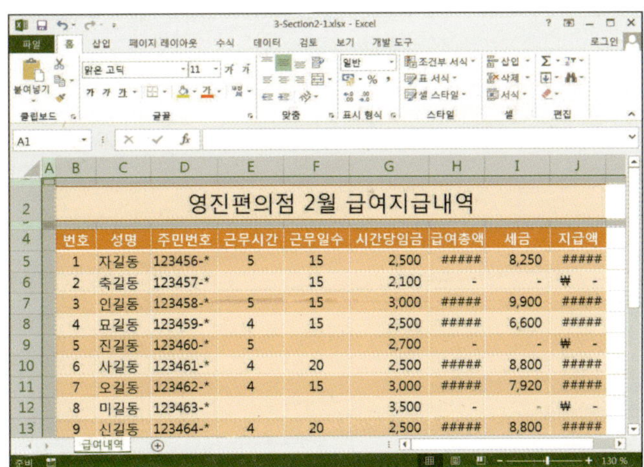

02 혼자해보기

[3-Section2-1.xlsx] 파일의 '급여내역' 워크시트에 다음과 [G] 열부터 [J] 열의 너비를 자동으로 설정해 보자.

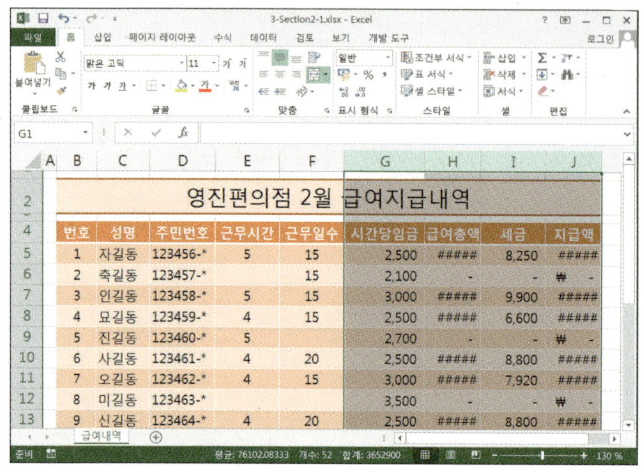

HINT | [G] 열부터 [J] 열까지 범위로 선택한 다음 범위 열 오른쪽의 경계선을 더블클릭한다.

03 혼자해보기

[3-Section2-1.xlsx] 파일의 '급여내역' 워크시트의 [4] 행과 [B] 열을 고정하여 스크롤해 보자.

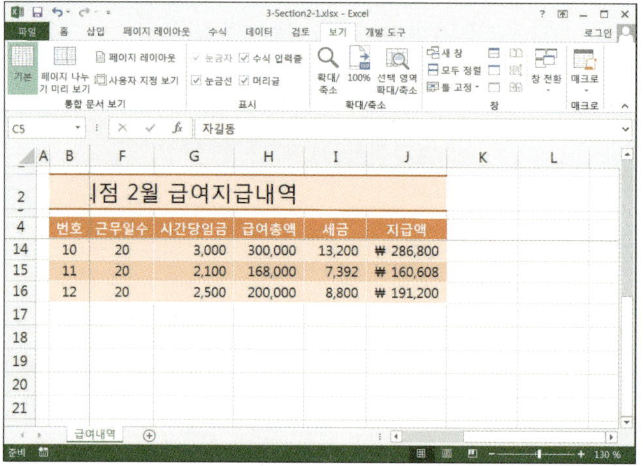

HINT | [C5] 셀을 클릭한 다음 [보기] 탭-[창] 그룹에서 [틀 고정](틀 고정)의 화살표를 클릭하고 [틀 고정]을 선택한다. [C5] 셀의 [C] 열 왼쪽과 [5] 행 위쪽이 틀 고정된다.

Check Point

- 행/열 머리글 경계선을 드래그하여 크기를 조절하거나 마우스 오른쪽 버튼을 클릭하고 바로가기 메뉴의 [행 높이]나 [열 너비] 대화상자를 불러와 값을 입력한다.
- 자동으로 크기를 조절할 때는 행 아래나 열 오른쪽 머리글 경계선을 더블클릭한다.
- 선택된 곳을 기준으로 왼쪽과 위쪽이 틀 고정된다.

워크시트의 관리

엑셀 2013의 새 통합 문서는 기본적으로 1개의 워크시트를 나타낸다. 추가적으로 필요한 워크시트의 삽입과 불필요한 워크시트의 삭제, 데이터 내용에 맞는 워크시트 이름의 변경 및 이동, 복사, 숨기는 방법에 대해 학습한다.

[작업 준비물 : 3-Section3.xlsx]

● 알아두기

- 워크시트를 삽입하고 이름을 변경해 보자.
- 워크시트를 삭제해 보자.
- 워크시트를 이동, 복사해 보자.
- 워크시트를 숨기기, 숨기기 취소를 해 보자.

따라하기 01 워크시트의 추가와 이름 바꾸기

[3-Section3.xlsx] 파일에 워크시트를 추가하고 이름을 '하반기'로 바꾸어 보자.

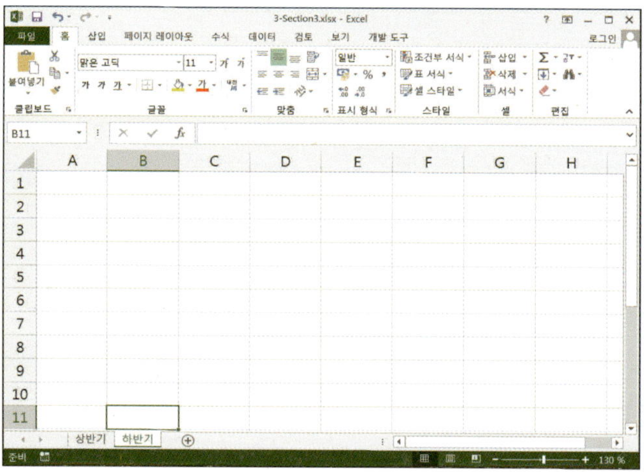

❶ [3-Section3.xlsx] 파일을 열고 시트 탭에서 새 시트(⊕)를 클릭한다.

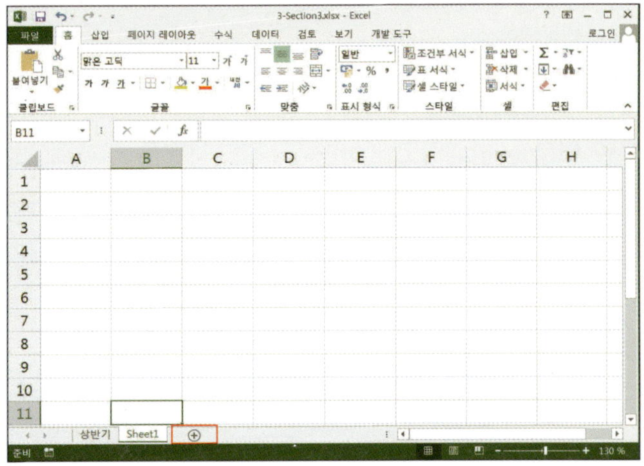

❷ '상반기' 워크시트 오른쪽에 새롭게 추가된 'Sheet1' 워크시트를 더블클릭한다.

❸ '하반기'로 워크시트 이름을 수정하고 Enter 를 누른다.

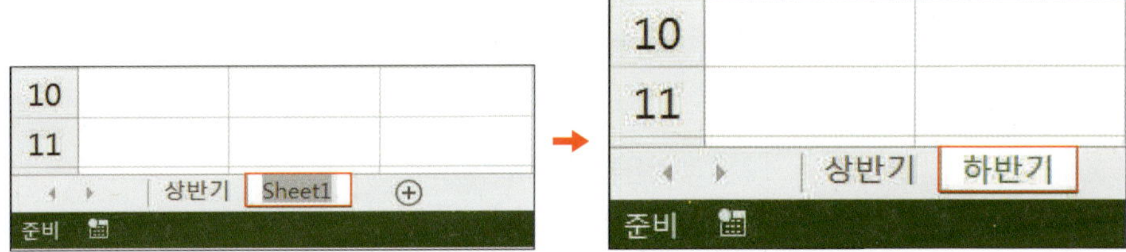

데이터 수정하기

• 워크시트 추가 : 시트 탭에서 새 시트(⊕)를 클릭하면 현재 워크시트 오른쪽에 삽입되며, [홈] 탭–[셀]–[삽입] 그룹에서 [삽입](삽입 ▾)의 화살표를 클릭하고 [시트 삽입]을 선택하면 현재 워크시트 왼쪽에 삽입된다.
• 워크시트 이름 바꾸기 : 마우스 오른쪽 버튼으로 워크시트를 클릭한 후 바로가기 메뉴에서 [이름 바꾸기]를 선택하여 이름을 변경할 수도 있다.

[3-Section3.xlsx] 파일의 '상반기' 워크시트를 끝으로 복사한 다음 '2013매입'으로 워크시트 이름을 변경하고, '하반기' 워크시트를 삭제해 보자.

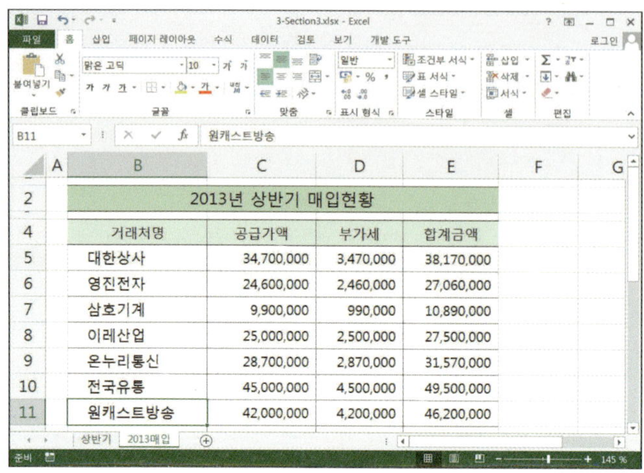

❶ '상반기' 워크시트에서 마우스 오른쪽 버튼을 클릭한 후 [이동/복사]를 선택하여 [이동/복사] 대화상자를 불러온다. [다음 시트의 앞에]에서 '(끝으로 이동)'을 선택하고 [복사본 만들기]를 체크한 후 [확인] 단추를 클릭한다.

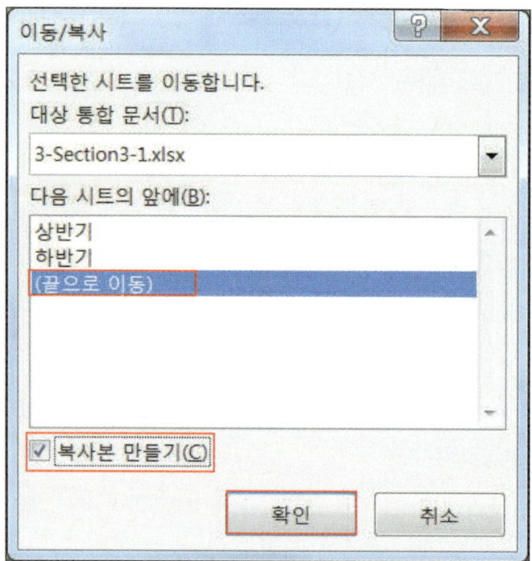

❷ '상반기 (2)'의 복사본 워크시트를 더블클릭하여 이름을 '2013매입'으로 변경한다.

❸ '하반기' 워크시트를 마우스 오른쪽 버튼으로 클릭한 후 [삭제]를 선택하여 삭제한다.

따라하기 03 워크시트 숨기기와 취소하기

[3-Section3.xlsx] 파일의 '상반기' 워크시트를 화면에서 안보이게 한 후 다시 나타내 보자.

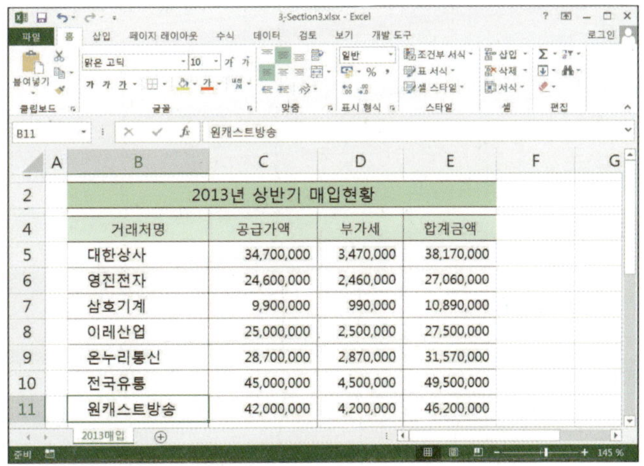

❶ [3-Section3.xlsx] 파일의 '상반기' 워크시트를 마우스 오른쪽 버튼으로 클릭한 후 [숨기기]를 선택한다.

❷ 화면에서 '상반기' 워크시트가 사라진다.

❸ '2014매입' 워크시트를 마우스 오른쪽 버튼으로 클릭한 후 [숨기기 취소]를 선택한다. [숨기기 취소] 대화상자가 나타나면 '상반기'를 선택하고 [확인] 단추를 클릭한다.

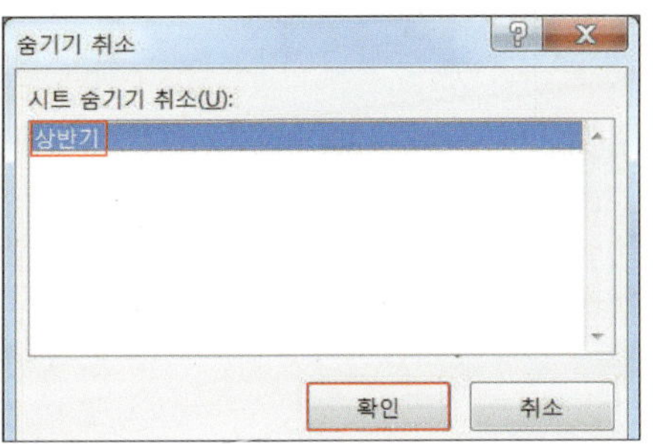

❹ '상반기' 워크시트가 다시 나타난다.

01 혼자해보기

[3-Section3-1.xlsx] 파일의 '상반기' 워크시트를 복사하여 '2013매입현황'으로 이름과 제목을 변경해 보자.

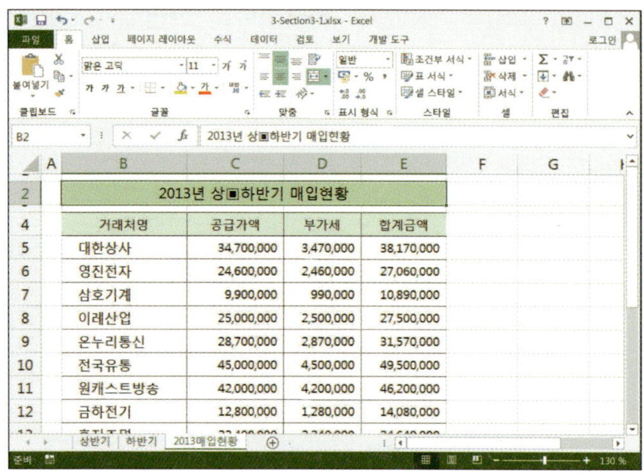

HINT | [Ctrl]을 누른 상태로 '상반기' 워크시트를 '하반기' 워크시트 다음으로 드래그하여 복사한다. 더블클릭하여 워크시트의 이름을 변경하고, [B2] 셀을 더블클릭하여 제목을 변경한다.

02 혼자해보기

[3-Section3-1.xlsx] 파일의 '하반기' 워크시트에서 공급가액 [C5:C16] 범위를 '2013매입현황' 워크시트의 공급가액 [C5:C16] 범위에 더하기 형태로 붙여 넣으세요.

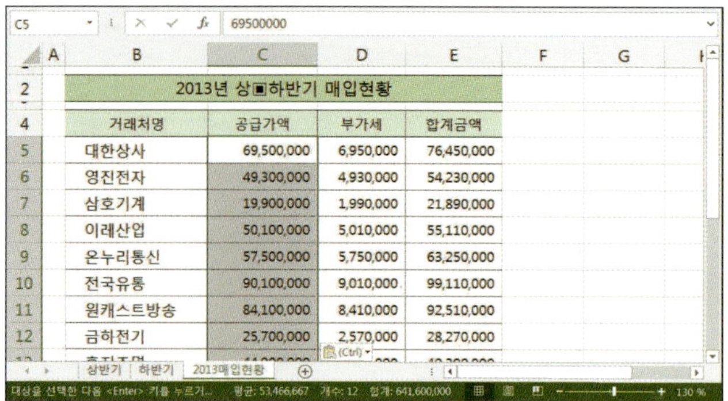

03 혼자해보기

[3-Section3-1.xlsx] 파일의 '상반기', '하반기' 워크시트를 화면에서 숨겨보자.

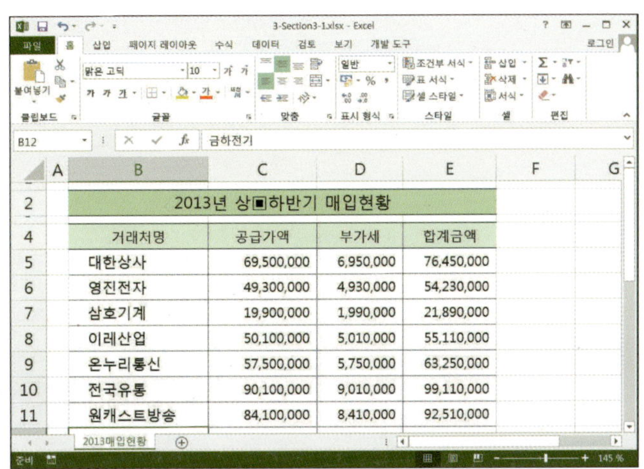

Check Point

- 워크시트 추가 : 시트 탭에서 새 시트(⊕)를 클릭하면 현재 워크시트 오른쪽에 삽입된다.
- 워크시트 이름 바꾸기 : 해당 워크시트를 더블클릭하여 이름을 변경한다.
- 시트의 이동과 복사 : 해당 워크시트를 드래그하여 이동시키거나, Ctrl 을 누른 상태로 드래그하여 빠르게 복사한다.
- 워크시트 숨기기와 취소 : 해당 워크시트를 마우스 오른쪽 버튼으로 클릭하고 [숨기기]를 선택한다. 숨기기 취소는 임의의 워크시트를 마우스 오른쪽 버튼으로 클릭하고 [숨기기 취소]를 선택한 후 원하는 워크시트를 선택한다.

빠른 분석 합계의 총 (%)와 누적

엑셀 2013의 새로운 기능인 빠른 분석 도구를 사용하면 데이터를 차트나 표로 간단하게 변환할 수 있다. 조건부 서식, 스파크라인 또는 차트가 적용된 데이터를 미리 보고 한 번의 클릭으로 선택 항목을 적용할 수도 있다.

[작업 준비물 : 3-Section4.xlsx]

❑ 알아두기

- 빠른 분석 아이콘을 표시해 보자.
- 합계의 총 %를 표시해 보자.
- 합계의 누계를 표시해 보자.

따라하기 **01** **전체에 대한 비율(총 %) 표시하기**

빠른 분석을 이용하여 [3-Section4.xlsx] 파일의 '비율' 워크시트에 다음과 같이 실적수량에 해당하는 전체비율을 나타내 보자.

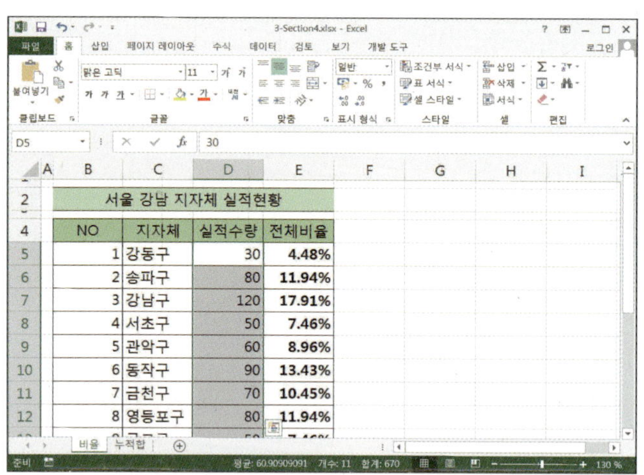

❶ [3-Section4.xlsx] 파일의 '비율' 워크시트에서 [D5:D15] 범위를 선택한다.

❷ 범위로 설정한 오른쪽 하단에 빠른 분석 아이콘(▦)이 나타나면 클릭한 후 [합계]를 선택한다.

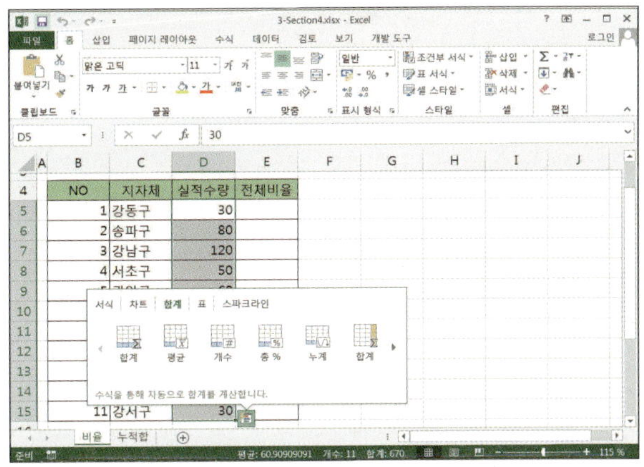

❸ 다양한 합계가 나타나며 오른쪽 화살표(▶)을 클릭하여 행 단위로 전체에 대한 비율이 나타나는 [총 %]()를 클릭한다.

❹ 실적수량 전체에 대한 각각의 비율이 오른쪽에 나타난다.

빠른 분석 도구의 합계 tip ➕

• 빠른 분석은 범위를 지정한 후 빠른 분석 아이콘()을 클릭한다.
• 빠른 분석의 [합계]에서는 합계, 평균, 개수, 총 %의 열 단위와 행 단위를 표현한다.

따라하기 **02** **판매액 누계 구하기**

[3-Section4.xlsx] 파일의 '누적합' 워크시트에서 판매액에 대한 누적판매액을 다음과 같이 표현해 보자.

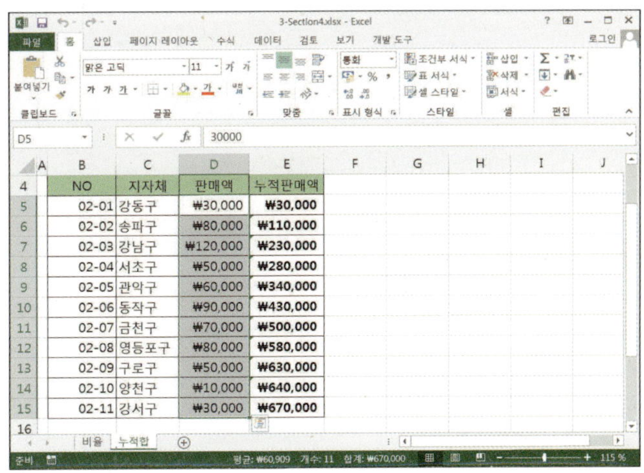

❶ '누적합' 워크시트의 [D5:D15] 범위를 선택하고 오른쪽 하단에 빠른 분석 아이콘(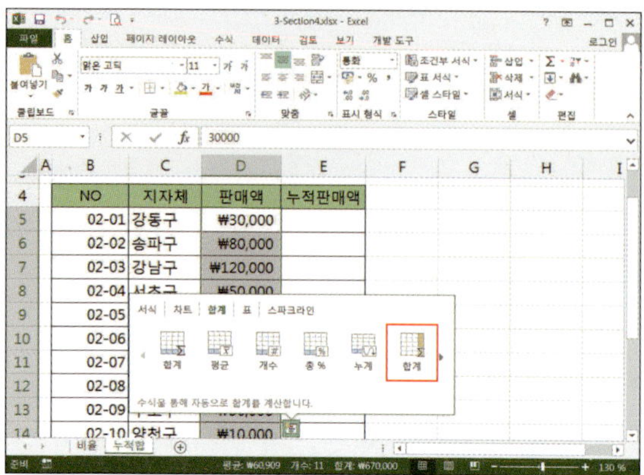)
을 클릭한 후 [합계]를 클릭한다.

❷ 오른쪽 화살표(▶)을 클릭하여 행 단위로 누계를 나타나는 아이콘(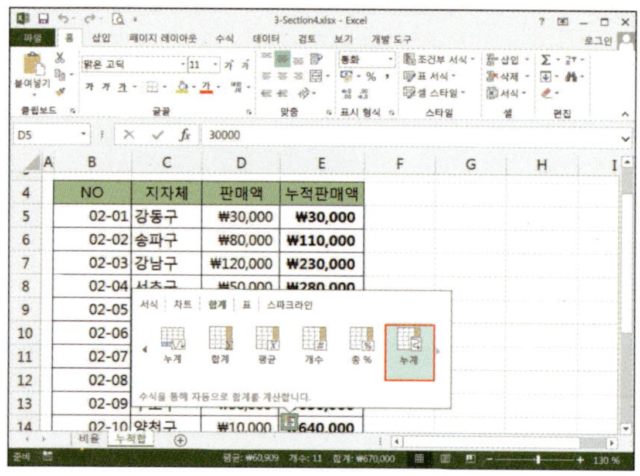)을 클릭한다.

❸ 판매액에 대한 행 단위 누계가 오른쪽에 표시된다.

01
혼자해보기

[3-Section4-1.xlsx] 파일의 '비율' 워크시트에서 빠른 분석을 이용하여 실적수량에 해당하는 전체비율을 나타내어 보자.

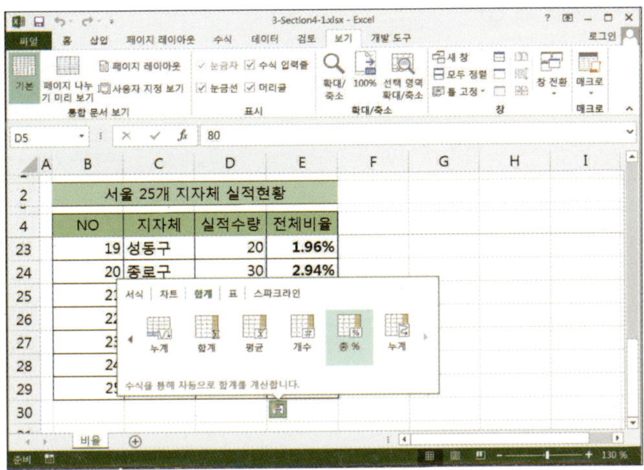

HINT | '비율' 워크시트에서 [D5:D29] 범위를 선택하고, `Ctrl`+`Q`를 눌러 빠른 분석 도구의 [합계]–[전체에 대한 [총 (%)]]를 클릭한다.

Check Point
- 빠른 분석은 범위를 지정한 후 빠른 분석 아이콘(📊)을 클릭한다.
- 빠른 분석의 단축키는 범위를 지정한 후 `Ctrl`+`Q`를 누른다.

빠른 분석의 표와 스파크라인

빠른 분석 기능 중에 데이터를 테이블(표)화하여 항목별 필터 및 합계를 쉽게 구현 하고, 축소 그래프 (스파크라인)를 삽입하여 시각적으로 데이터를 빠르게 분석하는 방법에 대해 학습한다.

[작업 준비물 : 3-Section5.xlsx]

◐ 알아두기

• 빠른 분석의 표를 표시해 보자.

• 빠른 분석의 스파크라인을 표시해 보자.

따라하기 01 데이터를 표로 만들기

[3-Section5.xlsx] 파일의 '표' 워크시트에서 [B4:G16] 범위를 표로 만들어 [요약 행]을 표시하고 과목의 평균을 나타내어 보자.

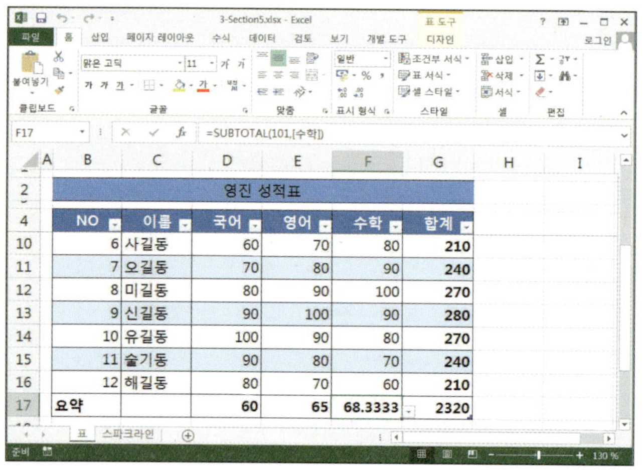

❶ '표' 워크시트에서 [B4:G16] 범위를 선택한 후 오른쪽 위에 빠른 분석 아이콘(▦)을 클릭하고 [표] 탭의 [표]를 선택한다.

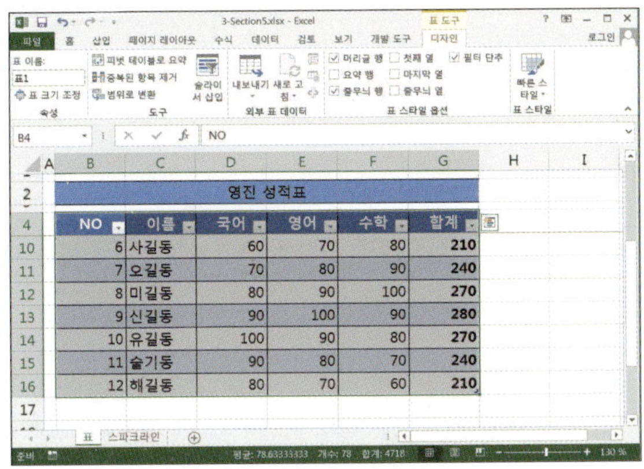

❷ [표 도구] 탭-[표 스타일 옵션] 그룹에서 [요약 행]을 체크한다.

❸ [D17] 셀을 클릭하면 화살표가 나타난다. 화살표를 클릭하여 [평균]을 선택한다.

❹ [E17], [F17] 셀을 각각 클릭하여 [평균]을 선택한다.

tip ➕

• [표]에 데이터를 추가 : 데이터가 있는 마지막 셀에서 **Tab** 을 누른다.
• [표]를 범위로 변환 : 표 데이터가 있는 셀에서 [표 도구] 탭-[도구] 그룹의 [범위로 변환]을 클릭하면 일반 범위로 변환된다.

따라하기 **02** **스파크라인 표시하기**

[3-Section5.xlsx] 파일의 '스파크라인' 워크시트에 다음과 같은 스파크라인을 표시해 보자.

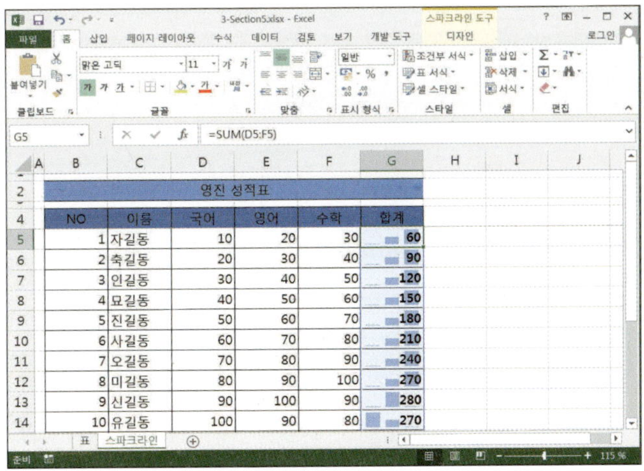

❶ '스파크라인' 워크시트에서 [D5:F16] 범위를 선택하고 **Ctrl** + **Q** 를 누른다.

❷ 빠른 분석 아이콘에서 [스파크라인]을 클릭한다.

❸ [스파크라인]–[열]을 클릭한다. [합계]에 열이 나타난다.

❹ [스파크라인 도구] 탭–[스타일] 그룹에서 [스파크라인 스타일 강조 1, 40% 더 밝게]를 선택하여 열 그래프가 나타나도록 한다.

tip ➕

• 스파크라인 제거 : 스파크라인이 형성된 셀을 선택하고 [스파크라인 도구]–[디자인] 탭–[그룹] 그룹에서 [지우기] 화살표를 클릭하여 [선택한 스파크라인 그룹 지우기]를 선택한다. [선택한 스파크라인 지우기]를 선택하면 선택한 셀만 지워진다.

01 혼자해보기

[3-Section5-1.xlsx] 파일의 '신입생추가' 워크시트에서 [B4:F12] 범위를 표로 만들어 보자.

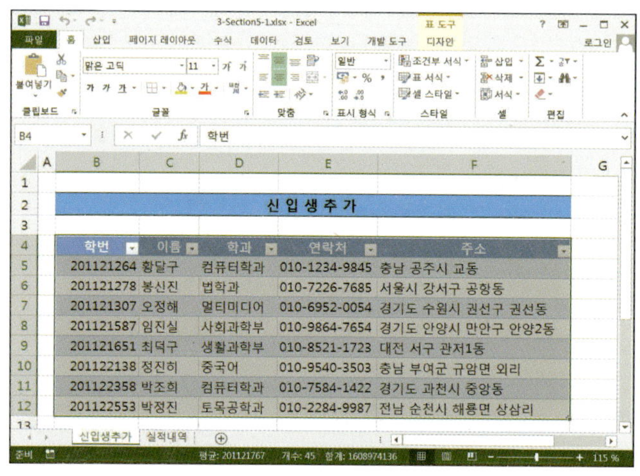

HINT | [B4:F12] 범위를 선택하고 **Ctrl** + **Q** 을 눌러 빠른 분석 아이콘이 나타나면 [표]–[표]를 선택하여 완성한다.

02
혼자해보기

[3-Section5-1.xlsx] 파일의 '실적내역' 워크시트에서 [H5:H16] 범위를 선택하고 스파크라인을 이용하여 꺾은 선형 그래프를 만들어 보자.

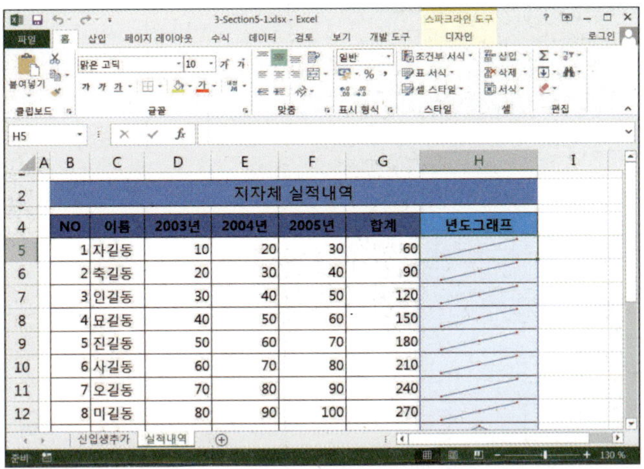

HINT | '실적내역' 워크시트에서 [H5:H16] 범위를 선택하고 [삽입] 탭-[스파크라인] 그룹에서 [꺾은 선형]을 클릭한다. [스파크라인 만들기] 대화상자의 [데이터 입력]에서 [D5:G16]을 범위로 선택한 후 [확인] 단추를 클릭한다. [스파크라인 도구]-[디자인] 탭-[표시] 그룹에서 [표식]을 체크한다.

Check Point
- 빠른 분석 아이콘의 표는 데이터를 표로 처리하고, 요약 행을 나타내어 집계 값을 쉽게 구한다.
- 빠른 분석 아이콘의 스파크라인은 데이터를 그래프로 표시하여 시각적인 효과를 높인다.

1. 행/열/셀의 삽입과 삭제

- 행/열/셀의 삽입 : 삽입하려는 행, 열 머리글을 클릭하거나 셀 범위를 선택하고 [홈] 탭-[셀] 그룹의 [삽입]을 클릭한다. 또는 해당 행/열/셀 단위의 범위를 선택한 후 Ctrl + +(숫자 키패드)를 누른다.

- 행/열/셀의 삭제 : 삭제하려는 행, 열 머리글을 클릭하거나 셀 범위를 선택하고 [홈] 탭-[셀] 그룹의 [삭제]를 클릭한다. 또는 해당 행/열/셀 단위의 범위를 선택한 후 Ctrl + −(숫자 키패드)를 누른다.

2. 행/열 크기 조절과 틀 고정하기

- 행 머리글의 아래쪽 경계선이나 열 머리글의 오른쪽 경계선을 드래그하여 조절하거나, 경계선을 더블클릭하면 가장 긴 데이터나 가장 높은 텍스트에 자동으로 크기가 맞춰진다.

- 고정하려는 행은 아래, 열은 오른쪽을 선택하고 [보기] 탭-[창] 그룹의 [틀 고정]을 클릭하면 고정된다. 선택한 셀을 기준으로 위쪽과 왼쪽이 고정된다.

3 워크시트의 관리

- 시트 탭에서 마우스 오른쪽 버튼을 클릭한 후 [이동/복사]를 선택하여 워크시트를 이동하거나 복제한다.

- 시트 탭에서 해당 워크시트를 드래그하여 이동시키거나, Ctrl 을 누른 상태로 드래그하면 빠르게 복제할 수 있다.

4 빠른 분석 합계의 총 (%)와 누적

- 데이터를 범위로 지정하면 오른쪽 하단 정도에 빠른 분석 아이콘(📊)이 나타나며 아이콘을 클릭하면 빠른 분석 도구 모음이 나타난다.

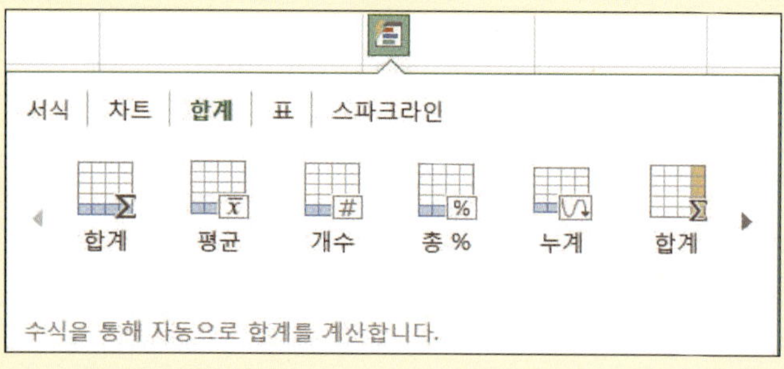

- 빠른 분석 도구 모음의 [합계] 탭을 클릭하면 다양한 집계를 구할 수 있다.
- [합계] 탭의 [총 (%)]를 이용하면 전체에 대한 현재 데이터의 차지 비율을 구할 수 있으며, [누적]은 첫 번째 데이터를 고정시키면서 합계를 구할 수 있다.

5 빠른 분석의 표와 스파크라인

- 빠른 분석 도구 모음의 [표] 탭을 클릭하면 데이터를 표처럼 바꾸어 추가하거나, [필터] 작업과 [요약 행] 작업으로 빠르게 데이터 분석이 가능하다.
- 빠른 분석 도구 모음의 [스파크라인] 탭에서 [선], [열], [승패] 등을 선택하면, 셀 안에 작은 차트를 추가하여 시각적으로 분석할 수 있다.

1. [3-종합문제.xlsx] 파일의 '도서판매' 워크시트에서 다음과 같은 작업을 해 보자.

- 판매일 항목의 날짜를 표시해 보자.

- 비고 항목에 해당하는 [F] 열을 삭제해 보자.

- [7] 행 위에 2개의 행을 추가해 보자.

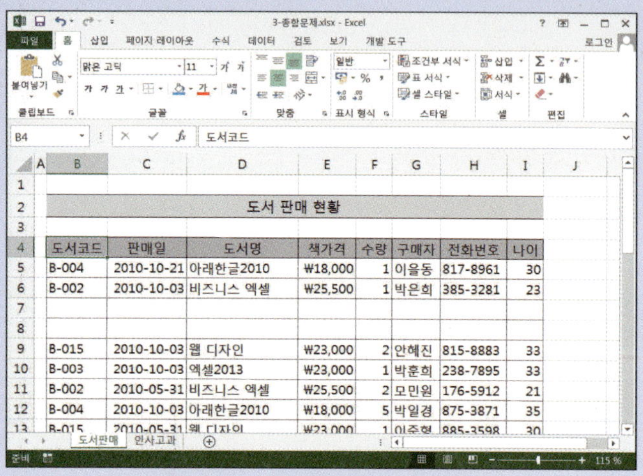

> **HINT** ㅣ '도서판매' 워크시트의 [C] 열과 [D] 열 사이를 더블클릭하여 판매일이 나타나도록 한다.
> [F] 열을 클릭하고 **Ctrl** + **-** 를 눌러 열을 삭제한다. [7:8] 행을 범위로 선택하고 **Ctrl** + **+** 를 눌
> 러 7행 위에 2개의 행을 추가한다.

2. [3-종합문제.xlsx] 파일의 '도서판매' 워크시트에서 [5] 행 위쪽을 틀 고정시켜
스크롤해 보자.

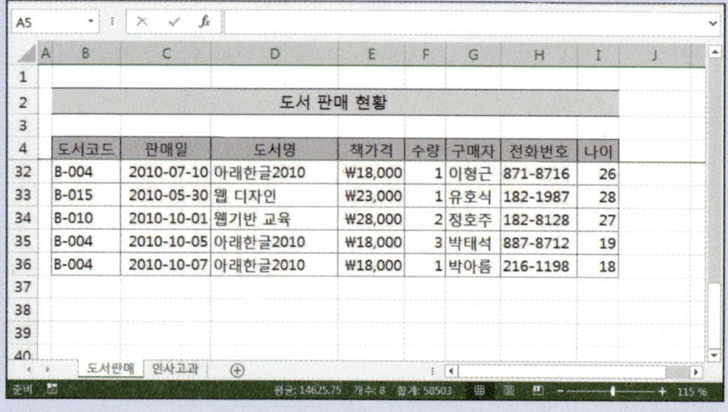

> **HINT** ㅣ '도서판매' 워크시트의 [5] 행을 클릭한 다음 [보기] 탭-[창] 그룹에서 [틀 고정]을 클릭한다.

종합실습 ─ p o i n t u p ─

3. [3-종합문제.xlsx] 파일의 '인사고과' 워크시트를 2개 복사하고, 각각 이름을 '인사고과 표', '인사고과 그래프'로 바꾼 다음 '인사고과 표' 워크시트의 데이터를 표 처리해 보자.

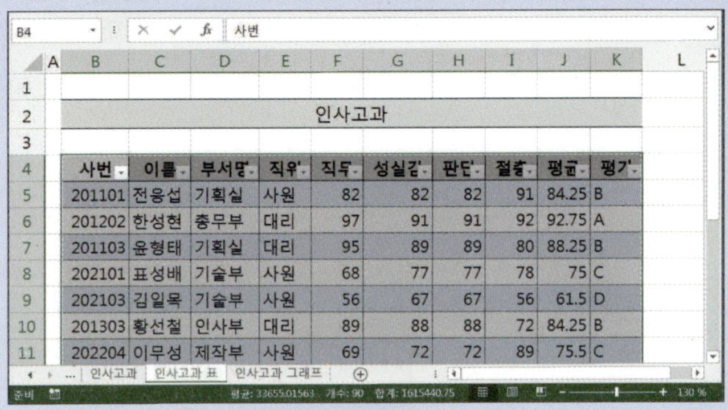

> **HINT** | '인사고과' 워크시트 위에서 **Ctrl**+오른쪽 드래그를 두 번 한 다음 복사된 워크시트 이름을 더블클릭하여 각각의 이름을 변경한다. '인사고과 표' 워크시트의 [B4:K12] 범위를 선택하고 **Ctrl**+**Q**를 눌러 빠른 분석 도구 모음의 [표]를 클릭한다.

4. [3-종합문제.xlsx] 파일의 '인사고과 그래프' 워크시트에서 [J] 열 왼쪽에 열을 하나 추가하고, 빠른 분석 도구 모음을 이용하여 스파크라인을 추가한 후 [높은 점]을 표시해 보자.

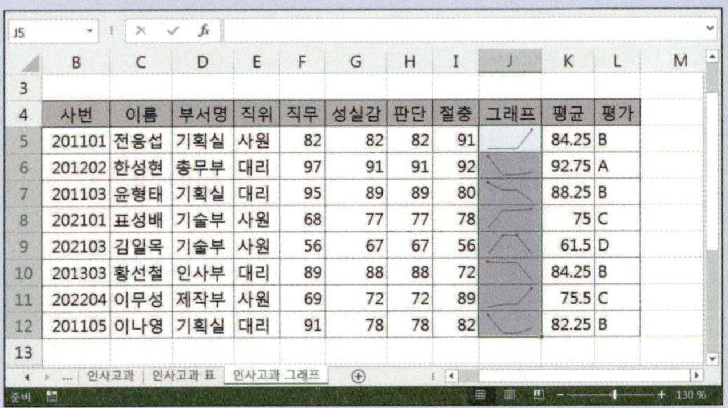

> **HINT** | '인사고과 그래프' 워크시트의 [J] 열을 클릭하고 **Ctrl**+**+**를 눌러 열을 추가한다. [F5:I12] 범위를 선택하고 **Ctrl**+**Q**를 눌러 빠른 분석 도구 모음이 나타나면 [스파크라인]을 클릭한다. [스파크라인 도구]-[디자인] 탭-[표시] 그룹에서 [높은 점]을 체크한다.

04 CHAPTER

워크시트의 보호와 인쇄

워크시트를 구성하는 셀 단위로 데이터를 입력하면 이러한 데이터를 보호해야 할 경우가 생긴다. 이때 셀 보호와 셀 단위가 모여 형성된 워크시트를 보호하는 방법을 알아본다. 또한 엑셀 2013에서 기본적인 인쇄와 특정 영역, 반복 행/열, 페이지 나누기 미리 보기 형태의 인쇄 방법을 살펴본다.

워크시트에 보안 부여와 출력하기 

워크시트를 구성하는 폼 양식의 일부만 데이터 입력이 가능하게 하거나, 숨기기 기능을 이용하여 수식이 있는 셀을 보호하여 폼 양식을 유지하는 방법을 알아보고, 엑셀만의 인쇄 방식인 특정 영역만 지정하여 인쇄하기, 반복 행/열 지정하여 인쇄하기, 페이지 나누기 미리 보기 등에 대해 학습한다.

Chapter

01 특정 셀만 입/출력하기

- 특정 셀만 입/출력하려면 먼저 [셀 서식] 대화상자의 [보호] 탭에서 [잠금]의 체크를 해제하고, [검토] 탭의 [변경 내용] 그룹에서 [시트 보호]를 클릭한다.
- [시트 보호] 대화상자에서 [잠긴 셀 선택]을 해제하여 잠긴 셀은 선택하지 못하도록 보호한다.
- 수식 셀의 내용 숨기기는 [셀 서식] 대화상자의 [보호] 탭에서 [숨김]에 체크한 다음 [검토] 탭-[변경 내용] 그룹에서 [시트 보호]를 클릭한다.

02 특정 영역만 지정하여 인쇄하기

- [파일] 탭-[인쇄]로 워크시트 및 통합 문서를 인쇄할 수 있으며, 인쇄 전에 미리 보기로 확인할 수 있다.
- 범위로 지정한 부분만 인쇄하려면 [페이지 레이아웃] 탭-[페이지 설정] 그룹에서 [인쇄 영역]을 설정하거나 해제한다.

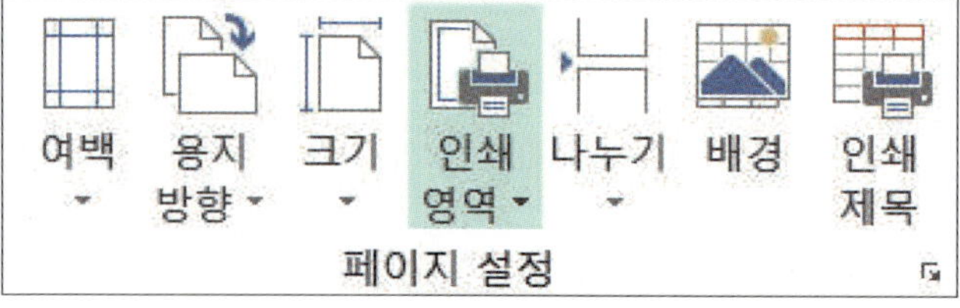

03 반복 행/열 지정하여 인쇄하기

- 여백은 [페이지 레이아웃] 탭–[페이지 설정] 그룹의 [여백](▦)에서 [사용자 지정 여백]을 클릭하여 지정한다.
- [페이지 레이아웃] 탭–[페이지 설정] 그룹의 [인쇄 제목](▦)을 클릭하여 반복 행과 열을 지정한다.

04 페이지 나누기 미리 보기

- [보기] 탭–[통합 문서 보기] 그룹의 [페이지 레이아웃](▦)을 통하여 여백 조절 및 머리글과 바닥글을 빠르게 삽입한다.
- [보기] 탭–[통합 문서 보기] 그룹의 [페이지 나누기 미리 보기](▦)를 이용하여 인쇄 영역을 확장하거나 축소시킨다.

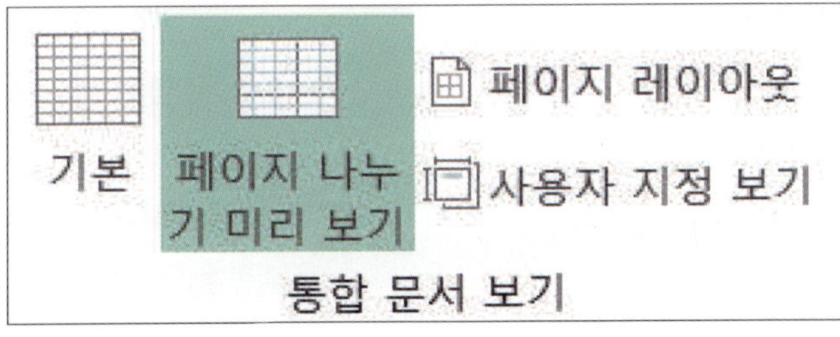

특정 셀만 입/출력하기

특정 셀만 자유롭게 입/출력이 가능하게 하여 폼 양식을 보호하고, 중요한 수식 셀은 다른 사용자가 수식을 보거나 변경하지 못하도록 설정하는 방법을 알아보자.

[작업 준비물 : 4-Section1-1.xlsx]

○ 알아두기

- 셀의 기본 보호 값은 [잠김]이 체크된 상태이며, [숨김]은 체크가 해제된 상태이다.
- [잠김]을 체크하면 셀에 데이터를 입/출력하지 못하게 된다.
- [숨김]을 체크하면 워크시트의 셀과 수식 입력줄에 내용이 보이지 않게 된다.

따라하기 01 특정 셀만 데이터 입/출력하기

[4-Section1-1.xlsx] 파일의 '명세서' 워크시트에서 노란색 셀에만 데이터가 입/출력 되도록 설정해 보자.

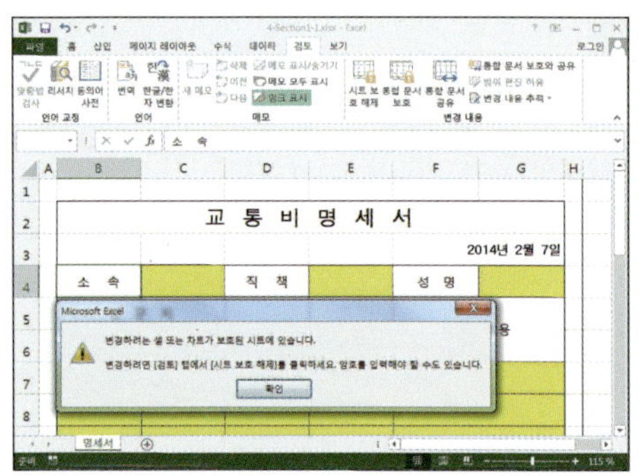 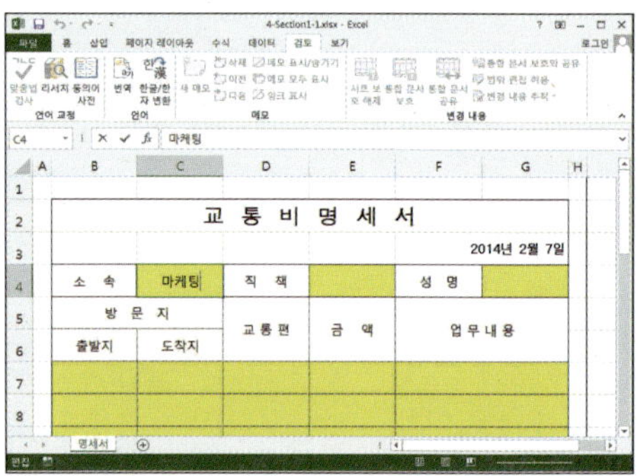

❶ '명세서' 워크시트의 노란색 셀들을 **Ctrl** 을 누른 상태로 모두 선택하고 마우스 오른쪽 버튼을 클릭한 후 [셀 서식]을 선택하여 [셀 서식] 대화상자를 불러온다.

❷ [보호] 탭에서 [잠금]의 체크를 해제하고 [확인] 단추를 클릭한다.

❸ [검토] 탭-[변경 내용] 그룹에서 [시트 보호](⊞)를 클릭하여 [시트 보호] 대화상자를 불러오고 기본 값을 확인한 후 [확인] 단추를 클릭한다.

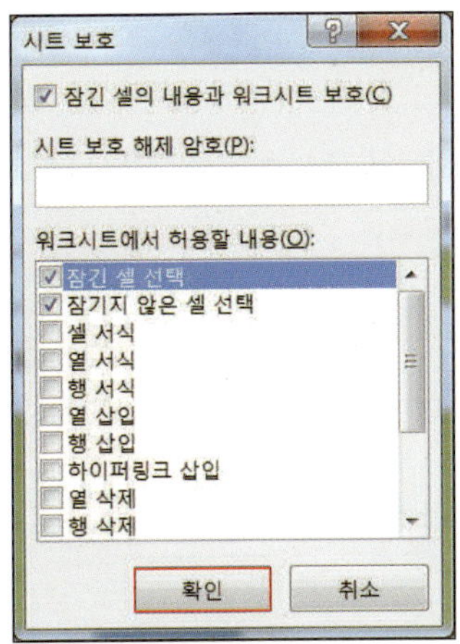

❹ [B4] 셀을 클릭하고 데이터를 입력하면 경고 창이 나타나며 데이터가 입력되지 않는다.

❺ [C4] 셀을 클릭하고 '마케팅'이라고 입력하면 데이터가 입력된다. 즉 노란색 셀에는 데이터를 입력할 수 있지만, 다른 부분은 데이터를 입/출력 할 수가 없다.

tip ➕

- 시트 보호 문서에서 다음 항목으로 이동할 때는 **Tab** 을 눌러 이동하고 이전 항목으로 이동할 때는 **Shift** + **Tab** 으로 이동하여 문서 작성의 효율을 높인다.
- 필요 시 [시트 보호] 대화상자에 시트 보호 해제 암호를 입력할 수도 있다.
- [시트 보호] 대화상자의 [잠긴 셀 선택] 체크를 해제하면 잠긴 셀은 선택하지 못하게 된다.

[4-Section1-1.xlsx] 파일의 '명세서' 워크시트에서 시트 보호를 해제하고, [E11] 셀의 수식을 안보이게 한 후 다시 시트 보호를 하고 데이터를 입력해 보자.

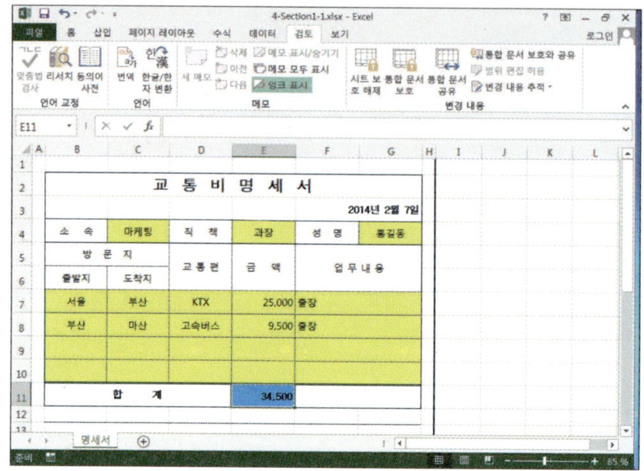

❶ [검토] 탭-[변경 내용] 그룹에서 [시트 보호 해제]를 클릭한다.

❷ [E11] 셀을 클릭하고 마우스 오른쪽 버튼을 클릭한 후 [셀 서식]을 선택하여 [셀 서식] 대화상자를 불러온다.

❸ [보호] 탭에서 [숨김]을 체크하고 [확인] 단추를 클릭한다.

❹ [검토] 탭-[변경 내용] 그룹에서 [시트 보호](▨)를 클릭하고 [시트 보호] 대화상자가 나타나면 기본 값을 확인한 후 [확인] 단추를 클릭한다.

❺ 노란색 셀 부분에 그림과 같이 데이터를 입력한 후 [E11] 셀을 클릭하여 수식 입력줄을 확인하면 수식이 나타나지 않는다.

> •[숨김]을 체크하여 시트 보호를 하면 수식이 화면에서 나타나지 않는다. tip ➕

01
혼자해보기

[4-Section1-2.xlsx] 파일의 '인수증' 워크시트에서 노란색 셀에만 데이터가 입력
되도록 설정해 보자.

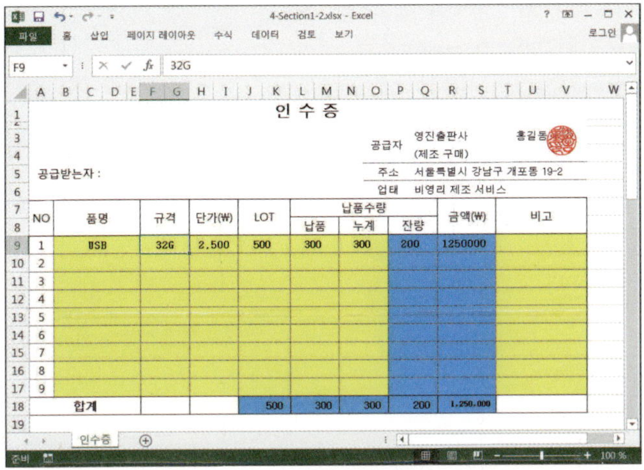

> **HINT** | 노란색 셀들을 모두 선택하고 [셀 서식] 대화상자를 불러온 후 [보호] 탭에서 잠금을 해제한다.
> 그리고 [검토] 탭-[변경 내용] 그룹에서 [시트 보호]를 지정하고, 데이터를 입력한다.

02
혼자해보기

[4-Section1-2.xlsx] 파일의 '인수증' 워크시트에 시트 보호를 해제한 다음 파란색
셀의 데이터를 수정 못 하도록 설정하고, 수식 입력줄에서도 수식이 보이지 않도록
설정해 보자.

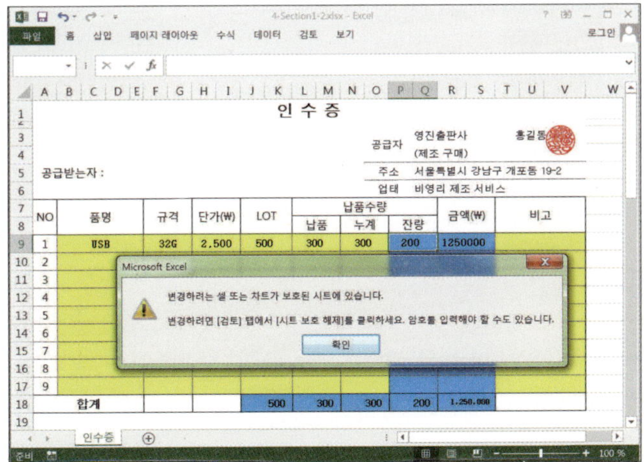

> **HINT** | [검토] 탭의 [시트 보호 해제]를 클릭한 다음 파란색 셀들을 선택한다. [셀 서식] 대화상자의 [보
> 호] 탭에서 [잠금]과 [숨김]을 체크하고 다시 [검토] 탭의 [시트 보호]를 클릭한다.

특정 영역만 지정하여 인쇄하기

문서를 오프라인에서 보기 위해서는 프린터로 인쇄를 해야 한다. 이번에는 인쇄하기 전에 인쇄 모양 미리 보기와 원하는 범위를 지정하여 지정된 범위만 인쇄하는 방법에 대해 학습한다.

[작업 준비물 : 4-Section2-1.xlsx]

◑ 알아두기

- 인쇄 미리 보기 화면으로 인쇄할 페이지를 화면으로 확인해 보자.

- 인쇄 영역을 설정하여 필요한 영역만 인쇄하기

따라하기 01   인쇄 모양 미리 보기

[4-Section2-1.xlsx] 파일의 '컴활합격' 워크시트를 인쇄할 모양을 미리 보기로 확인하고 여백 표시를 해보자.

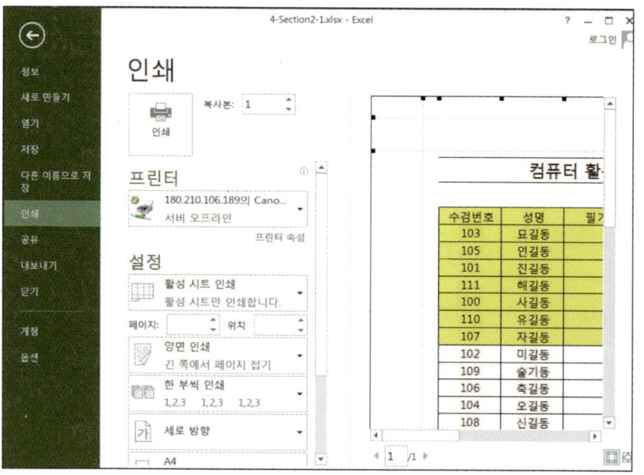

❶ [4-Section2-1.xlsx] 파일을 불러온 후 [파일] 탭의 [인쇄]를 클릭하면 오른쪽에 인쇄 미리 보기 페이지가 나타난다.

❷ 미리 보기 페이지의 하단 오른쪽에 [여백 표시](▣)를 클릭하여 여백 선을 확인할 수 있다.

- 인쇄 명령에서 복사본, 프린터 지정, 인쇄 미리 보기 등을 설정할 수 있다.
- 인쇄 미리 보기의 여백 표시를 한 후 여백 선을 드래그하여 여백을 조절할 수 있다.

tip ➕

 02 **인쇄 영역 지정과 해제하기**

[4-Section2-1.xlsx] 파일의 노란색 셀만 인쇄되도록 인쇄 영역을 설정해 보자.

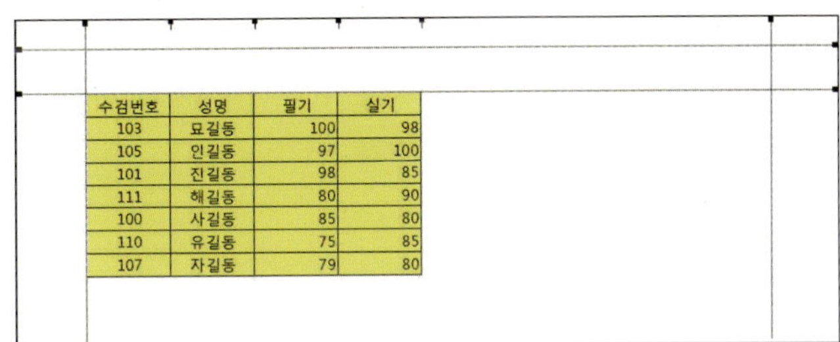

수검번호	성명	필기	실기
103	묘길동	100	98
105	인길동	97	100
101	진길동	98	85
111	해길동	80	90
100	사길동	85	80
110	유길동	75	85
107	자길동	79	80

❶ [4-Section2-1.xlsx] 파일의 노란색 셀들을 모두 선택한다.

❷ [페이지 레이아웃] 탭-[페이지 설정] 그룹에서 [인쇄 영역]( )의 화살표를 클릭하고 [인쇄 영역 설정]을 선택한다.

❸ [파일] 탭-[인쇄]를 클릭하여 인쇄 모양을 미리 보기로 확인한다.

❹ 다시 [페이지 레이아웃] 탭-[페이지 설정] 그룹의 [인쇄 영역]( )의 화살표를 클릭하고 [인쇄 영역 해제]를 선택한다.

- 인쇄 영역을 지정하면 범위로 설정된 부분만 인쇄하거나, 인쇄 영역을 해제할 수 있다. tip +
- 인쇄 설정에서 용지의 방향을 세로, 가로로 지정할 수 있다.

[4-Section2-2.xlsx] 파일의 '**계약현황**' 워크시트를 인쇄 미리 보기로 확인하고 용지 방향을 가로로 변경해 보자.

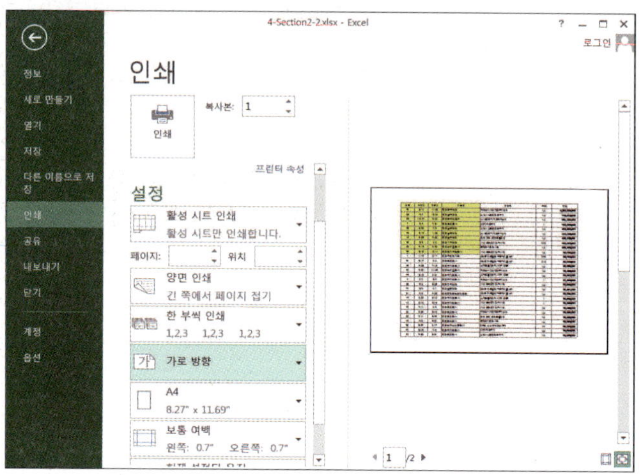

> **HINT** | [파일] 탭의 [인쇄]를 클릭하고 [설정]의 '세로 방향'을 '가로 방향'으로 변경한다.

[4-Section2-2.xlsx] 파일의 '**계약현황**' 워크시트에서 계약금액이 큰 10개의 노란색 셀(번호, 계약일, 납품일, 기관명)을 인쇄 영역으로 지정하고 미리 보기로 확인해 보자.

번호	계약일	납품일	기관명
46	5/16	11/30	영진중부발전
23	4/4	10/21	영진남부발전
35	12/27	5/30	영진문화체육부
7	3/4	7/31	영진도로공사
53	5/29	7/9	영진남동발전
45	5/14	1/25	영진남동발전
18	3/25	4/26	영진남부발전
50	5/8	6/2	영진서부발전
29	4/15	9/30	영진농어촌공사
54	5/13	10/11	영진토지주택공사

> **HINT** | [A1:D11] 범위를 선택한 다음 [페이지 레이아웃] 탭–[페이지 설정] 그룹에서 [인쇄 영역](📋)의 화살표를 클릭하고 [인쇄 영역 설정]을 선택한다.

> **Check Point**
> • 인쇄 명령에서 복사본, 프린터 지정, 인쇄 미리 보기 등을 설정할 수 있다.
> • [페이지 레이아웃] 탭–[페이지 설정] 그룹에서 [인쇄 영역](📋)을 클릭하여 인쇄 영역을 지정하면 설정한 부분만 인쇄할 수 있다.

반복 행/열을 지정하여 인쇄하기

인쇄할 때 페이지 여백을 지정하거나, 항목이 1쪽에만 나타나는데 1쪽 이후에도 나타나게 하려면 반복 행/열을 지정하여 인쇄하는 방법을 익혀야 한다.

[작업 준비물 : 4-Section3-1.xlsx]

◐ 알아두기

- 페이지 여백을 지정해 보자.
- 반복 행/열을 지정하여 인쇄해 보자.

따라하기 01 여백 지정하기

[4-Section3-1.xlsx] 파일의 '합격자발표' 워크시트에서 여백을 지정하여 인쇄 미리 보기를 해 보자.

■ 왼쪽과 오른쪽 : 1, 위쪽과 아래쪽 : 1, 머리글과 바닥글 : 0.5

■ 페이지 가운데 맞춤 : 가로 체크

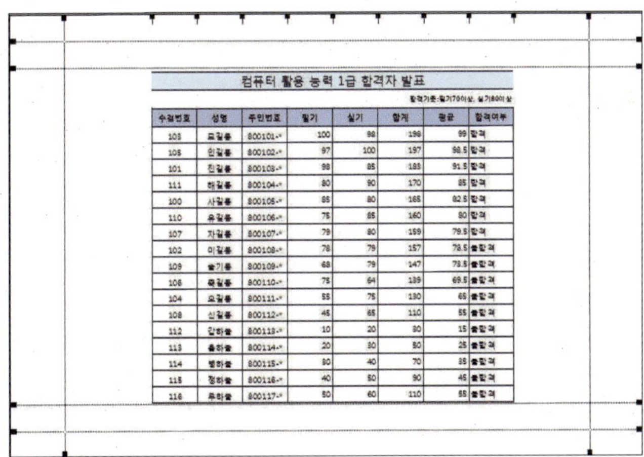

컴퓨터 활용 능력 1급 합격자 발표							
					합격기준:필기(70이상, 실기(80이상		
수험번호	성명	주민번호	필기	실기	합계	평균	합격여부
103	표길동	800101-*	100	98	198	99	합격
105	인길동	800102-*	97	100	197	98.5	합격
101	친길동	800103-*	98	85	183	91.5	합격
111	해길동	800104-*	80	90	170	85	합격
100	사길동	800105-*	85	80	165	82.5	합격
110	유길동	800106-*	75	85	160	80	합격
107	자길동	800107-*	79	80	159	79.5	합격
102	이길동	800108-*	78	79	157	78.5	불합격
109	솔기동	800109-*	68	79	147	73.5	불합격
106	옥길동	800110-*	75	64	139	69.5	불합격
104	요길동	800111-*	55	75	130	65	불합격
108	신길동	800112-*	45	65	110	55	불합격
112	간하울	800113-*	10	20	30	15	불합격
113	솔하울	800114-*	20	30	50	25	불합격
114	병하울	800115-*	30	40	70	35	불합격
115	정하울	800116-*	40	50	90	45	불합격
116	무하울	800117-*	50	60	110	55	불합격

❶ [페이지 레이아웃] 탭-[페이지 설정] 그룹에서 [여백](▣)을 클릭하여 [사용자 지정 여백]을 선택한다.

❷ [페이지 설정] 대화상자의 [여백] 탭에서 [왼쪽], [오른쪽], [위쪽], [아래쪽], [머리글], [바닥글]을 그림과 같이 설정하고, [페이지 가운데 맞춤]의 [가로]를 체크한 후 [확인] 단추를 클릭한다.

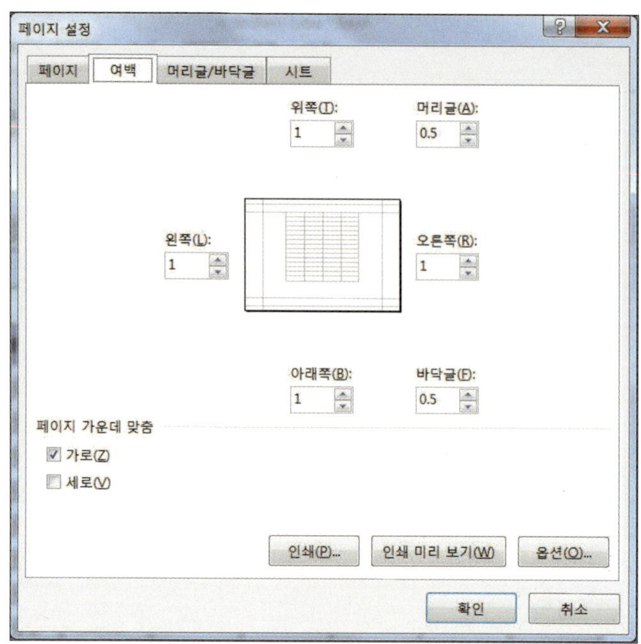

❸ [파일] 탭의 [인쇄]를 클릭하여 미리 보기로 확인한다.

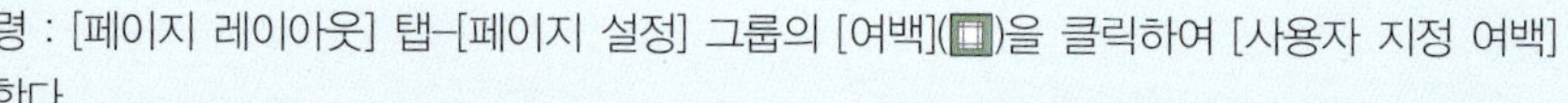

여백을 조절하는 여러 가지 방법 tip ➕

- 여백 명령 : [페이지 레이아웃] 탭–[페이지 설정] 그룹의 [여백](▣)을 클릭하여 [사용자 지정 여백]을 선택한다.
- 페이지 레이아웃 : [보기] 탭–[통합 문서 보기] 그룹의 [페이지 레이아웃]을 클릭하고 눈금자 사이를 드래그하여 조절한다.
- 인쇄 미리 보기 : [파일] 탭의 [인쇄]에서 [여백 표시]를 클릭하고 여백 선을 드래그하여 조절한다.

02 반복 행 지정하여 인쇄하기

[4-Section3-1.xlsx] 파일의 '합격자발표' 워크시트에서 [6] 행을 모든 페이지에서 반복 인쇄되도록 설정하고 미리 보기로 확인해 보자.

컴퓨터 활용 능력 1급 합격자 발표							
						합격기준:필기70이상, 실기80이상	
수검번호	성명	주민번호	필기	실기	합계	평균	합격여부
103	묘길동	800101-*	100	98	198	99	합격
105	인길동	800102-*	97	100	197	98.5	합격
101	진길동	800103-*	98	85	183	91.5	합격
111	해길동	800104-*	80	90	170	85	합격
100	사길동	800105-*	85	80	165	82.5	합격
110	유길동	800106-*	75	85	160	80	합격
107	자길동	800107-*	79	80	159	79.5	합격
102	미길동	800108-*	78	79	157	78.5	불합격
109	술기동	800109-*	68	79	147	73.5	불합격
106	축길동	800110-*	75	64	139	69.5	불합격
104	오길동	800111-*	55	75	130	65	불합격
108	신길동	800112-*	45	65	110	55	불합격
112	갑하늘	800113-*	10	20	30	15	불합격
113	율하늘	800114-*	20	30	50	25	불합격
114	병하늘	800115-*	30	40	70	35	불합격
115	정하늘	800116-*	40	50	90	45	불합격
116	무하늘	800117-*	50	60	110	55	불합격

수검번호	성명	주민번호	필기	실기	합계	평균	합격여부
117	기하늘	800118-*	60	70	130	65	불합격
118	정하늘	800119-*	70	80	150	75	합격
119	신하늘	800120-*	80	90	170	85	합격
120	임하늘	800121-*	90	100	190	95	합격
121	계하늘	800122-*	100	90	190	95	합격
122	월길동	800123-*	90	80	170	85	합격
123	화길동	800124-*	80	70	150	75	불합격
124	수길동	800125-*	70	60	130	65	불합격
125	육길동	800126-*	60	50	110	55	불합격
126	금길동	800127-*	50	40	90	45	불합격
127	토길동	800128-*	40	30	70	35	불합격

❶ [페이지 레이아웃] 탭-[페이지 설정] 그룹에서 [인쇄 제목](▦)을 클릭한다.

❷ [페이지 설정] 대화상자의 [시트] 탭에서 [반복할 행]을 클릭하고 워크시트의 [6] 행을 선택한다.

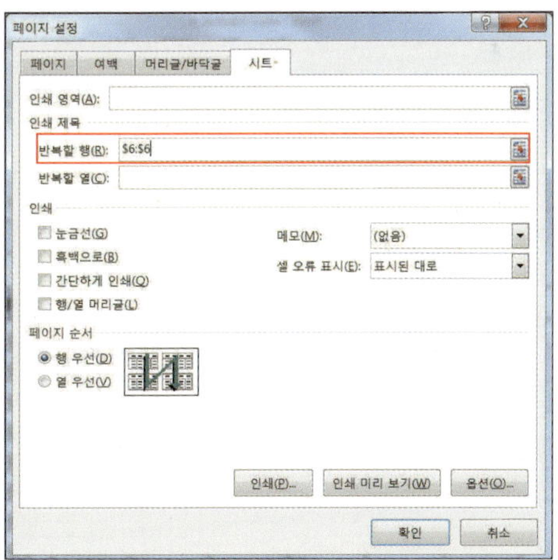

❸ [페이지 설정] 대화상자의 [인쇄 미리 보기] 단추를 클릭하고 인쇄될 페이지를 넘겨가면서 확인한다.

> tip ➕
>
> • [페이지 레이아웃] 탭-[페이지 설정] 그룹 오른쪽의 바로가기 아이콘(▫)을 클릭하여 [페이지 설정] 대화상자를 불러올 수도 있다.

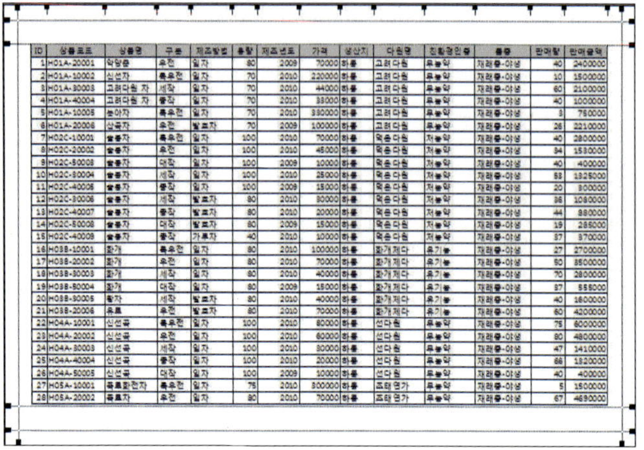

ID	상품코드	상품명	구분	제조방법	용량	제조년도	가격	생산지	다원명	진흥경인증	품종	판매량	판매금액
1	H01A-20001	작설순	우전	일자	80	2009	70000	하동	고려다원	무농약	재래종-야생	40	2400000
2	H01A-10002	신선차	특우전	일자	70	2010	220000	하동	고려다원	무농약	재래종-야생	10	1500000
3	H01A-30003	고려다원차	세작	일자	70	2010	44000	하동	고려다원	무농약	재래종-야생	60	2100000
4	H01A-40004	고려다원차	중작	일자	70	2010	38000	하동	고려다원	무농약	재래종-야생	40	1000000
5	H01A-10005	눈아차	특우전	일자	70	2010	330000	하동	고려다원	무농약	재래종-야생	3	750000
6	H01A-20006	산죽차	우전	발효자	70	2009	100000	하동	고려다원	무농약	재래종-야생	26	2210000
7	H02C-10001	설록자	특우전	일자	100	2010	70000	하동	억순다원	저농약	재래종-야생	40	2800000
8	H02C-20002	설록자	우전	일자	100	2010	45000	하동	억순다원	저농약	재래종-야생	34	1530000
9	H02C-50003	설록자	대작	일자	100	2009	10000	하동	억순다원	저농약	재래종-야생	40	400000
10	H02C-30004	설록자	세작	일자	100	2010	25000	하동	억순다원	저농약	재래종-야생	53	1325000
11	H02C-40005	설록자	중작	일자	100	2009	15000	하동	억순다원	저농약	재래종-야생	20	300000
12	H02C-30006	설록자	세작	발효자	80	2010	30000	하동	억순다원	저농약	재래종-야생	36	1080000
13	H02C-40007	설록자	중작	발효자	80	2010	20000	하동	억순다원	저농약	재래종-야생	44	980000
14	H02C-50008	설록자	대작	발효자	80	2009	15000	하동	억순다원	저농약	재래종-야생	19	285000
15	H02C-40009	설록자	중작	가루자	40	2010	10000	하동	억순다원	저농약	재래종-야생	37	370000
16	H03B-10001	화개	특우전	일자	80	2010	100000	하동	화개제다	유기농	재래종-야생	27	2700000
17	H03B-20002	화개	우전	일자	80	2010	70000	하동	화개제다	유기농	재래종-야생	50	3500000
18	H03B-30003	화개	세작	일자	80	2010	40000	하동	화개제다	유기농	재래종-야생	70	2800000
19	H03B-50004	화개	대작	일자	80	2009	15000	하동	화개제다	유기농	재래종-야생	37	555000
20	H03B-30005	화자	세작	발효자	80	2010	40000	하동	화개제다	유기농	재래종-야생	40	1600000
21	H03B-20006	유표	우전	발효자	80	2010	70000	하동	화개제다	유기농	재래종-야생	60	4200000
22	H04A-10001	신선곡	특우전	일자	100	2010	80000	하동	선다원	무농약	재래종-야생	75	6000000
23	H04A-20002	신선곡	우전	일자	100	2010	60000	하동	선다원	무농약	재래종-야생	80	4800000
24	H04A-30003	신선곡	세작	일자	100	2010	30000	하동	선다원	무농약	재래종-야생	47	1410000
25	H04A-40004	신선곡	중작	일자	100	2010	20000	하동	선다원	무농약	재래종-야생	66	1320000
26	H04A-50005	신선곡	대작	일자	100	2009	10000	하동	선다원	무농약	재래종-야생	40	400000
27	H05A-10001	묘표황전자	특우전	일자	75	2010	300000	하동	조태연가	무농약	재래종-야생	5	1500000
28	H05A-20002	묘표자	우전	일자	80	2010	70000	하동	조태연가	무농약	재래종-야생	67	4690000

HINT | [페이지 레이아웃] 탭-[페이지 설정] 그룹에서 [여백](📖)의 화살표를 클릭하고 [좁게]를 선택한다. 그리고 [용지 방향](📄)의 화살표를 클릭하고 [가로]를 선택한 후 [파일] 탭의 [인쇄]를 클릭하여 미리 보기로 확인한다.

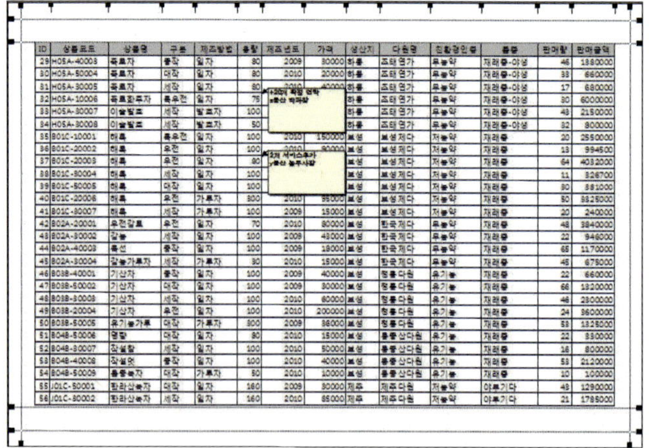

ID	상품코드	상품명	구분	제조방법	용량	제조년도	가격	생산지	다원명	진흥경인증	품종	판매량	판매금액
29	H05A-40003	묘표자	중작	일자	80	2009	30000	하동	조태연가	무농약	재래종-야생	46	1380000
30	H05A-50004	묘표자	대작	일자	80	2010	20000	하동	조태연가	무농약	재래종-야생	33	660000
31	H05A-30005	묘표자	세작	일자	80	2010	40000	하동	조태연가	무농약	재래종-야생	17	680000
32	H05A-10006	묘표황우자	특우전	일자	75			하동	조태연가	무농약	재래종-야생	30	6000000
33	H05A-30007	이슬발효	세작	발효자	100			하동	조태연가	무농약	재래종-야생	43	2150000
34	H05A-30008	이슬발효	세작	발효자	50			하동	조태연가	무농약	재래종-야생	32	800000
35	B01C-10001	해록	특우전	일자	100	2010	150000	보성	보성제다	저농약	재래종	20	2550000
36	B01C-20002	해록	우전	일자	100		90000	보성	보성제다	저농약	재래종	13	994500
37	B01C-20003	해록	우전	일자	80			보성	보성제다	저농약	재래종	64	4032000
38	B01C-30004	해록	세작	일자	100			보성	보성제다	저농약	재래종	11	326700
39	B01C-50005	해록	대작	일자	100			보성	보성제다	저농약	재래종	30	381000
40	B01C-20006	해록	우전	가루자	300	2010	95000	보성	보성제다	저농약	재래종	50	3325000
41	B01C-30007	해록	세작	가루자	100	2009	15000	보성	보성제다	저농약	재래종	20	240000
42	B02A-20001	우전감로	우전	일자	70	2010	80000	보성	한국제다	무농약	재래종	48	3840000
43	B02A-30002	감로	세작	일자	100	2009	43000	보성	한국제다	무농약	재래종	22	946000
44	B02A-40003	죽선	중작	일자	100	2009	18000	보성	한국제다	무농약	재래종	65	1170000
45	B02A-30004	감로가루자	세작	가루자	30	2010	15000	보성	한국제다	무농약	재래종	45	675000
46	B03B-40001	기산차	중작	일자	100	2009	40000	보성	청룡다원	유기농	재래종	22	660000
47	B03B-50002	기산차	대작	일자	100	2009	30000	보성	청룡다원	유기농	재래종	66	1320000
48	B03B-30003	기산차	세작	일자	100	2010	60000	보성	청룡다원	유기농	재래종	46	2300000
49	B03B-20004	기산차	우전	일자	100	2010	200000	보성	청룡다원	유기농	재래종	24	3600000
50	B03B-50005	유기농가루	대작	가루자	300	2009	36000	보성	청룡다원	유기농	재래종	53	1325000
51	B04B-50006	명랑	대작	일자	80	2010	15000	보성	봉등산다원	유기농	재래종	22	330000
52	B04B-30007	작설찻	세작	일자	100	2010	50000	보성	봉등산다원	유기농	재래종	16	800000
53	B04B-40008	작설엇	중작	일자	100	2010	40000	보성	봉등산다원	유기농	재래종	53	2120000
54	B04B-50009	봉등녹자	대작	가루자	50	2010	10000	보성	봉등산다원	유기농	재래종	10	100000
55	J01C-50001	한라산녹자	대작	일자	160	2009	80000	제주	제주다원	저농약	야부기다	43	1290000
56	J01C-30002	한라산녹자	세작	일자	160	2010	85000	제주	제주다원	저농약	야부기다	21	1785000

HINT | [페이지 레이아웃] 탭-[페이지 설정] 그룹에서 오른쪽의 바로가기 아이콘(🔲)을 클릭하여 [페이지 설정] 대화상자를 불러온다. [시트] 탭의 [반복할 행 항목]에서 [1] 행을 선택하고, [메모]에서 '시트에 표시된 대로'를 선택한다. 그리고 [인쇄 미리 보기] 단추를 클릭하여 확인한다.

페이지 나누어 미리 보기

문서를 인쇄하기 전에 머리글과 페이지 하단에 바닥글을 입력하여 문서의 이해를 돕는 기능이 필요하며, 사용자가 원하는 페이지에 데이터가 나타나지 않을 때 페이지를 확장하거나 축소하는 방법도 알아두면 유용한 기능이다.

[작업 준비물 : 4-Section4-1.xlsx]

◑ 알아두기

- 엑셀 2013 하단의 상태 표시줄에서 기본 보기와 페이지 레이아웃 보기를 클릭해 보자.
- 페이지 레이아웃 보기에서 머리글을 입력해 보자.

따라하기 01 ┃ 페이지 레이아웃 보기

[4-Section4-1.xlsx] 파일의 '자전거판매' 워크시트에서 다음과 같이 페이지 레이아웃 보기로 전환하여 머리글을 입력해 보자.

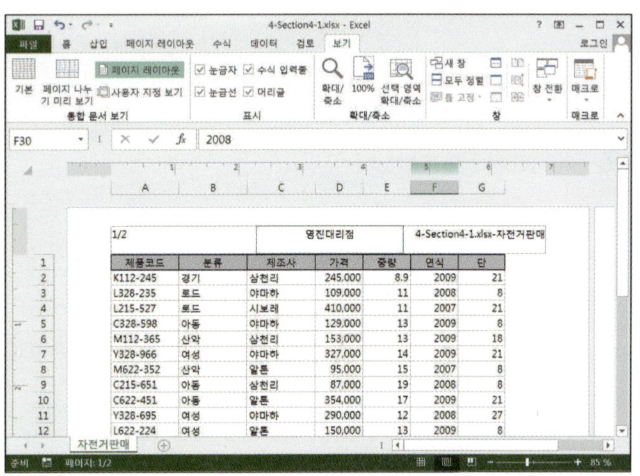

① [보기] 탭-[통합 문서 보기] 그룹에서 [페이지 레이아웃]을 클릭한 다음 머리글 가운데 구역인 [클릭하여 머리글 추가]를 선택하고 '영진대리점'을 입력한다.

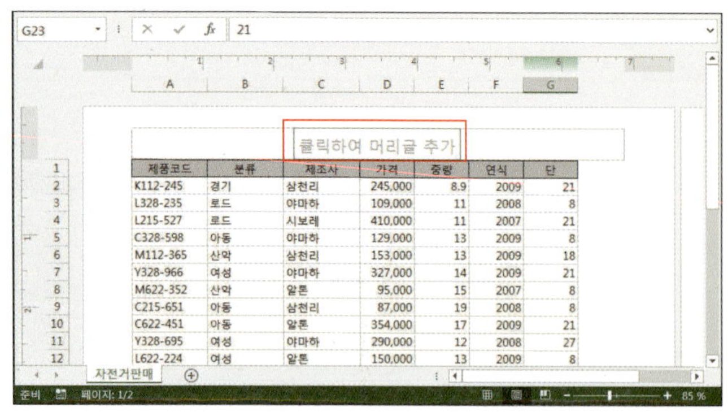

❷ 머리글의 왼쪽 구역을 클릭하고 [디자인] 탭–[머리글/바닥글 요소] 그룹에서 [페이지 번호]를 클릭한다. '/'를 입력하고 [페이지 수]를 클릭한다. 커서 위치에 '&[페이지번호]/&[전체 페이지 수]'와 같은 코드가 나타난다.

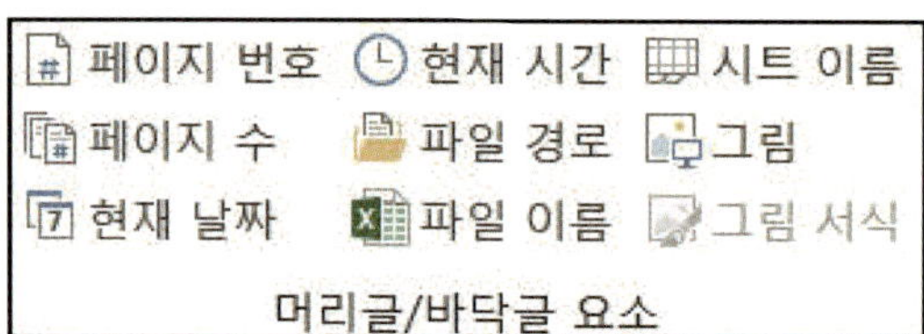

❸ 머리글의 오른쪽 구역을 클릭하고 [머리글/바닥글 요소] 그룹의 [파일 이름]을 클릭한 다음 '-'를 입력한다. [시트 이름]을 클릭하면 커서 위치에 '&[파일]-&[탭]'과 같은 코드가 나타난다.

머리글/바닥글 요소 삽입하기 tip ➕

• [페이지 설정] 대화상자의 [머리글/바닥글] 탭에 있는 [머리글 편집] 단추를 클릭하면 나타나는 [머리글] 대화상자를 이용하여 요소를 삽입할 수 있다.

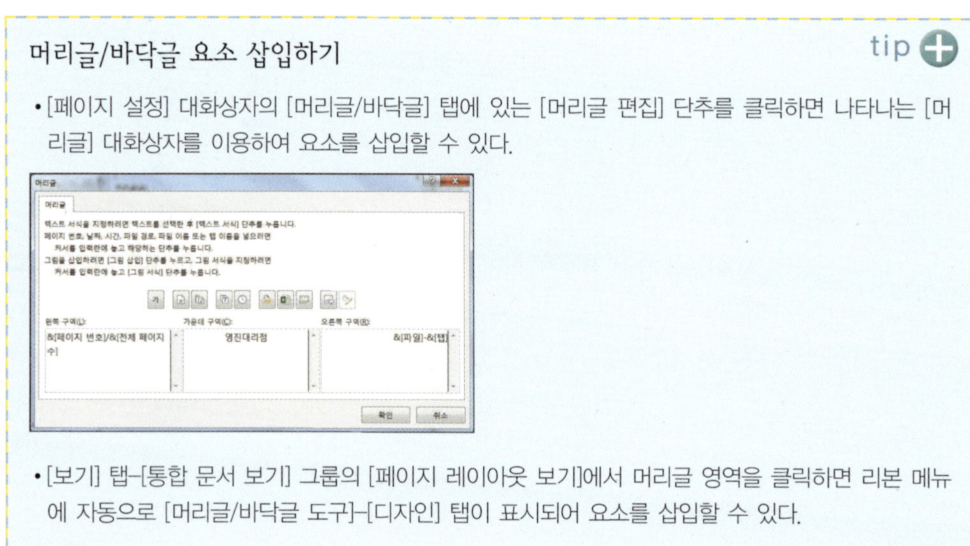

• [보기] 탭–[통합 문서 보기] 그룹의 [페이지 레이아웃 보기]에서 머리글 영역을 클릭하면 리본 메뉴에 자동으로 [머리글/바닥글 도구]–[디자인] 탭이 표시되어 요소를 삽입할 수 있다.

따라하기 02 페이지 나누기 미리 보기

[4-Section4-1.xlsx] 파일을 인쇄 미리 보기로 확인하면 2페이지가 인쇄되는데 1페이지에 인쇄되도록 오른쪽 페이지를 확장해 보자.

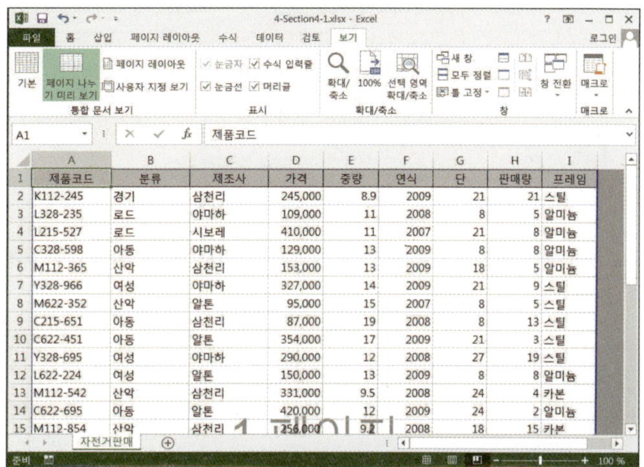

❶ '자전거판매' 워크시트의 상태 표시줄에서 [페이지 나누기 미리 보기]( )를 클릭한다.

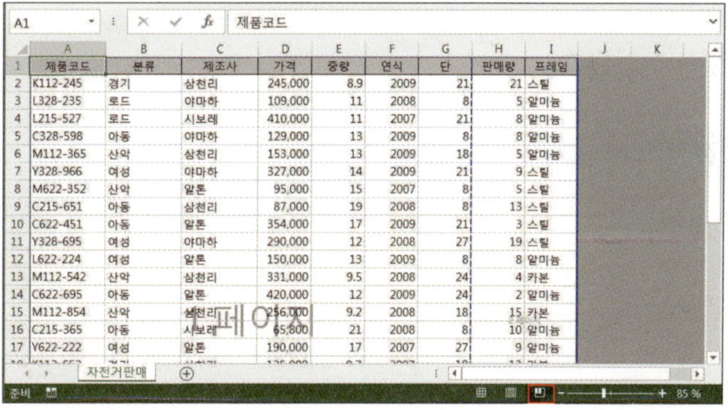

❷ 워크시트의 파란 점선을 기준으로 왼쪽은 1페이지, 오른쪽은 2페이지가 된다.

❸ 파란 점선에 마우스 포인터를 위치시키고 [I] 열까지 드래그하여 1페이지를 확장시킨다.

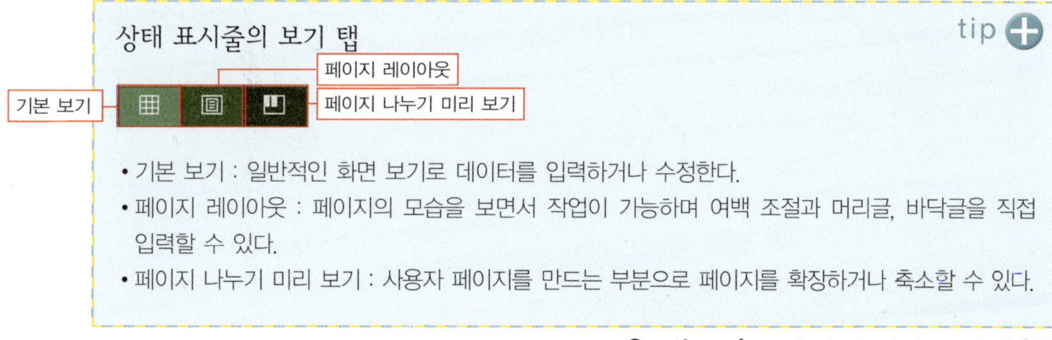

- 기본 보기 : 일반적인 화면 보기로 데이터를 입력하거나 수정한다.
- 페이지 레이아웃 : 페이지의 모습을 보면서 작업이 가능하며 여백 조절과 머리글, 바닥글을 직접 입력할 수 있다.
- 페이지 나누기 미리 보기 : 사용자 페이지를 만드는 부분으로 페이지를 확장하거나 축소할 수 있다.

[4-Section4-2.xlsx] 파일의 '수도검침' 워크시트에 다음과 같이 시스템의 현재 날짜와 파일-시트 이름 및 n페이지 형태로 바닥글을 입력해 보자.

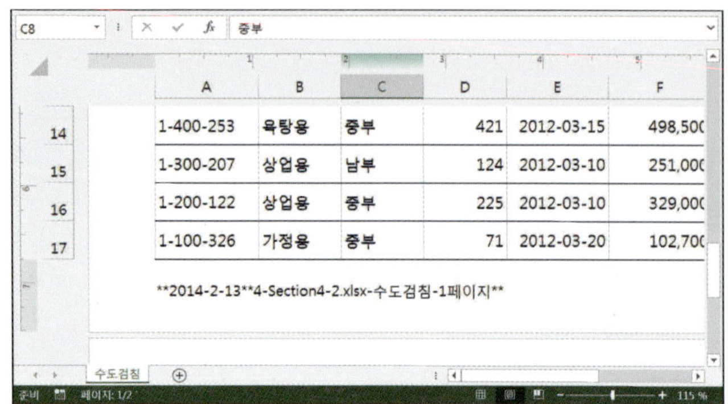

> **HINT** | [4-Section4-2.xlsx] 파일의 상태 표시줄에서 [페이지 레이아웃 보기]를 클릭하고 바닥글의 왼쪽 구역을 클릭한다. 직접 입력과, 머리글/바닥글 요소를 이용하여 '**&[날짜]**&[파일]-&[탭]-&[페이지 번호]페이지**' 형태로 코드를 입력한다.

[4-Section4-2.xlsx] 파일의 1페이지를 확장하여 2페이지를 없애고, 1페이지에 인쇄 되도록 설정해 보자.

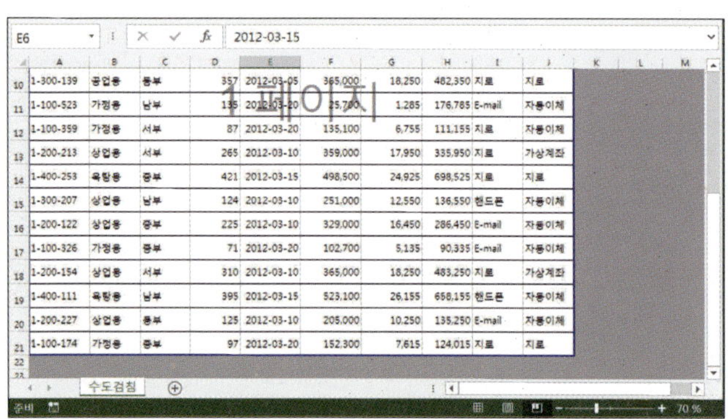

> **HINT** | 상태 표시줄의 [페이지 나누기 미리 보기]를 클릭하고 파란 점선을 아래로 드래그하여 1페이지를 확장한다.

Check Point

- [보기] 탭-[통합 문서 보기] 그룹을 이용하거나, 상태 표시줄의 [기본], [페이지 레이아웃], [페이지 나누기 미리 보기]를 이용한다.
- [페이지 레이아웃] 보기는 여백 조절과 머리글, 바닥글을 직접 입력할 수 있다.
- [페이지 나누기 미리 보기]는 페이지를 확장하거나 축소할 수 있다.

1. 특정 셀만 입/출력하기

- 워크시트의 모든 셀은 기본적으로 [잠김] 체크 상태이다. [잠김]의 체크를 해제한 후 [검토] 탭-[변경 내용] 그룹에서 [시트 보호]를 클릭하여 입/출력을 가능하게 한다.

- [시트 보호] 대화상자에서 [잠긴 셀 선택]을 해제하면 잠긴 셀은 선택할 수 없게 된다.

- 워크시트의 모든 셀은 기본적으로 [숨김] 체크 해제 상태이다. [숨김]을 체크하고 중요한 수식 셀의 내용을 숨기기 위해서 [검토] 탭-[변경 내용] 그룹에서 [시트 보호]를 클릭한다.

2. 특정 영역만 지정하여 인쇄하기

- [파일] 탭의 [인쇄]로 워크시트 및 통합 문서를 인쇄하며, 인쇄 전에 복사본 지정, 프린터 지정, 설정 지정, 인쇄 모양 미리 보기를 할 수 있다.

- 범위로 지정한 부분만 인쇄하거나 해제하려면 범위를 지정한 후 [페이지 레이아웃] 탭-[페이지 설정] 그룹에서 [인쇄 영역]의 화살표를 눌러 설정하거나 해제한다.

3. 반복 행/열 지정하여 인쇄하기

- 여백은 페이지의 왼쪽, 오른쪽, 위쪽, 아래쪽 머리글, 바닥글의 여백을 지정하며, [페이지 레이아웃] 탭-[페이지 설정] 그룹에서 [여백]을 클릭하여 [기본], [좁게], [넓게], [사용자 지정 여백]을 선택한다.

- [페이지 레이아웃] 탭-[페이지 설정] 그룹에서 [인쇄 제목]을 클릭하여 반복 행과 열을 지정하거나, [페이지 설정] 대화상자의 [시트] 탭을 이용하여 반복할 행과 열 뿐만 아니라 워크시트에 표현된 여러 요소들을 지정하여 인쇄할 수 있다.

4. 페이지 나누기 미리 보기

- 상태 표시줄의 [기본], [페이지 레이아웃], [페이지 나누기 미리 보기]를 이용하여 다양한 보기를 선택한다.

- 기본 보기 : 일반적인 화면 보기로 데이터를 입력하거나 수정한다.

- 페이지 레이아웃 : 페이지의 모습을 보면서 작업이 가능하며 여백 조절과 머리글, 바닥글을 직접 입력할 수 있다.

- 페이지 나누기 미리 보기 : 사용자 페이지를 만드는 부분으로 페이지를 확장하거나 축소할 수 있다.

1. [4-종합문제.xlsx] 파일의 '거래명세표' 워크시트에서 노란색 셀 부분에만 데이터를 입/출력되도록 설정하고, 시트 보호를 해제해 보자.

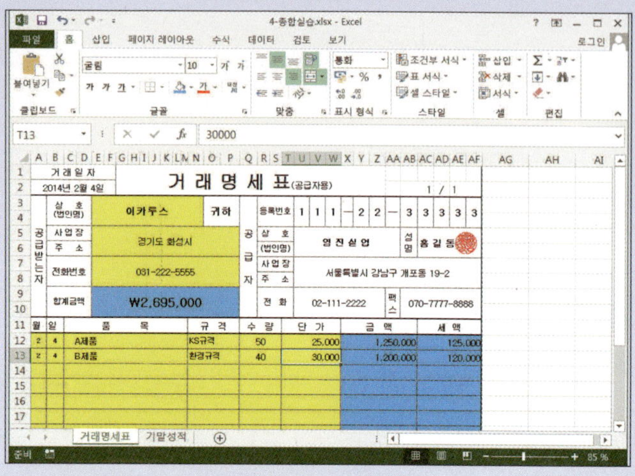

> **HINT** | 노란색 셀 부분을 모두 선택하고 마우스 오른쪽 버튼을 클릭한 후 [셀 서식]을 선택한다. [셀 서식] 대화상자의 [보호] 탭에서 [잠금] 체크를 해제하고 [검토] 탭의 [시트 보호] 클릭하여 데이터를 입력한다. [검토] 탭-[변경 내용] 그룹에서 [시트 보호 해제]를 클릭하여 시트 보호를 해제한다.

2. [4-종합문제.xlsx] 파일의 '거래명세표' 워크시트에서 파란색 셀 부분에 데이터를 편집 못 하게 하고, 수식이 안보이도록 설정해 보자.

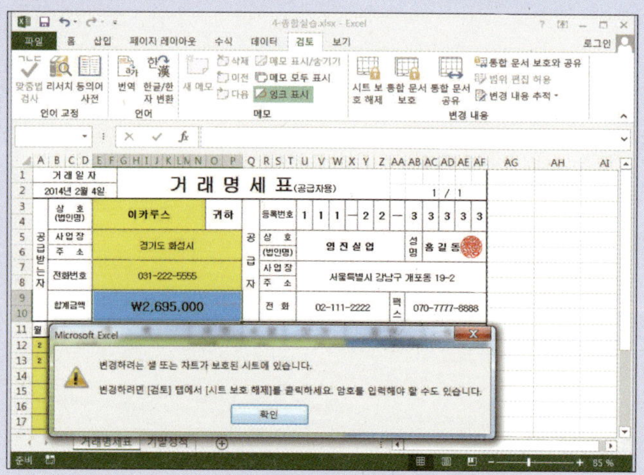

> **HINT** | 파란색 셀을 모두 선택하고 마우스 오른쪽 버튼을 클릭한 후 [셀 서식]을 선택한다. [셀 서식] 대화상자의 [보호] 탭에서 [잠금]은 체크 해제, [숨김]은 체크하고, [검토] 탭의 [시트 보호]를 클릭한다.

3. [4-종합문제.xlsx] 파일의 '기말성적' 워크시트를 [페이지 레이아웃] 보기로 변경하고 머리글을 다음과 같이 입력해 보자.

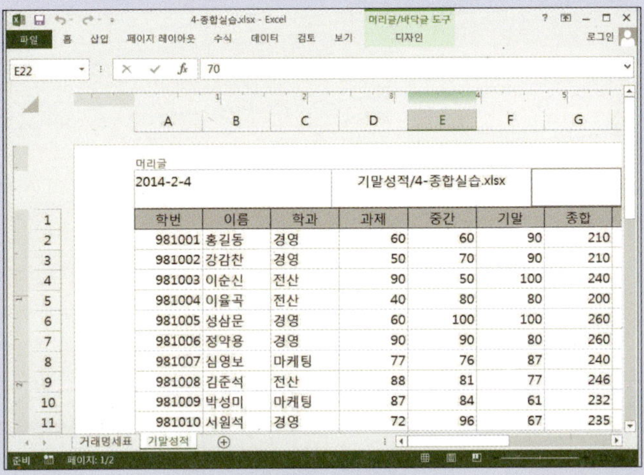

학번	이름	학과	과제	중간	기말	종합
981001	홍길동	경영	60	60	90	210
981002	강감찬	경영	50	70	90	210
981003	이순신	전산	90	50	100	240
981004	이율곡	전산	40	80	80	200
981005	성삼문	경영	60	100	100	260
981006	정약용	경영	90	90	80	260
981007	심영보	마케팅	77	76	87	240
981008	김준석	전산	88	81	77	246
981009	박성미	마케팅	87	84	61	232
981010	서원석	경영	72	96	67	235

> **HINT** | '기말성적' 워크시트의 상태 표시줄에서 [페이지 레이아웃]을 클릭하고, 머리글 왼쪽 구역에서 [현재 날짜] 요소 클릭하고, 가운데 구역에는 '&[탭]/&[파일]' 형태의 코드를 입력한다.

4. [4-종합문제.xlsx] 파일의 '기말성적' 워크시트에서 오른쪽 영역을 다음과 같이 확장시켜 보자.

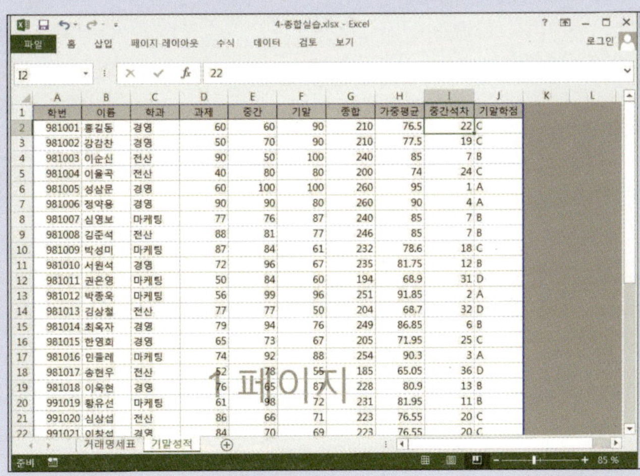

학번	이름	학과	과제	중간	기말	종합	가중평균	중간석차	기말학점
981001	홍길동	경영	60	60	90	210	76.5	22	C
981002	강감찬	경영	50	70	90	210	77.5	19	C
981003	이순신	전산	90	50	100	240	85	7	B
981004	이율곡	전산	40	80	80	200	74	24	C
981005	성삼문	경영	60	100	100	260	95	1	A
981006	정약용	경영	90	90	80	260	90	4	A
981007	심영보	마케팅	77	76	87	240	85	7	B
981008	김준석	전산	88	81	77	246	85	7	B
981009	박성미	마케팅	87	84	61	232	78.6	18	C
981010	서원석	경영	72	96	67	235	81.75	12	B
981011	권은영	마케팅	50	84	60	194	68.9	31	D
981012	박종욱	마케팅	56	99	96	251	91.85	2	A
981013	김상철	전산	77	77	50	204	68.7	32	D
981014	최옥자	경영	79	94	76	249	86.85	6	B
981015	한영회	경영	65	73	67	205	71.95	25	C
981016	민들레	마케팅	74	92	88	254	90.3	3	A
981017	송현우	전산	52	78	55	185	65.05	36	D
981018	이욱현	경영	76	65	87	228	80.9	13	B
991019	황유선	마케팅	61	98	72	231	81.95	11	B
991020	심상섭	전산	86	66	71	223	76.55	20	C
991021	이창섭	경영	84	70	69	223	76.55	20	C

> **HINT** | 상태 표시줄의 [페이지 나누기 미리 보기]를 클릭하고 파란 점선을 오른쪽으로 드래그하여 1페이지를 확장한다.

05

CHAPTER

엑셀 2013

수식과 함수

수식과 함수로 계산 작업 바로 처리하기

수식을 입력하는 기본과 모든 연산의 기초가 되는 사칙연산과 다른 셀을 참조하는 방법, 수식 연산의 편리함을 제공하는 함수의 개념과 사용 및 편집, 이름의 정의와 활용 및 편집, 찾기 참조 영역 함수에 대해 학습한다.

5

Chapter

01 수식의 기본 등호(=) 활용하기

- 수식은 등호(=)로 시작한다. 등호(=)는 같음을 의미하며 다양하게 활용된다.
- 수식에 사칙연산과 괄호를 추가하여 일반적인 계산을 한다.

일반적인 수식의 형태 : =(D7+E7)/2

02 셀 참조의 종류

- 다른 셀의 값을 수식에서 참조할 때 사용하는 것을 셀 참조라고 한다.
- 셀 참조하는 방법

셀 참조 종류	특징	형태	상호 변환키
상대 참조	행과 열이 변경	C7	
절대 참조	행과 열이 고정	$C$7	F4 를 눌러 상대, 절대, 혼합 형태를 토글한다.
혼합 참조	행만 고정, 열만 고정	C$4, $C4	

03 함수 입력하기

- 함수의 사용법은 [함수 삽입]([fx]), 자주 사용하는 함수, 함수 명칭 입력과 함수 인수 호출(=함수 명칭 입력 + Ctrl + A) 방법이 있습니다.
- 함수는 인수가 없거나, 인수가 통일되었거나, 통일되어 있지 않은 형태로 분류한다.

  인수가 없거나 하나인 함수 : 사용법이 쉽다.

  인수가 통일된 함수 : 사용법이 쉽다.

  인수가 통일되지 않은 함수 : 사용법을 익혀야 한다.

- 함수의 편집 : 수식 입력줄의 입력된 함수 명칭을 선택하고 [함수 삽입]([fx])을 클릭한다.

04 날짜/시간/문자/수학/통계 함수

함수 형식	의미
YEAR(날짜), MONTH(날짜),DAY(날짜)	지정한 날짜의 년, 월, 일을 구한다.
HOUR(시간), MINUTE(시간), SECONDE(시간)	지정한 시간의 시, 분, 초를 구한다.
LEFT(문자열, 수), RIGHT(문자열, 수) MID(문자열, 수1, 수2)	문자열을 왼쪽, 오른쪽에서 지정한 수만큼 구한다. 문자열의 수1에서 시작 수2만큼 구한다.
ROUNDDOWN(값, 자릿수)	지정한 값을 주어진 자릿수로 무조건 내림한다.
QUOTIENT(값1, 값2)	값1을 값2로 나눈 몫을 구한다.
MOD(값1, 값2)	값1을 값2로 나눈 나머지를 구한다.
RANK(값, 범위, 옵션)	범위 내 값에 따른 상대적인 순위를 구한다.

05 IF 함수와 조건 계산

함수 형식	의미
IF(조건, 값1, 값2)	조건이 참이면 값1, 거짓이면 값2 환원
IF(조건, 값1, IF(조건2, 값2, 값3))	조건이 참이면 값1, 거짓이면 조건2를 해석하여 참이면 값2, 거짓이면 값3
COUNTIF(범위, 조건)	범위에서 조건을 만족하는 개수를 구한다.
SUMIF(범위, 조건, 합계 범위)	범위에서 조건을 만족하는 합계 범위를 구한다.
AVERAGEIF(범위, 조건, 평균 범위)	범위에서 조건을 만족하는 평균 범위를 구한다.
SUMIFS(합계 범위, 범위1, 조건1, 범위2, 조건2,	여러 범위에 여러 조건을 만족하는 합계 범위를 구한다.
DSUM(범위, 필드 번호, 조건 범위)	범위에서 조건 범위를 만족하는 필드의 합계
DATEDIF(시작일, 종료일, 형식)	시작일과 종료일의 형식에 따른 기간을 구한다.

06 이름 정의와 참조/찾기 영역 함수

• 이름 정의는 수식을 보다 쉽게 이해하고 관리하기 위해서이다.

이름 정의 : 새 이름을 정의한다.

선택 영역에서 이름 만들기 : 범위로 지정한 첫 행, 왼쪽 열, 끝 행, 오른쪽 열을 체크하여 이름을 빠르게 지정한다.

이름 관리자 : 새로 만들기, 편집, 삭제가 가능하다.

• 참조/찾기 영역 함수

함수 형식	의미
VLOOKUP(값, 범위, 열 번호, 옵션)	범위의 첫째 열에서 값을 찾아 지정한 열의 값
HLOOKUP(값, 범위, 열 번호, 옵션)	범위의 첫째 행에서 값을 찾아 지정한 행의 값
INDEX(범위, 행, 열)	범위에서 지정한 행과 열이 있는 셀 값을 구한다.
CHOOSE(지정, 값1, 값2, 값3, ...)	지정이 1이면 값1, 2이면 값2, ...을 선택한다.

수식의 기본 등호(=) 활용하기

수식은 등호(=)로 시작하여 상수, 일반적인 사칙 연산자, 셀 주소 등으로 구성된다. 셀에 수식을 입력하면 수식의 결과가 표시되고 실제 입력한 수식은 수식 입력줄에서 확인할 수 있다. 수식을 입력하는 방법에 대해 학습한다.

[작업 준비물 : 5-Section1-1.xlsx]

> ● **알아두기**
> • 수식의 구성을 알아보자.
> • 사칙 연산과 연결 연산자에 대해 알아보자.

따라하기 01 등호(=)를 이용하여 작성자와 현수막 제목 완성하기

[5-Section1-1.xlsx] 파일을 열어 '성적표기초' 워크시트의 [J9] 셀의 내용이 [G4] 셀에, [J7] 셀의 내용이 리본 메뉴에 똑같이 나타나도록 하시오.

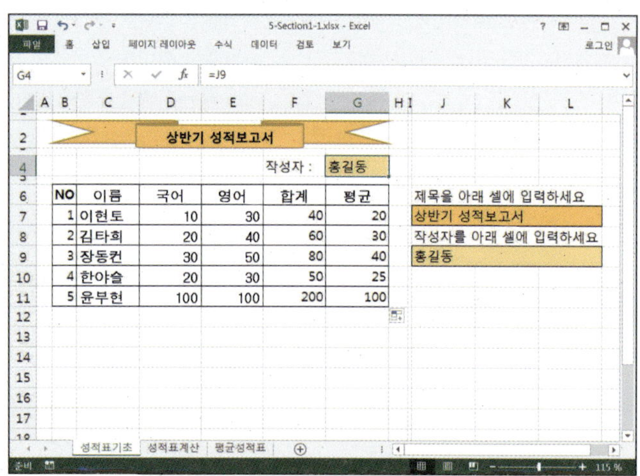

❶ '성적표기초' 워크시트에서 [G4] 셀을 클릭한다.

❷ [G4] 셀에 '='를 입력하고 [J9] 셀을 클릭하면 '=J9' 형태로 나타난다. **Enter**를 눌러 수식을 완성한다.

❸ 현수막 도형을 선택한 다음 수식 입력줄에 '='를 입력하고 [J7] 셀을 클릭하면 '=$J$7' 형태로 나타난다. **Enter**를 눌러 수식을 완성한다.

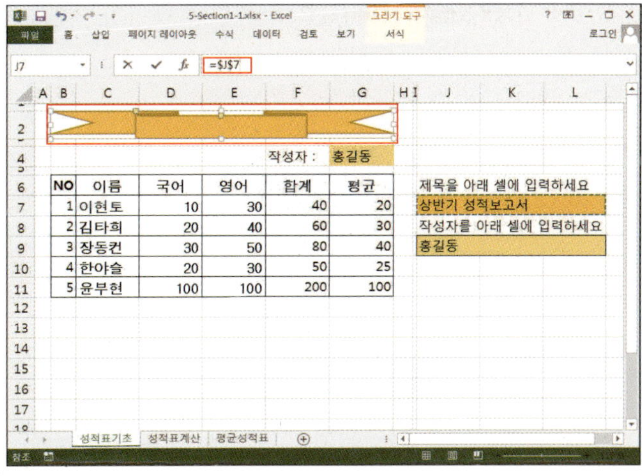

> • 셀과 셀에서 등호(=)를 사용할 경우 셀에 수식을 입력해도 된다.
> • 셀과 도형에서 등호(=)를 사용할 경우 수식 입력줄에 수식을 입력한다.
>
> tip ➕

따라하기 02 사칙 연산으로 합계와 평균 구하기

[5-Section1-1.xlsx] 파일의 '성적표계산' 워크시트에서 합계, 평균을 구해보자.

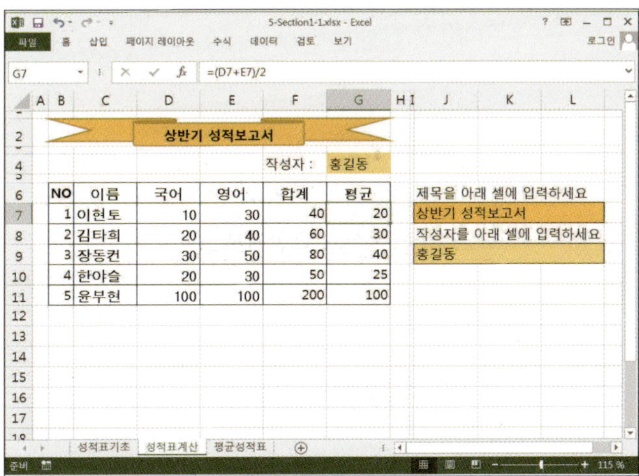

❶ '성적표계산' 워크시트의 [F7] 셀을 클릭하고 '='를 입력한 후 [D7] 셀을 클릭한다. '+'를 입력하고 [E7] 셀을 클릭하여 '=D7+E7'을 완성한 다음 **Enter**를 누른다.

❷ [F7] 셀을 클릭하고 채우기 핸들로 [F11] 셀까지 드래그하여 합계를 완성한다.

❸ [G7] 셀을 클릭한 다음 수식 입력줄에 '=(D7+E7)/2'를 입력한 다음 **Enter**를 눌러 수식을 완성한다.

④ [G7] 셀에 클릭하고 채우기 핸들로 [G11] 셀까지 드래그하여 평균을 완성한다.

따라하기 03 다른 워크시트를 등호(=)로 연결하기

[5-Section1-1.xlsx] 파일의 '평균성적표' 워크시트에 있는 평균에 '성적표기초' 워크시트의 평균이 똑같이 나타나도록 해 보자.

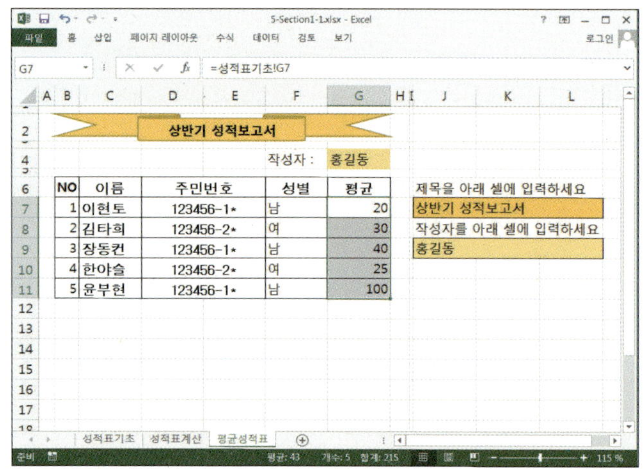

❶ '평균성적표' 워크시트의 [G7] 셀을 클릭하고 '='를 입력한 후 '성적표기초' 워크시트로 이동한다. [G7] 셀을 클릭하고 **Enter** 를 누른다.

❷ '평균성적표' 워크시트의 [G7] 셀을 클릭하면 수식 '=성적표기초!G7' 이 입력된다.

❸ [G7] 셀을 클릭하고 채우기 핸들로 [G11] 셀까지 드래그하여 평균을 구한다.

01 혼자해보기

[5-Section1-2.xlsx] 파일의 '지출' 워크시트에서 [AY6] 셀에 금액의 합계를 나타내어 보자.

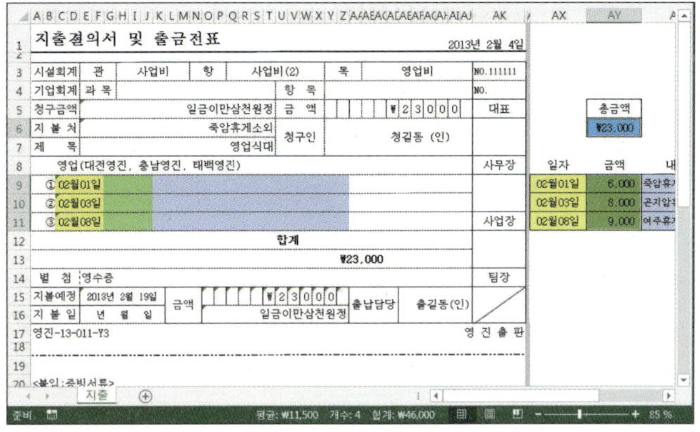

HINT | 총금액 아래의 [AY6] 셀을 클릭하고 '=AY9+AY10+AY11'을 입력하여 완성한다.

02 혼자해보기

[5-Section1-2.xlsx] 파일의 '지출' 워크시트에서 오른쪽 금액이 [G9] 셀부터 나타나도록 하고, 오른쪽의 내용이 [K9] 셀부터 내용 앞에 '식대-'가 포함되어 설정해 보자.

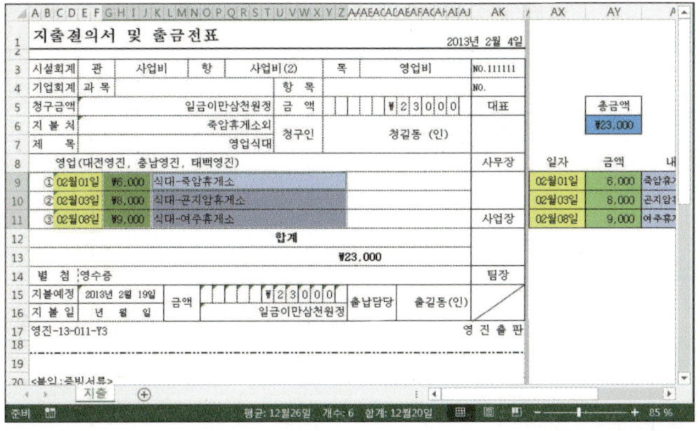

HINT | [G9] 셀에 '=AY9'를 입력하고 [G11] 셀까지 채우기 핸들로 완성한다. [K9] 셀에 '="식대-"&AZ9'를 입력하고 [K11] 셀까지 채우기 핸들로 완성한다. '&'는 연결 연산자이다.

Check Point

- 등호(=)는 셀과 셀, 셀과 도형에서 활용할 수 있으며, 수식 입력줄에서 수식을 입력한다.
- 수식 연산에서는 괄호로 묶은 부분이 먼저 계산된다.
- 수식에서 연결 연산자를 의미하는 '&'의 수식 ="홍"&"길동" → '홍'과 '길동'을 연결하여 수식 결과 '홍길동'처럼 나타낸다.

셀 참조의 종류

다른 셀의 값을 수식에서 참조할 때 기본적으로 상대적으로 변하는 상대 참조를 사용한다. 경우에 따라서는 변하지 않는 절대 참조가 필요하며, 행만 변하거나, 열만 변하는 참조도 필요하다. 이러한 셀 참조에 대해 학습한다.

[작업 준비물 : 5-Section2-1.xlsx]

> **◑ 알아두기**
>
> • 셀의 상대 참조와 절대 참조
>
> • 셀의 혼합 참조

따라하기 | 01 | 판매비율 구하기

[5-Section2-1.xlsx] 파일의 '판매실적' 워크시트에서 전체 판매액 합계에 대한 판매비율을 구해보자.

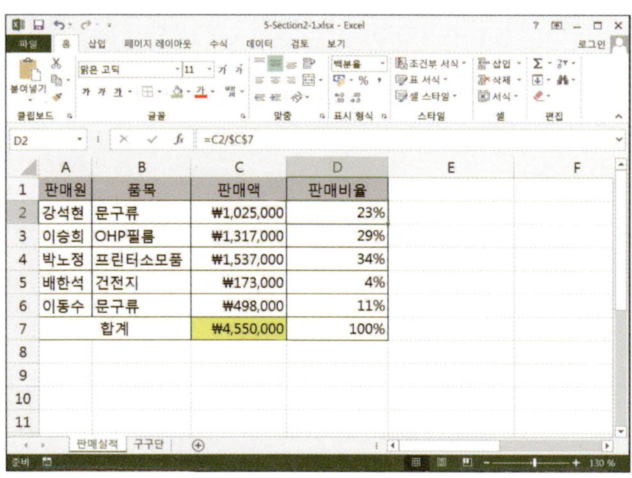

❶ '판매실적' 워크시트의 [D2] 셀을 클릭한다.

❷ 수식 입력줄에 '=C2/C7'을 입력한 다음 F4 를 눌러 '=C2/$C$7'과 같이 셀 참조가 변경되면 Enter 를 누른다.

❸ [D2] 셀을 클릭하고 채우기 핸들로 [D7] 셀까지 드래그하여 완성한다.

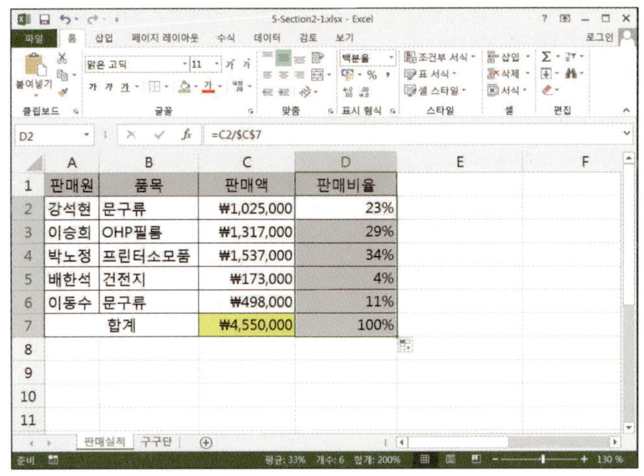

따라하기 02 혼합 참조로 구구단표 완성하기

[5-Section2-1.xlsx] 파일의 '구구단' 워크시트에 다음과 같이 구구단을 완성해 보자.

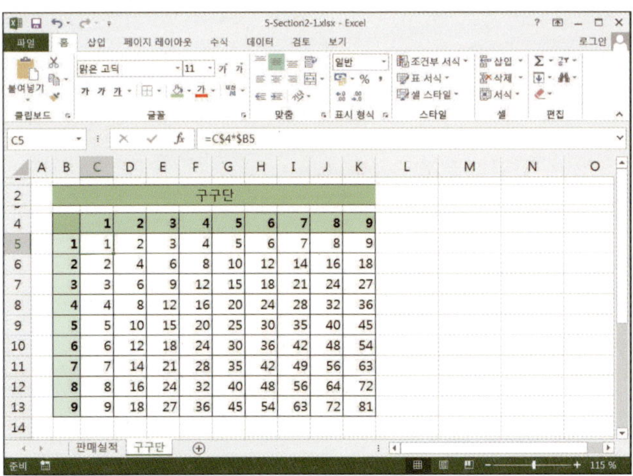

❶ '구구단' 워크시트의 [C5] 셀을 클릭한다.

❷ 수식 입력줄에 '=C4' 까지 입력한 다음 F4 를 2번 눌러 '=C$4' 를 만들고, 계속해서 '=C$4*$B5' 를 완성한 후 Enter 를 누른다.

❸ [C5] 셀을 클릭하고 채우기 핸들로 [C13] 셀까지 드래그한다.

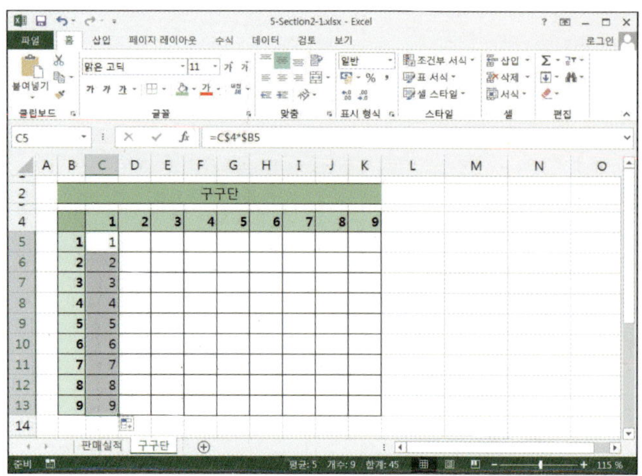

❹ 계속해서 오른쪽으로 채우기 핸들을 [K] 열까지 드래그하여 완성한다.

01 혼자해보기

[5-Section2-2.xlsx] 파일의 '매출' 워크시트에서 이익률인 [H4] 셀을 참조하여 제조원가에 대한 판매가격을 완성해 보자.

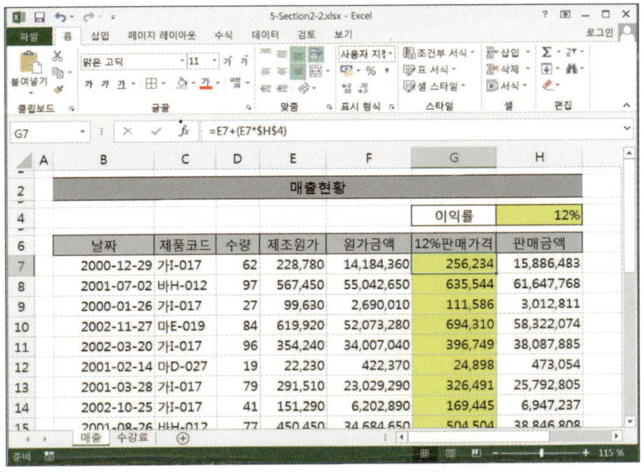

> **HINT** | [G7] 셀을 클릭하고 '=E7+(E7*$H$4)'를 입력한 후 채우기 핸들로 [G27] 셀까지 드래그하여 완성한다.

02 혼자해보기

[5-Section2-2.xlsx] 파일의 '수강료' 워크시트에서 과목수에 따른 할인율을 완성해 보자.

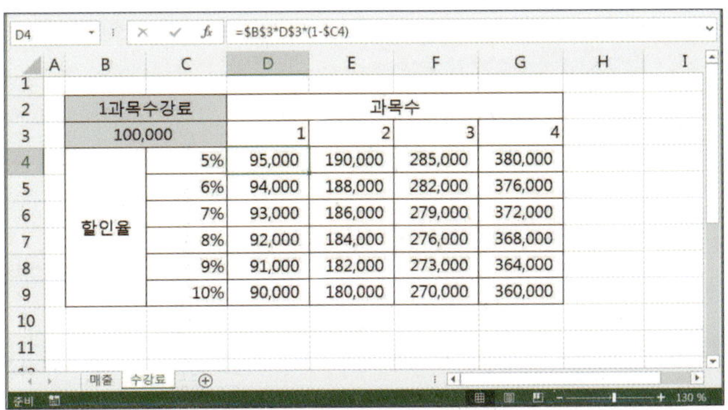

> **HINT** | [D4] 셀을 클릭하고 '=$B$3*D$3*(1-$C4)'를 입력한 후 [D9] 셀까지 채우기 핸들을 드래그하여 완성한다. 다시 [G] 열까지 채우기 핸들을 드래그하여 마무리한다.

Check Point

- 상대 참조 : 열 문자와 행 번호가 상대적으로 변한다.
- 절대 참조 : 열 문자와 행 번호 앞에 $ 기호를 붙여 입력하며, 절대적으로 변하지 않는다.
- 혼합 참조 : 행 번호 앞에 $ 기호를 붙여 입력하면 행만 고정하고, 열 문자 앞에 $ 기호를 붙여 입력하면 열만 고정한다.
- 상대, 절대, 혼합 참조 변환키 : **F4**

함수 입력하기

함수는 계산의 편리성과 반복적인 연산을 처리하는 일종의 기능이다. 기본적인 함수 사용법과 편집 방법에 대해 알아보자.

[작업 준비물 : 5-Section3-1.xlsx]

> ◐ 알아두기
>
> • 함수 입력 방법
> • 함수를 구성하는 인수의 구분과 함수의 편집

따라하기 **01** **기본 함수 사용하기**

[5-Section3-1.xlsx] 파일의 '성적표' 워크시트에서 함수를 사용하여 [함수 성적표]의 합계와 평균을 구해보자.

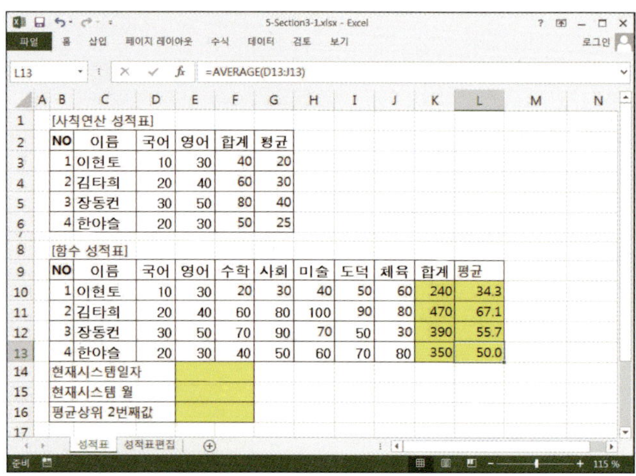

❶ '성적표' 워크시트의 [K10] 셀을 클릭한다.

❷ [수식] 탭-[함수 라이브러리] 그룹에서 [자동 합계](Σ 자동 합계 ▾)의 화살표를 클릭하고 [합계]를 선택한다.

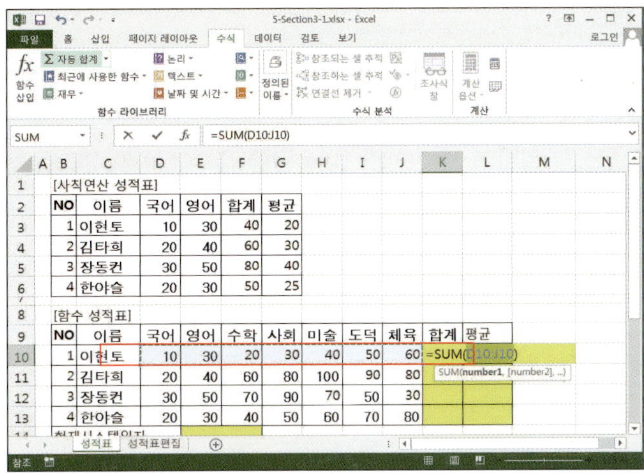

❸ [K10] 셀에 '=SUM(D10:J10)'을 입력한 후 **Enter**를 누른다.

❹ 이번에는 평균을 구하기 위해 [L10] 셀을 클릭하고 [자동 합계]([Σ 자동 합계 ▾])에서 [평균]을 선택한다.

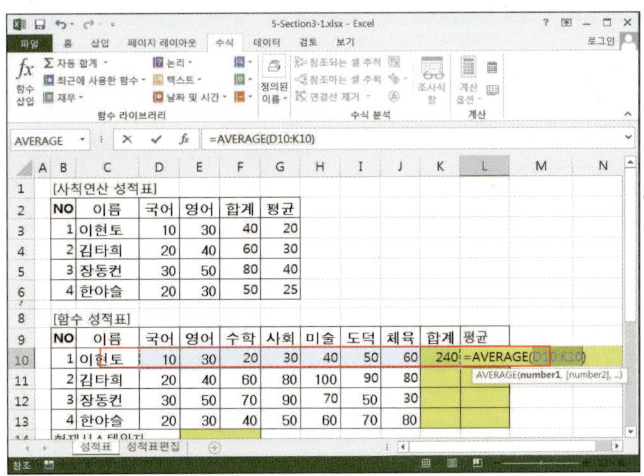

❺ [L10] 셀에 '=AVERAGE(D10:K10)'이 나타나는데 범위가 잘못 입력되었다. 엑셀은 무조건 선택한 셀 바로 왼쪽이나 바로 위쪽을 계산하기 때문이다.

❻ 마우스 포인터로 [D10:J10] 범위를 선택하고 **Enter**를 누른다.

❼ [K10:L10] 범위를 선택하고 채우기 핸들로 [13] 행까지 드래그하여 합계와 평균을 완성한다.

자동 합계 함수 

• 기본적인 함수로 인수가 통일되어 사용법이 쉬우며, [수식] 탭-[함수 라이브러리] 그룹에 존재한다.

• 지정한 범위의 함수로 '합계=SUM(범위), 평균=AVERAGE(범위), 숫자 개수=COUNT(범위), 제일 큰 값=MAX(범위), 제일 작은 값=MIN(범위)' 등이 있다.

[5-Section3-1.xlsx] 파일의 '성적표' 워크시트에서 [E14] 셀에 현재 시스템 일자, [E15] 셀에 현재 시스템 일자의 월, [E16] 셀에 평균 점수에서 두 번째로 큰 값을 구해보자.

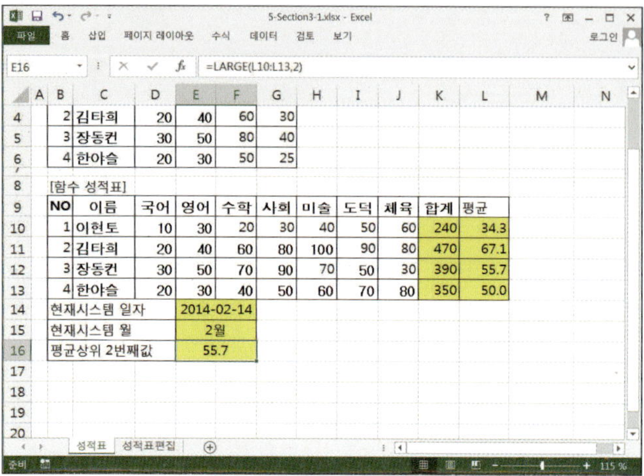

❶ '성적표' 워크시트의 [E14] 셀을 클릭한 다음 수식 입력줄에서 [함수 삽입](fx)을 클릭한다.

❷ [함수 마법사] 대화상자의 [범주 선택]에서 '날짜/시간'을 선택한 다음 [함수 선택]에서 TODAY 함수를 선택하고 [확인] 단추를 클릭한다.

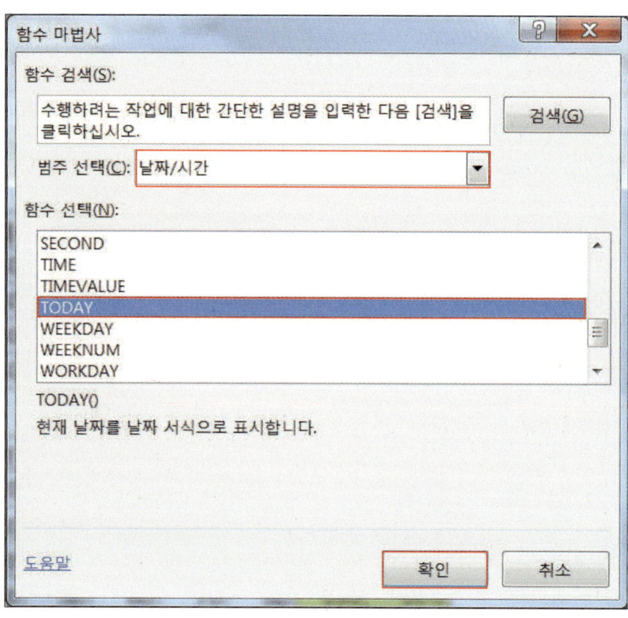

❸ TODAY 함수는 인수가 없는 함수이기 때문에 [함수 인수] 대화상자에서 [확인] 단추를 클릭한다.

❹ [E15] 셀을 클릭하고 '=MONTH'를 입력한 후 **Ctrl** + **A**를 누르면 [함수 인수] 대화
상자가 나타난다. [Serial_number]에서 [E14] 셀을 클릭하고 [확인] 단추를 클릭한다.
MONTH 함수는 인수가 한 개인 함수이다.

❺ [E16] 셀을 클릭하고 '=LARGE'를 입력한 다음 **Ctrl** + **A**를 누르면 [함수 인수] 대
화상자가 나타난다. [Array]에서 [L10:L13] 범위를 선택하고 [K]에는 '2'를 입력한 후
[확인] 단추를 클릭한다. LARGE 함수는 인수가 두 개 이상인 함수로 인수를 익혀야
한다.

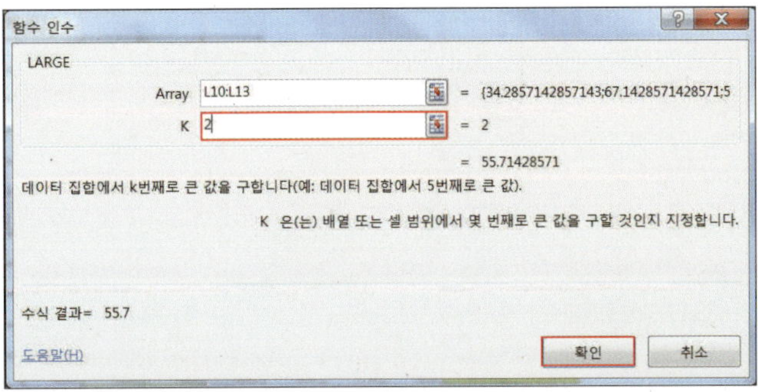

> **함수를 구성하는 인수의 분류**   tip ➕
>
> - 인수가 통일된 함수 : SUM(Number1, Number2, …)과 같은 함수이며 사용 방법이 쉽다.
> - 인수가 없거나 하나인 함수 : 사용법이 쉽다.
> - 인수가 통일 되지 않은 함수 : LARGE(Array, k)와 같은 함수이며 여러 인수를 이해하고 사용해야
>   하므로 사용법이 어렵다.
> - LARGE(범위, K) : 지정한 범위에서 K번째로 큰 값을 구한다.

[5-Section3-1.xlsx] 파일의 '성적표편집' 워크시트에서 [평균 점수]에서 두 번째로 큰 값을 세 번째로 큰 값으로 편집해 보자.

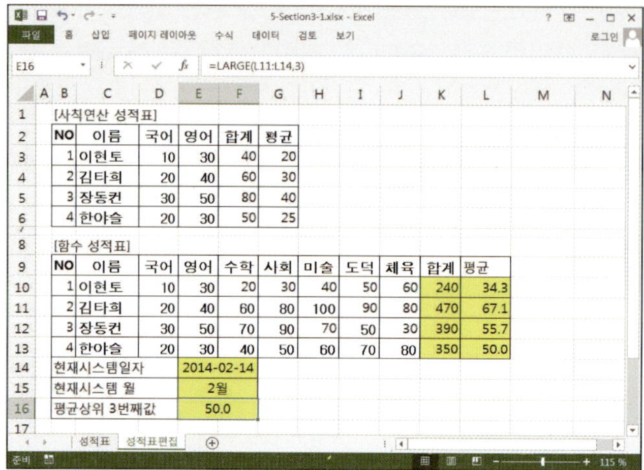

❶ '성적표편집' 워크시트의 [E16] 셀을 클릭한다.

❷ 수식 입력줄에 '=LARGE(L11:L14,2)'를 확인하고 [함수 삽입](f_x)을 클릭하면 LARGE 함수에 대한 [함수 인수] 대화상자가 나타난다.

❸ [K]의 '2'를 '3'으로 수정하고 [확인] 단추를 클릭한다. 그러면 평균 범위에서 두 번째로 큰 값이 세 번째로 큰 값으로 바뀐다.

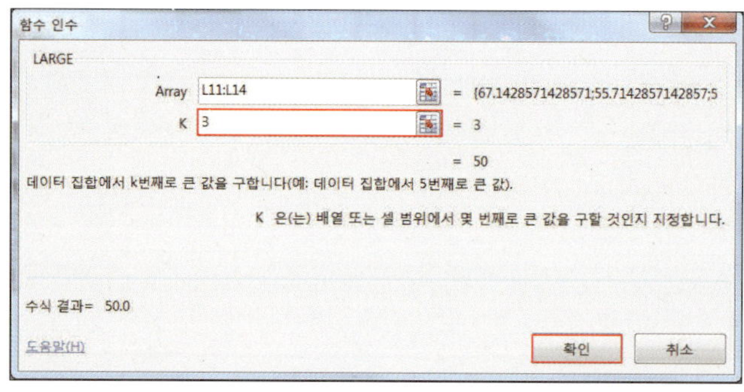

> tip ➕
>
> • 함수의 편집 : 함수식이 있는 셀을 선택하고 수식 입력줄의 함수 명칭을 클릭한 다음 [함수 입력](f_x)을 클릭한다.

01
혼자해보기

[5-Section3-2.xlsx] 파일의 '사원시험' 워크시트에서 총계, 평균을 구해보자.

	A	B	C	D	E	F	G	H	I	
1	사원번호	이름	업무수행	영어독해	영어듣기	전산이론	전산실기	총계	평균	부서
2	200124	최민영	70	52	64	70	90	346	69.2	T-00
3	200116	우희진	80	56	56	80	90	362	72.4	T-00
4	200122	이나라	70	48	64	100	100	382	76.4	G-00
5	200115	김민호	70	52	48	0	100	270	54.0	T-00
6	200108	한가람	80	64	40	90	100	374	74.8	T-00
7	200101	강타	50	0	0	90	80	220	44.0	T-00
8	200135	유강현	100	72	80	100	100	452	90.4	T-00
9	200110	이기자	90	48	44	80	100	362	72.4	G-00
10	200112	소식가	100	36	48	90	100	374	74.8	G-00
11	과목별 최대									
12	과목별 최소									
13	과목별 중간									
14	시스템의 날짜시간									
15										
16										

HINT | [자동 합계]의 [합계]를 사용하여 [H2] 셀에 '=SUM(C2:G2)', [평균]을 사용하여 [I2] 셀에 '=AVERAGE(C2:G2)'를 입력하고 채우기 핸들로 완성한다.

02
혼자해보기

[5-Section3-2.xlsx] 파일의 '사원시험' 워크시트에서 과목별 최대, 최소, 중간, 시스템의 날짜 시간을 구해보자.

	A	B	C	D	E	F	G	H	I	
1	사원번호	이름	업무수행	영어독해	영어듣기	전산이론	전산실기	총계	평균	부서
2	200124	최민영	70	52	64	70	90	346	69.2	T-00
3	200116	우희진	80	56	56	80	90	362	72.4	T-00
4	200122	이나라	70	48	64	100	100	382	76.4	G-00
5	200115	김민호	70	52	48	0	100	270	54.0	T-00
6	200108	한가람	80	64	40	90	100	374	74.8	T-00
7	200101	강타	50	0	0	90	80	220	44.0	T-00
8	200135	유강현	100	72	80	100	100	452	90.4	T-00
9	200110	이기자	90	48	44	80	100	362	72.4	G-00
10	200112	소식가	100	36	48	90	100	374	74.8	G-00
11	과목별 최대		100	72	80	100	100			
12	과목별 최소		50	0	0	0	80			
13	과목별 중간		80	52	48	90	100			
14	시스템의 날짜시간		2014-2-14 14:27							
15										
16										

HINT | [C11] 셀에 '=MAX'를 입력하고 Ctrl + A 를 눌러 범위를 선택, [C12] 셀에 '=MIN'을 입력하고 Ctrl + A 를 눌러 범위를 선택, [C13] 셀에 '=MEDIAN'을 입력하고 Ctrl + A 를 눌러 범위를 선택한 다음, 3개의 값을 범위로 선택하고 오른쪽으로 채우기 핸들을 이용하여 완성한다. [C14] 셀에 '=NOW()'를 입력하고 Enter 를 눌러 시스템의 날짜와 시간을 나타낸다.

날짜/시간/문자/수학/통계 함수

엑셀 2013은 다양한 종류의 함수 범주가 있다. 여러 범주 중에서 날짜/시간, 문자, 수학, 통계 함수를 학습해 보자.

[작업 준비물 : 5-Section4-1.xlsx] .

> **◐ 알아두기**
>
> • 시간 함수와 문자 함수
>
> • 수학 함수와 통계 함수

따라하기 01 **시간 함수로 PC 사용료 받기**

[5-Section4-1.xlsx] 파일의 'PC사용' 워크시트에서 요청금액 항목을 계산해 보자.

– 요청금액 : 사용 시간의 시간당*1000+분당*20으로 계산

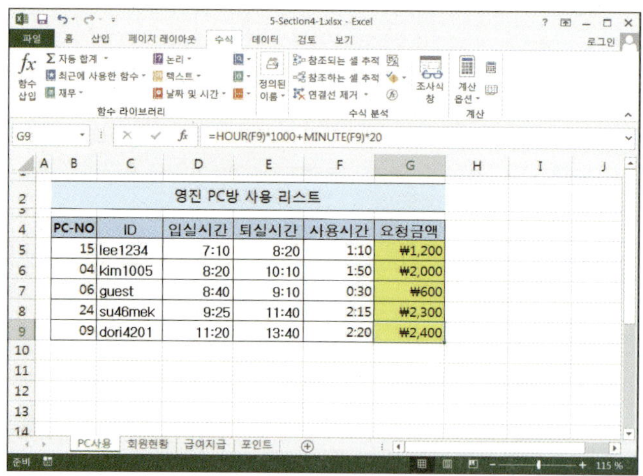

❶ [5-Section4-1.xlsx] 파일의 'PC사용' 워크시트에서 [G5] 셀을 클릭한다.

❷ '=HOUR'를 입력한 다음 **Ctrl** + **A** 를 눌러 [함수 인수] 대화상자가 나타나면 [Serial_number]에서 [F5] 셀을 클릭한 후 [확인] 단추를 클릭한다. 그러면 사용 시간에서 시간만 추출된다.

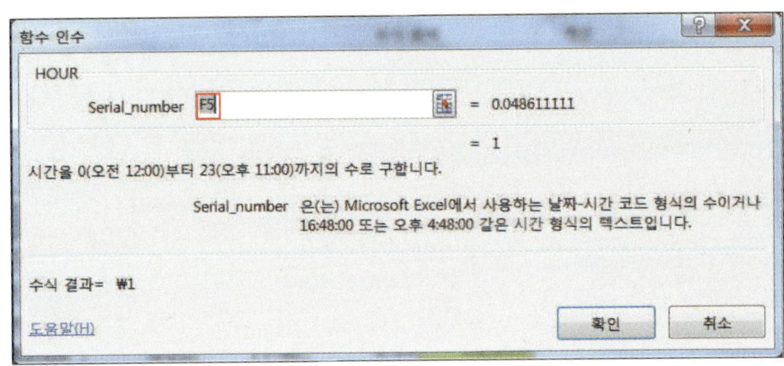

❸ 계속해서 수식 입력줄을 클릭하고 '=HOUR(F5)*1000+MINUTE(F5)*20'을 입력한 다음 **Enter** 를 누른다.

❹ 사용 시간 1:10분에서 HOUR 함수는 1시간 MINUTE 함수는 10분을 추출하여 각각 1000, 20을 곱하여 더해주는 계산 결과가 [G5] 셀에 나타난다.

❺ [G5] 셀을 클릭하고 [G9] 셀까지 채우기 핸들로 드래그하여 완성한다.

tip ➕

• HOUR 함수 : 시간에서 시를 추출한다.
• MINUTE 함수 : 시간에서 분을 추출한다.
• SECONDE 함수: 시간에서 초를 추출한다.

따라하기 02 텍스트 함수로 문자 추출하기

[5-Section4-1.xlsx] 파일의 '회원현황' 워크시트에 다음과 같이 출생 년도, 출생 월을 계산해 보자.

– 출생 년도 : 주민번호의 왼쪽 2글자
– 출생 월 : 주민번호의 3번째부터 2글자

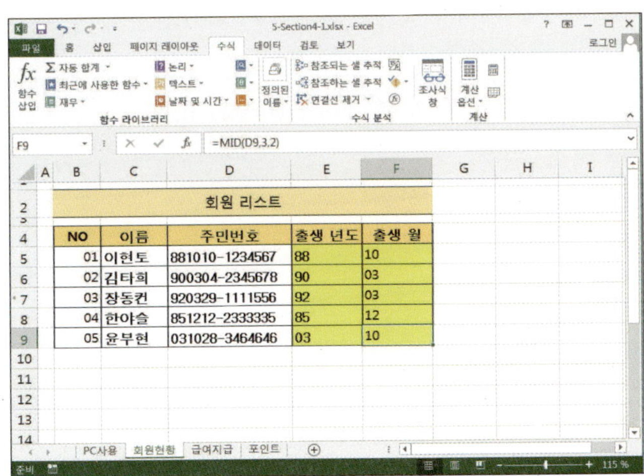

❶ [5-Section4-1.xlsx] 파일의 '회원현황' 워크시트에서 [E5] 셀을 클릭한다.

❷ '=LEFT'를 입력한 후 **Ctrl** + **A** 를 눌러 [함수 인수] 대화상자가 나타나면 [Text]에서 [D5] 셀을 클릭하고, [Num_chars]를 '2'로 설정한 후 [확인] 단추를 클릭한다.

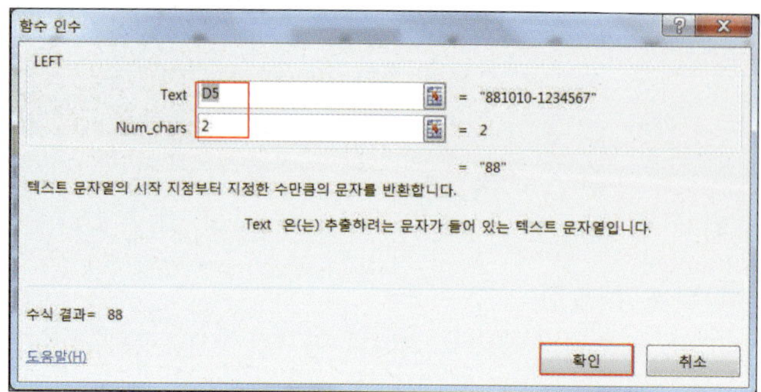

❸ [E5] 셀에 주민번호의 왼쪽에서 2개의 문자가 추출된다.

❹ [F5] 셀을 클릭하고 '=MID'를 입력한 후 **Ctrl** + **A** 를 눌러 [함수 인수] 대화상자를 불러온다. [Text]에서 [D5] 셀을 클릭하고, [Start_num]은 '3', [Num_chars]는 '2'로 설정한 후 [확인] 단추를 클릭한다.

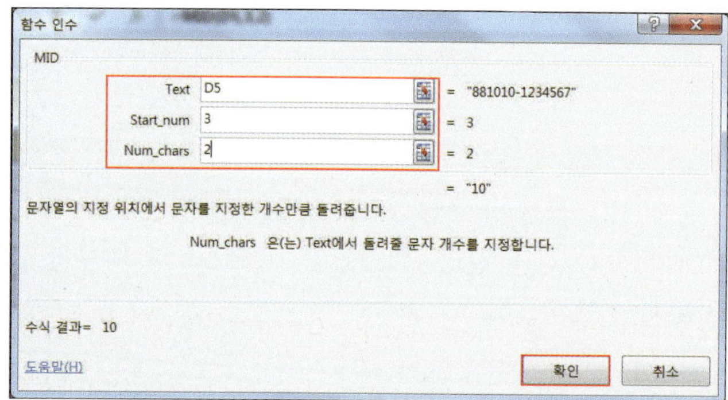

❺ [E5:F5] 범위를 선택하고 [9] 행까지 채우기 핸들로 완성한다.

> • LEFT 함수(문자열, 수) : 문자열을 왼쪽에서 지정한 수만큼 추출한다.
> • RIGHT 함수(문자열, 수) : 문자열을 오른쪽에서 지정한 수만큼 추출한다.
> • MID 함수(문자열, 수1, 수2) : 문자열을 수1에서 시작하여 수2만큼 추출한다.
>
> tip ➕

03 ROUNDDOWN 함수로 실수령액 구하기

[5-Section4-1.xlsx] 파일의 '급여지급' 워크시트에서 실수령액을 계산해 보자.

– 실수령액 : 수령액의 원 자리를 무조건 내림한다.

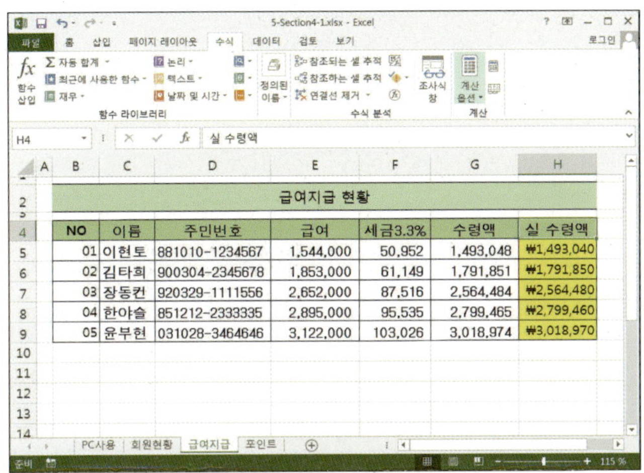

❶ '급여지급' 워크시트에서 [H5] 셀을 클릭한다.

❷ '=ROUNDDOWN'을 입력한 다음 **Ctrl** + **A** 를 눌러 [함수 인수] 대화상자를 불러온다. [Number]에 'G5', [Num_digits]에 '-1'을 입력하고 [확인] 단추를 클릭한다.

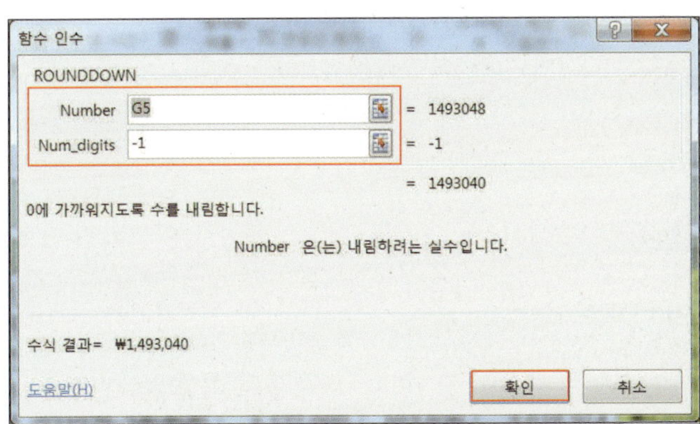

❸ [H5] 셀에 숫자 '1493048'에서 지정 자릿수 '-1'은 원 자리를 지정했으므로 '8'이 '0'으로 내림하여 '1493040'이 된다.

❹ [H9] 셀까지 채우기 핸들을 이용하여 완성한다.

- ROUND 함수(값, 자릿수) : 지정한 값을 자릿수로 반올림한다.
- ROUNDUP 함수(값, 자릿수) : 지정한 값을 자릿수로 무조건 올림한다.
- ROUNDDOWN 함수(값, 자릿수) : 지정한 값을 자릿수로 무조건 내림한다.

[5-Section4-1.xlsx] 파일의 '포인트' 워크시트에 다음과 같이 현금교환, 잔여 포인트, 현금교환 순위를 계산해 보자.

- 현금교환 : 포인트 점수가 100 POINT당 1,000원
- 잔여 포인트 : 포인트 점수를 100으로 나눈 나머지
- 현금교환 순위 : 현금교환 숫자가 큰 값부터 1등을 부여

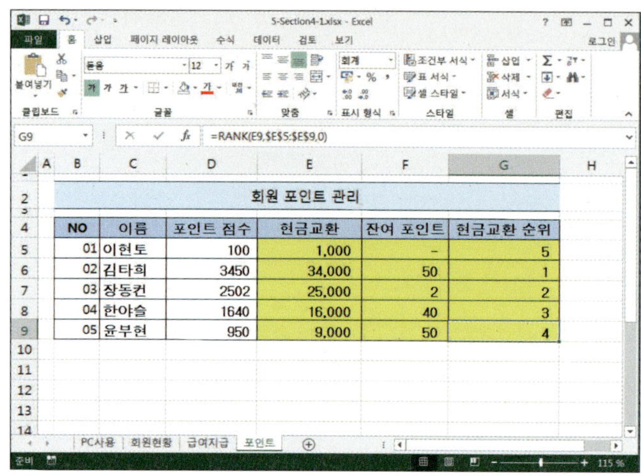

❶ '포인트' 워크시트의 [E5] 셀을 클릭한다.

❷ '=QUOTIENT(D5,100)*1000' 을 입력한 다음 **Enter** 를 누르면, '1,000' 이 표시된다.

❸ [F5] 셀에 '=MOD(D5,100)' 을 입력한 다음 **Enter** 를 누른다. [D5] 셀에 있는 '100' 을 '100' 으로 나눈 나머지 '0' 이 표시된다.

❹ [E5:F5] 범위를 선택하고 [9] 행까지 채우기 핸들을 이용하여 완성한다.

❺ [G5] 셀을 클릭하고 '=RANK'를 입력한 다음 **Ctrl** + **A** 를 눌러 [함수 인수] 대화상자를 불러온다. [Number]에서 [E5] 셀을 클릭, [Ref]는 [E5:E9] 범위를 선택하고 **F4** 를 눌러 절대 참조로 설정한 후 [확인] 단추를 클릭한다.

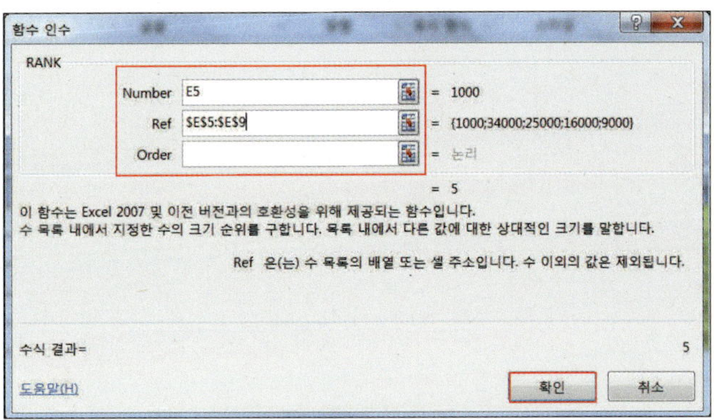

❻ [G5] 셀에 포인트 점수 '100'은 5개의 값에서 가장 작아 5등으로 처리된다. 채우기 핸들로 [9] 행까지 드래그하여 나머지 순위도 나타낸다.

> • QUOTIENT 함수(값1, 값2) : 값1을 값2로 나눈 몫을 구한다.
> • MOD 함수(값1, 값2) : 값1을 값2로 나눈 나머지를 구한다.
> • RANK 함수(값, 범위, 옵션) : 범위 내 값에 따른 상대적인 순위를 구한다. 옵션을 생략하거나, '0' 을 입력하면 큰 값부터 1등을 부여하고, 옵션 항목에 0이 아닌 값을 지정하면 작은 값부터 1등을 부여한다.

[5-Section4-2.xlsx] 파일의 '사원정보' 워크시트에서 생년월일, 나이 항목을 계산해 보자.

- 생년월일 : TEXT 함수로 주민번호 앞자리 6개를 이용한다.
- 나이 : 현재 날짜의 년도에서 생년월일 항목의 년도를 뺀 값으로 한다.

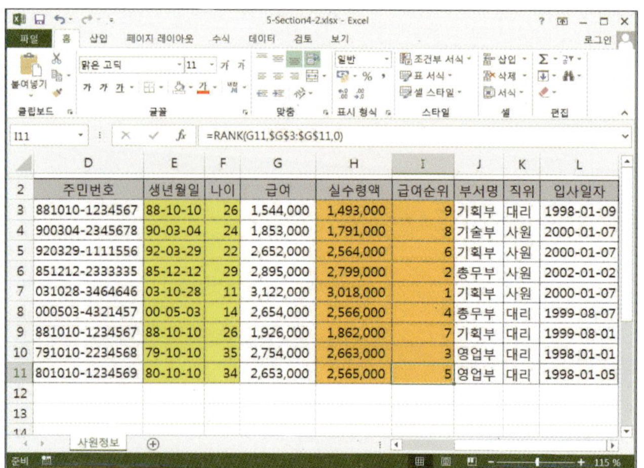

> **HINT** | '사원정보' 워크시트의 [E3] 셀에 '=TEXT(LEFT(D3,6),"00-00-00")', [F3] 셀에 '=YEAR(TODAY())-YEAR(E3)'을 입력하여 채우기 핸들로 완성한다.

[5-Section4-2.xlsx] 파일의 '사원정보' 워크시트에서 실수령액, 급여순위 항목을 계산해 보자.

- 실수령액 : 급여에서 3.3% 세금을 공제한 금액으로 백 자리에서 내림한다.
- 급여순위 : 급여가 큰 순서부터 1등을 부여한다.

HINT | '사원정보' 워크시트의 [H4] 셀을 클릭하고 '=ROUNDDOWN(G3−G3*3.3%,−3)'을 입력한다.
[I3] 셀을 클릭하고 '=RANK(G3,$G$3:$G$11,0)'을 입력하고 채우기 핸들을 이용하여 각각 완성한다.

Check Point

- 시간 함수인 HOUR, MINUTE, SECONDE는 지정한 시간에서 시, 분, 초를 추출한다.
- 문자 함수 LEFT, RIGHT, MID는 지정한 자리만큼 문자를 추출하며, TEXT 함수는 특수 서식 문자열을 사용하여 표시 형식을 지정한다.
- 수학 함수 ROUND, ROUNDUP, ROUNDDOWN는 지정한 자리에서 반올림, 올림, 내림하는 함수이다.
- 통계 함수 RANK는 순위를 구하며, 옵션에서 큰 수부터 1등 처리하거나, 작은 수부터 1등을 처리하는 함수이다.

IF 함수와 조건 계산

조건을 판단하여 처리하는 IF 함수는 많은 함수 중에 가장 중요하며 활용도가 높다. IF 형태인 다중 IF 문장으로 여러 형태의 명령을 처리할 수도 있다.

[작업 준비물 : 5-Section5-1.xlsx]

> ❍ **알아두기**
>
> • IF 문장과 다중 IF 문장
> • 조건에 따른 계산 처리 함수

따라하기 | 01

IF 함수와 다중 IF 함수

[5-Section5-1.xlsx] 파일의 '성적평가' 워크시트에서 평가1, 평가2 항목을 계산해 보자.

– 평가1 : 평균점수가 60점 이상이면 합격, 나머지는 불합격을 처리한다.

– 평가2 : 평균점수가 60점 이상이면 합격, 60점 미만 40점 이상이면 재시험, 나머지는 불합격 처리한다.

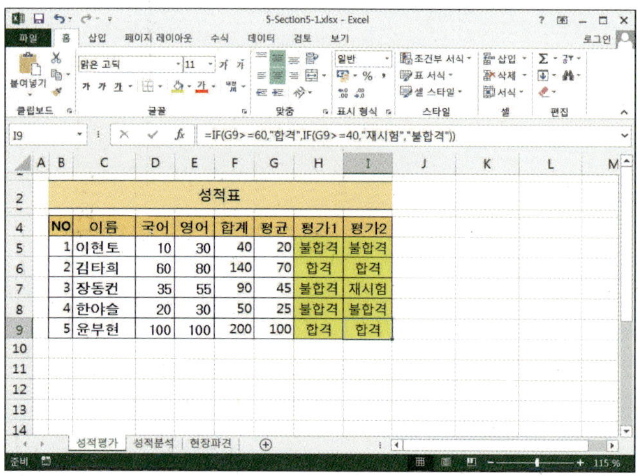

❶ [5-Section5-1.xlsx] 파일의 '성적평가' 워크시트에서 [H5] 셀을 클릭한다.

❷ '=IF'를 입력한 다음 **Ctrl** + **A** 를 눌러 [함수 인수] 대화상자를 불러온다, [Logical_test]에 'G5>=60', [Value_if_true]에 '합격', [Value_if_false]에 '불합격'을 각각 입력하고 [확인] 단추를 클릭한다.

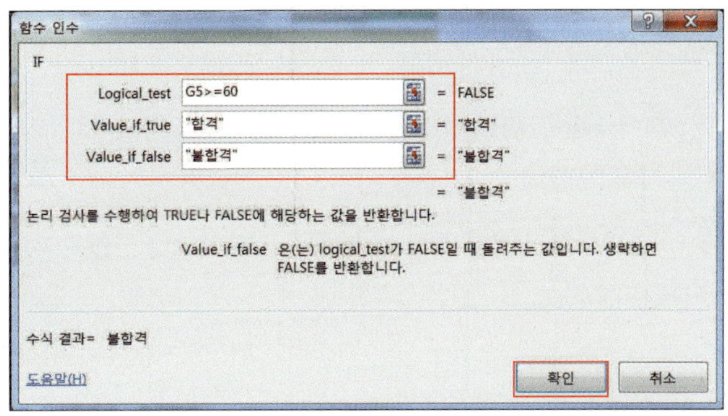

❸ [H9] 셀까지 채우기 핸들로 드래그하여 평가1을 완성한다.

❹ [I5] 셀을 클릭하고 수식 입력줄에 '=IF(G5>=60,"합격",IF(G5>=40,"재시험","불합격"))' 을 입력한 후 **Enter** 를 누른다.

❺ [G5] 셀의 값이 '20' 이므로 첫 번째 조건 '60' 이상을 만족하지 못하며, 다음 조건인 '40' 이상과 비교하여 역시 만족하지 못하므로 '불합격' 을 환원한다.

❻ [I5] 셀을 클릭하고 [I9] 셀까지 채우기 핸들을 드래그하여 평가2를 완성한다.

- IF 함수(조건, 값1, 값2) : 조건이 참이면 값1, 거짓이면 값2를 환원한다.
- IF 함수(조건, 값1, IF(조건2, 값2, 값3)) : 조건이 참이면 값1, 거짓이면 조건2를 해석하여 참이면, 값2, 거짓이면 값3을 환원한다.
- 조건 연산자

tip ➕

수학	엑셀	연산자 의미
A>B	A>B	A가 B보다 크다.
A≥B	A>=B	A가 B보다 크거나 같다.
A<B	A<B	A가 B보다 작다.
A≤B	A<=B	A가 B보다 작거나 같다.
A=B	A=B	A와 B가 같다.
A≠B	A<>B	A와 B가 같지 않다.

02 조건 계산

[5-Section5-1.xlsx] 파일의 '성적분석' 워크시트에서 다음과 같이 1~5번까지의 조건 계산을 완선해 보자.

- 1. 성별이 남인 인원수 : 성별 '남, 여' 중에 '남'에 해당하는 인원수 [J11] 셀
- 2. 성별이 남인 국어 합계 : 성별 '남, 여' 중에 '남'에 해당하는 국어 합계 [J12] 셀
- 3. 성별이 남인 국어 평균 : 성별 '남, 여' 중에 '남'에 해당하는 국어 평균 [J13] 셀
- 4. 성별이 남이면서 영어 점수가 50점 이상인 국어 합계 : 성별과 영어 점수를 동시에 만족하는 국어 합계 [J14] 셀
- 5. 성별이 남이거나 영어 점수가 50점 이상인 국어 합계 : 성별과 영어 점수 두 가지 조건에서 하나만 만족해도 되는 국어 합계 [J15] 셀, 조건은 [L12:M14]에 표시하시오.

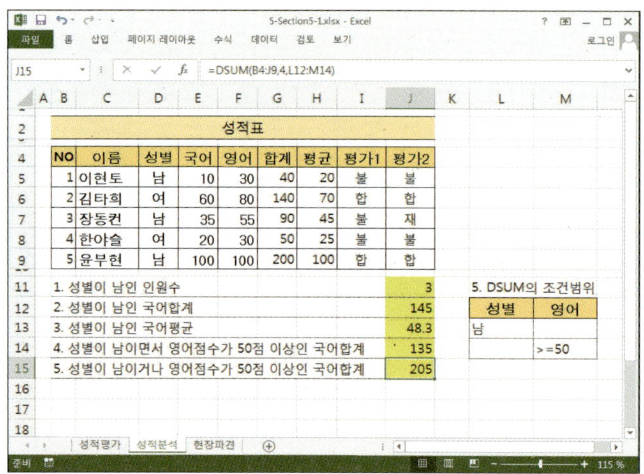

❶ [5-Section5-1.xlsx] 파일의 '성적분석' 워크시트에서 [J11] 셀을 클릭한다.

❷ '=COUNTIF(D5:D9,D5)'를 입력한 후 Enter 를 누른다.

❸ [J12] 셀을 클릭하고 '=SUMIF(D5:D9,D5,E5:E9)'를 입력한 후 Enter 를 누른다.

❹ [J13] 셀을 클릭하고 '=AVERAGEIF(D5:D9,D5,E5:E9)'를 입력한 후 Enter 를 누른다.

❺ [J14] 셀을 클릭하고 '=SUMIFS(E5:E9,D5:D9,D5,F5:F9,">=50")'을 입력한 후 Enter 를 누른다.

❻ [L12:M14] 범위의 [L12] 셀에 '성별', [M12] 셀에 '영어', [L13] 셀에 '남', [M14] 셀에 '>=50'을 입력한 다음 [J15] 셀을 클릭한다.

❼ [J15] 셀을 클릭하고 '=DSUM(B4:J9,4,L12:M14)'를 입력한 후 Enter 를 누른다.

> **tip**
> - COUNTIF 함수(범위, 조건) : 범위에 조건을 만족하는 개수를 구한다.
> - SUMIF 함수(범위, 조건, 합계 범위) : 범위에 조건을 만족하는 합계 범위를 구한다.
> - AVERAGEIF 함수(범위, 조건, 평균 범위) : 범위에 조건을 만족하는 평균 범위를 구한다.
> - SUMIFS 함수(합계 범위, 범위1, 조건1, 범위2, 조건2, …) : 여러 범위에 여러 조건을 만족하는 합계 범위를 구한다.
> - DSUM 함수(범위, 필드 번호, 조건 범위) : 범위에서 조건을 만족하는 필드의 합계를 구한다.

따라하기

03 DATEDIF 함수

[5-Section5-1.xlsx] 파일의 '현장파견' 워크시트에서 전체 근무일, 근무 월, 근무 일을 계산해 보자.

- 전체 근무일 : 종료일과 시작일의 차를 일수로 나타내자.
- 근무 월 : 종료일과 시작일의 차를 연수가 제외된 월수로 나타내자.
- 근무 일 : 종료일과 시작일의 차를 월수가 제외된 일수로 나타내자.

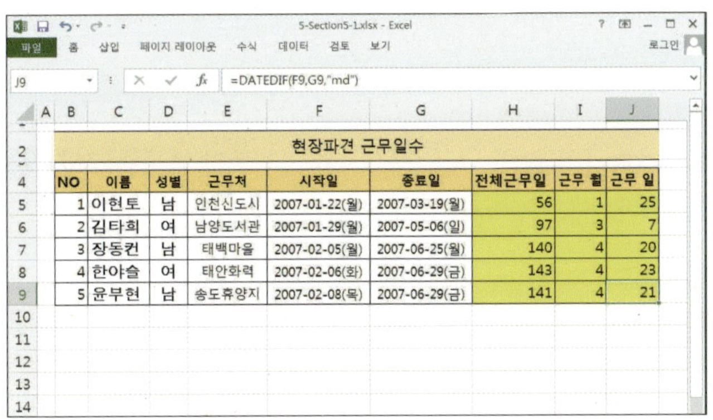

① '현장파견' 워크시트에서 [H5] 셀을 클릭한다.

② '=DATEDIF(F5,G5,"D")'를 입력한 후 **Enter**를 누른다. 종료일과 시작일의 차를 지정한 형식 'D'에 의해 일수가 나타난다.

③ [I5] 셀을 클릭하고 '=DATEDIF(F5,G5,"YM")'를 입력한 후 **Enter**를 누른다. 종료일과 시작일의 차를 지정한 형식 'YM'에 의해 연수를 제외한 월수가 나타난다.

④ [J5] 셀을 클릭하고 '=DATEDIF(F5,G5,"MD")'를 입력한 후 **Enter**를 누른다. 종료일과 시작일의 차를 지정한 형식 'MD'에 의해 월수를 제외한 일수가 나타난다.

> **tip**
> - DATEDIF 함수(시작일, 종료일, 형식) : 시작일과 종료일의 형식에 따른 기간을 구한다.
> - 형식 Y-연수, M-일수, D-일수, YM-연수를 제외한 월수, MD-월수를 제외한 일수를 표시한다.

[5-Section5-2.xlsx] 파일의 '사원분석' 워크시트에서 부서명 항목을 계산해 보자.

– 부서명 : 사원번호 끝자리가 'K'면 기획부, 'C'면 총무부, 나머지는 영업부로 처리한다.

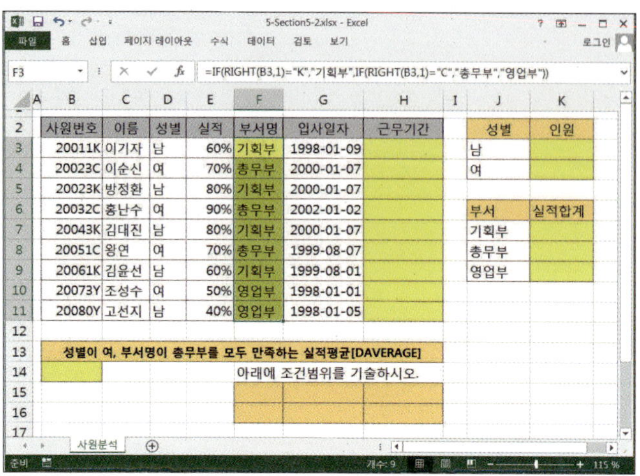

> **HINT** | '사원분석' 워크시트의 [F3] 셀을 클릭한 다음 '=IF(RIGHT(B3,1)="K","기획부",IF(RIGHT(B3,1)="C","총무부","영업부"))'를 입력한다.

[5-Section5-2.xlsx] 파일의 '사원분석' 워크시트에서 근무기간 항목을 계산해 보자.

– 근무기간 : 현재 날짜에서 입사일의 차를 년과 일로 나타낸다.

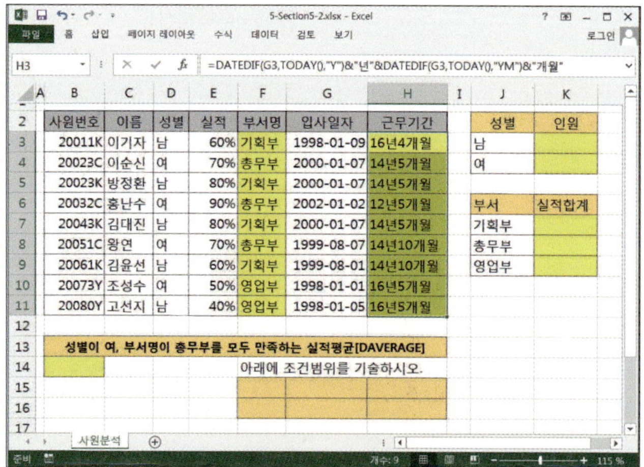

> **HINT** | '사원분석' 시트의 [H3] 셀을 클릭하고 '=DATEDIF(G3,TODAY(),"Y")&"년"&DATEDIF(G3,TODAY(),"YM")&"개월"'을 입력한다.

03 혼자해보기 [5-Section5-2.xlsx] 파일의 '사원분석' 워크시트에서 인원, 실적합계 항목을 계산해 보자.

- 인원 : 성별 항목의 남, 여 인원수를 구한다.
- 실적합계 : 부서명 항목의 기획부, 총무부, 영업부 실적의 합계를 구한다.

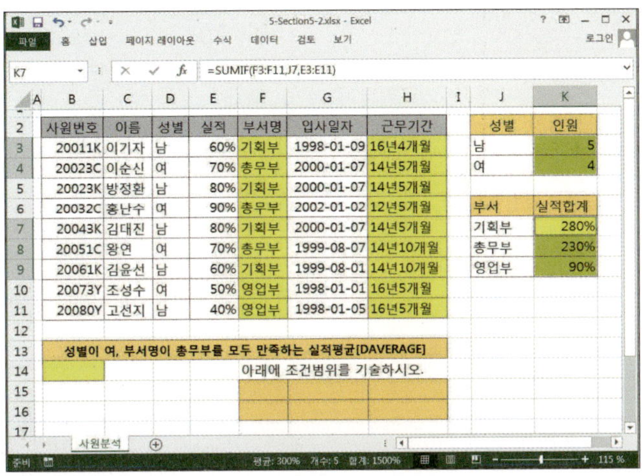

HINT | '사원분석' 워크시트에서 [K3] 셀을 클릭하고 '=COUNTIF($D$3:$D$11,J3)'을 입력한 다음 채우기 핸들을 이용하여 완성한다. 다시 [K7] 셀을 클릭하고 '=SUMIF($F$3:$F$11,J7,$E$3:$E$11)'을 입력한 다음 아래로 채우기 핸들을 이용하여 완성한다.

04 혼자해보기 [5-Section5-2.xlsx] 파일의 '사원분석' 워크시트에서 [B14] 셀에 다음과 같은 조건을 만족하는 실적 평균을 구해보자.

- [B14] 셀 : 성별이 '여'이면서 부서명이 총무부 조건을 만족하는 실적의 평균
- 조건 범위 : [F15:H16] 범위에 기술하시오.

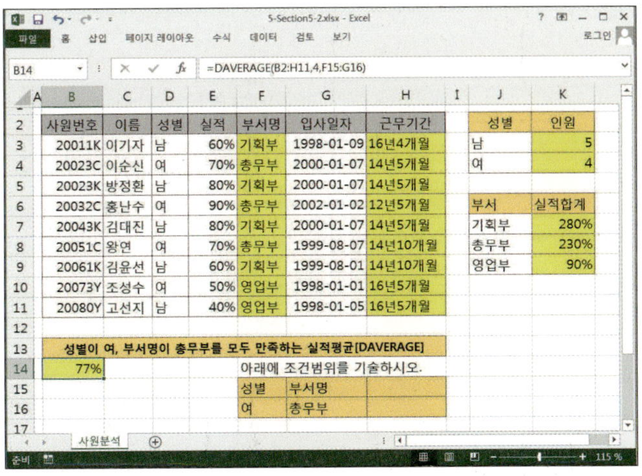

Check Point

- 조건 판단문인 IF 함수는 IF(조건, 값1, 값2)으로 구성되어 있으며, 조건이 참이면 값1, 거짓이면 값2를 환원한다. 조건은 크다, 작다, 크거나 같다, 작거나 같다, 같다, 같지 않다 등의 비교 연산을 일반적으로 표현한다.

- 다중 IF 함수는 IF(조건, 값1, IF(조건2, 값2, 값3))으로 구성되어 있으며, 조건이 참이면 값1, 거짓이면 조건2를 해석하여 참이면, 값2, 거짓이면 값3을 환원한다.

- 조건 계산 함수는 COUNTIF, SUMIF, AVERAGEIF, DATEDIF와 같이 일반적으로 끝 부분에 'IF'가 붙으며, 다양한 조건의 합계는 SUMIFS와 같이 IF 다음에 'S'가 붙는다. 모든 사용자 조건을 만족하여 분석하는 함수는 데이터베이스 함수인 DSUM과 같다.

이름 정의와 참조/찾기 영역 함수

이름을 정의하면 수식을 보다 쉽게 이해하고 관리할 수 있다. 또한 찾기/참조 영역 함수를 사용하여 데이터를 신속하게 처리한다. 이번 Section에서는 찾기/참조 영역 함수에 대해 학습한다.

[작업 준비물 : 5-Section6-1.xlsx]

> **● 알아두기**
>
> • 이름 정의, 관리하는 방법
>
> • 찾기/참조 영역 함수를 이용하여 데이터를 처리하는 방법

따라하기 01 이름 정의와 수식에서 사용

[5-Section6-1.xlsx] 파일의 '성적표' 워크시트에서 다음과 같이 이름을 정의하여 가산점 합계 항목에 적용해 보자

– 가산점 합계 : 국어+영어+가산점으로, 계산 가산점은 5점으로 처리

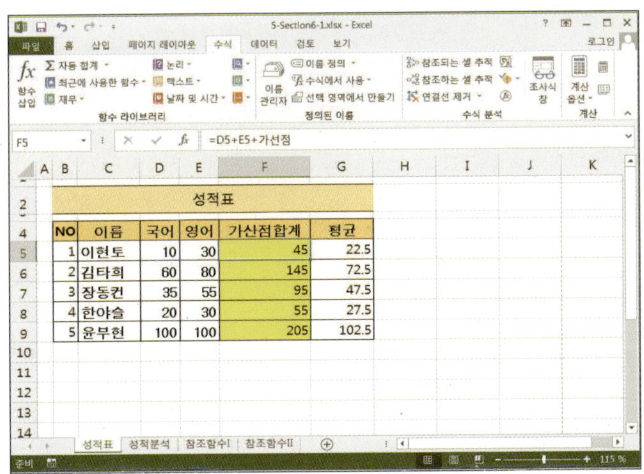

❶ '성적표' 워크시트에서 [수식] 탭–[정의된 이름] 그룹의 [이름 정의]를 클릭한다.

❷ [새 이름] 대화상자가 나타나면 [이름]에 '가산점', [참조 대상]에 '5'를 입력하고 [확인] 단추를 클릭한다.

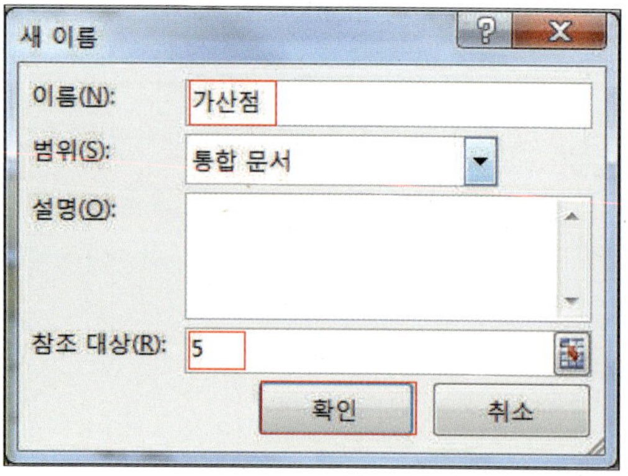

❸ [F5] 셀을 더블클릭하고 '=D5+E5'의 끝에 '+'를 입력한 다음 **F3**을 눌러 [이름 붙여 넣기] 대화상자의 '가산점'을 더블클릭한다.

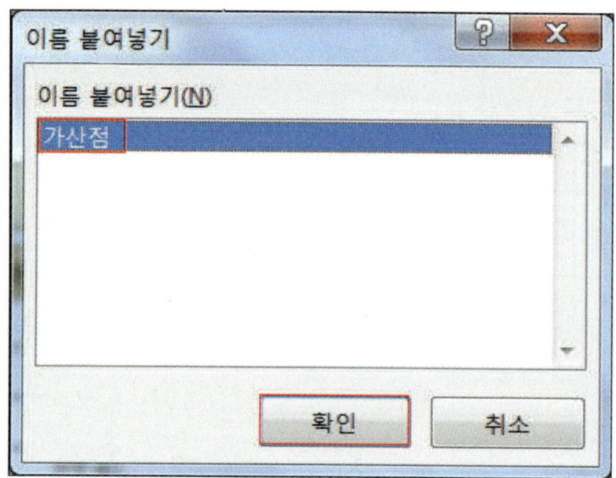

❹ [F5] 셀에 '=D5+E5+가산점'이 나타난다. **Enter**를 누른 다음 채우기 핸들로 [9] 행까지 드래그하여 완성한다.

tip ➕

- 셀 참조 대신 정의된 이름을 사용하면 수식을 쉽게 이해할 수 있으며, [수식] 탭-[정의된 이름] 그룹에서 [이름 정의]로 이름을 정의한다.
- 이름 정의 특징
– 이름의 첫 글자는 문자, 밑줄(_), 백슬래시(\)로 시작한다.
– 셀 참조와 공백은 사용할 수 없다.
- 이름 사용 : 정의된 이름을 수식에서 사용한다면 직접 이름을 입력하거나 이름을 호출하는 **F3**을 누른다.

따라하기 02 이름 정의와 편집

[5-Section6-1.xlsx] 파일의 '성적표' 워크시트에 다음과 같은 이름을 정의하여 '성적분석' 워크시트의 계산을 완성해 보자. 가산점을 10점으로 바꾸어 보자

- '성적표' 워크시트의 [D5:D9] 범위를 '국어', [E5:E9] 범위를 '영어'로 각각 정의하시오.
- '성적분석' 워크시트의 [H5], [H6] 셀에는 정의된 국어, 영어의 평균을 나타내시오.
- '성적분석' 워크시트의 [H7], [H8] 셀에는 정의된 국어, 영어의 제일 큰 값을 나타내시오.
- '성적분석' 워크시트의 [H9] 셀에는 10점으로 바뀐 가산점을 나타내시오.

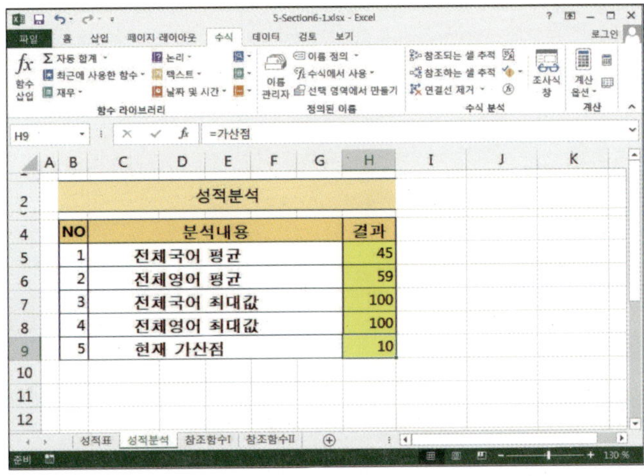

❶ '성적표' 워크시트의 [D4:E9] 범위를 선택한다.

❷ [수식] 탭-[정의된 이름] 그룹에서 선택 영역에서 만들기를 클릭하여 [선택 영역에서 이름 만들기] 대화상자를 불러온다. [첫 행]을 체크하고 [확인] 단추를 클릭한다.

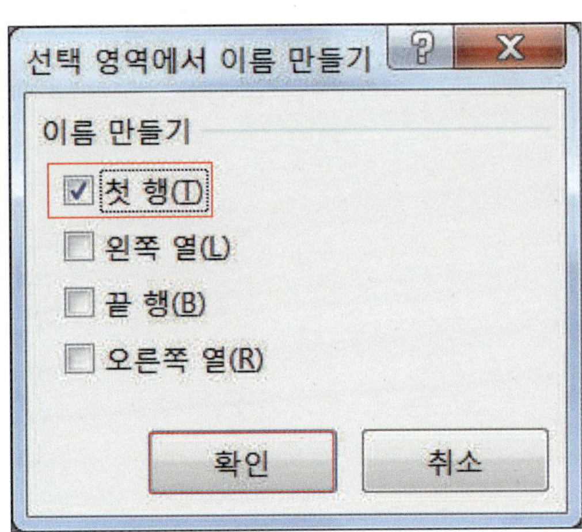

❸ [D4:E9] 범위의 첫 행, 즉 [D5:D9]는 '국어'로, [E5:E9]는 '영어'로 정의된다.

❹ [수식] 탭–[정의된 이름] 그룹에서 [이름 관리자]를 클릭하면 [이름 관리자] 대화상자가 나타난다. '가산점'을 선택하고 [참조 대상]에 '10'을 입력한 후 [닫기] 단추를 클릭하면 변경 내용 저장 창이 나타난다. 이곳에서 [예] 단추를 클릭한다.

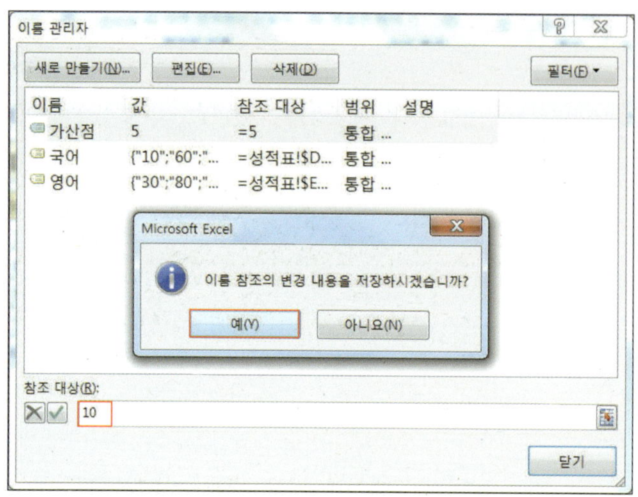

❺ '성적분석' 워크시트의 [H4] 셀을 클릭하고 '=AVERAGE(국어)', [H6] 셀을 클릭하고 '=AVERAGE(영어)', [H7] 셀을 클릭하고 '=MAX(국어)', [H8] 셀을 클릭하고 '=MAX(영어)'를 각각 입력한다.

❻ [H9] 셀을 클릭하고 '='를 입력한 후 F3 을 눌러 [이름 붙여넣기] 대화상자가 나타나면 '가산점'을 선택하고 Enter 를 누른다.

---

tip ➕

• 셀 범위를 지정한 다음 [수식] 탭–[정의된 이름] 그룹에서 [선택 영역에서 만들기]를 클릭하고 범위 단위로 빠르게 이름을 지정한다.

• 셀 범위로 지정한 다음 이름 상자에 직접 원하는 이름을 입력하고 Enter 를 누른다.

• [이름 관리자] 대화상자를 이용하면 정의된 이름의 확인과 편집, 삭제 및 새로 만들기를 할 수 있다.

따라하기 03 데이터 찾기

[5-Section6-1.xlsx] 파일의 '참조함수I' 워크시트에 다음과 같이 [표1참조]를 참조하여 수입국, 제품명 항목을 계산한 다음 [표2참조]를 참조하여 학점 항목을 계산해 보자.

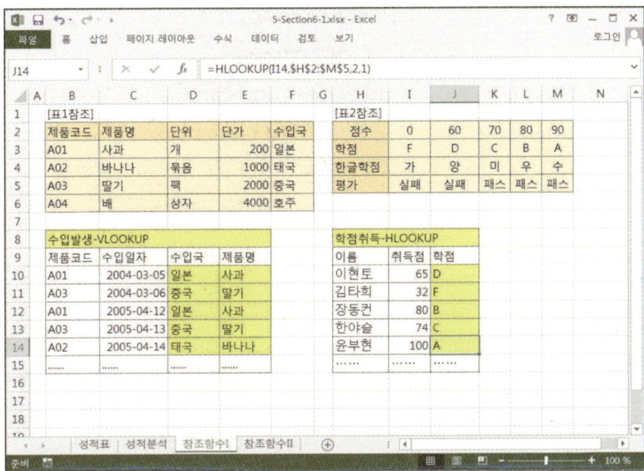

❶ '참조함수I' 워크시트의 [D10] 셀을 클릭한다.

❷ '=VLOOKUP' 을 입력한 다음 **Ctrl** + **A** 를 눌러 [함수 인수] 대화상자를 불러온다. [Lookup_value]에 'B10', [Table_array]에 '$B$2:$F$6', [Col_index_num]에 '5', [Range_lookup]에 '0' 을 입력한 다음 [확인] 단추를 클릭하고 채우기 핸들을 이용하여 완성한다.

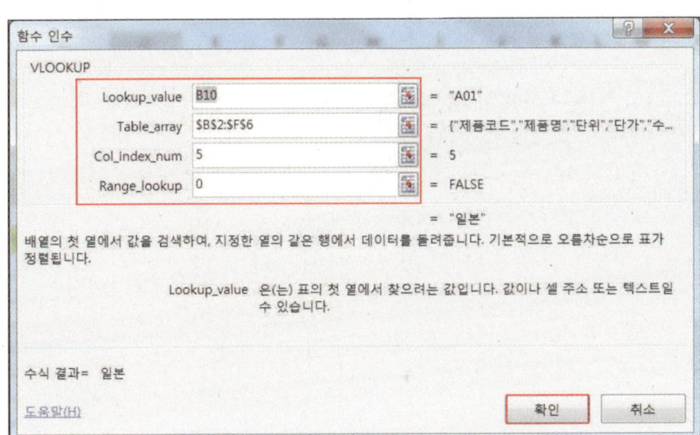

❸ [E10] 셀을 클릭하고 '=VLOOKUP(B10,$B$2:$F$6,2,0)' 을 입력한 다음 채우기 핸들로 완성한다.

❹ [J10] 셀을 클릭하고 '=HLOOKUP' 을 입력한 다음 **Ctrl** + **A** 을 눌러 [함수 인수] 대화상자를 불러온다. [Lookup_value]에 'I10', [Table_array]에 '$H$2:$M$5',

[Row_index_num]에 '2', [Range_lookup]에 '1'을 입력한 다음 [확인] 단추를 클릭하고 채우기 핸들로 완성한다.

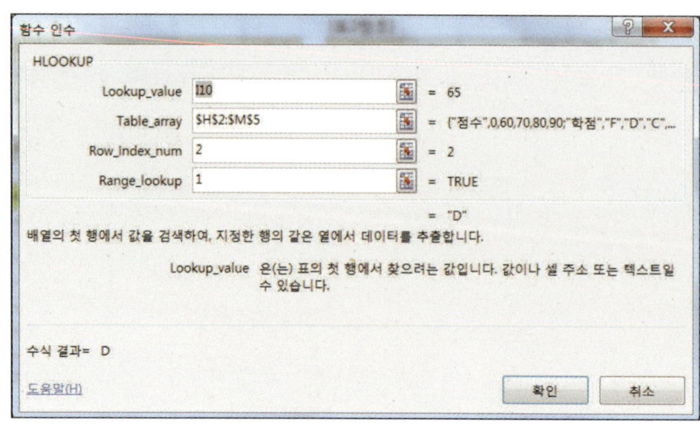

> **열 참조 함수와 행 참조 함수** tip +
>
> - VLOOKUP 함수(값, 범위, 열 번호, 옵션) : 참조 범위가 세로 형태일 때 범위의 첫째 열에서 값을 찾아 지정한 열의 값을 환원한다.
> - HLOOKUP 함수(값, 범위, 행 번호, 옵션) : 참조 범위가 가로 형태일 때 범위의 첫째 열에서 값을 찾아 지정한 열의 값을 환원한다.
> - 옵션은 FALSE(0)으로 지정하면 정확하게 일치하는 값, 생략하거나 TRUE(1)로 지정하면 작거나 같은 값 중에 최대 값을 찾는다.

따라하기 04 데이터 찾기와 선택

[5-Section6-1.xlsx] 파일의 '참조함수Ⅱ' 워크시트에 다음과 같이 [표3참조]를 참조하여 급여를 처리하고, [표4참조]를 참조하여 성별을 정리해 보자.

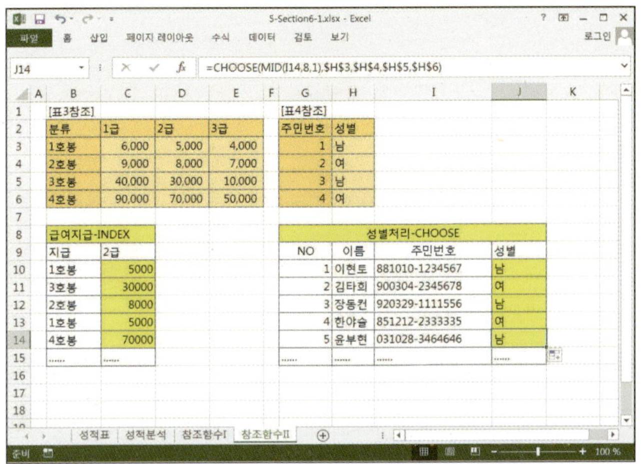

❶ '참조함수Ⅱ' 워크시트의 [C10] 셀을 클릭한다.

❷ '=INDEX($C$3:$E$6,LEFT(B10,1),LEFT($C$9,1))'을 입력한 다음 채우기 핸들로 [14] 행까지 드래그한다. 범위로 지정한 부분의 LEFT(B10,1)은 '1호봉'에서 '1'만 선택하므로 1행이 되고, LEFT($C$9,1)은 '2급'에서 '2'만 선택하므로 2열이 된다. 결론적으로 범위에서 1행 2열에 해당하는 '5000'이 선택된다.

❸ [J10] 셀을 클릭하고 '=CHOOSE(MID(I10,8,1),$H$3,$H$4,$H$5,$H$6)'을 입력한 다음 채우기 핸들로 [14] 행까지 드래그한다.

❹ MID(I10,8,1)은 주민번호 항목의 8번째에서 시작하여 1개를 추출하면 1, 2, 3, 4가 되므로 남, 여, 남, 여가 선택된다.

> • INDEX 함수(범위, 행, 열) : 범위에서 지정한 행과 열이 있는 셀 값을 구한다.   tip ➕
> • CHOOSE(지정, 값1, 값2, 값3, …) : 지정이 1이면 값1, 2이면 값2, 3이면 값3, …을 선택한다.

[5-Section6-2.xlsx] 파일의 '야근수당' 워크시트에서 TOEIC, JPT, 야근일수 항목의 이름을 각각 정의하여 [C15], [C16] 셀에 계산해 보자.

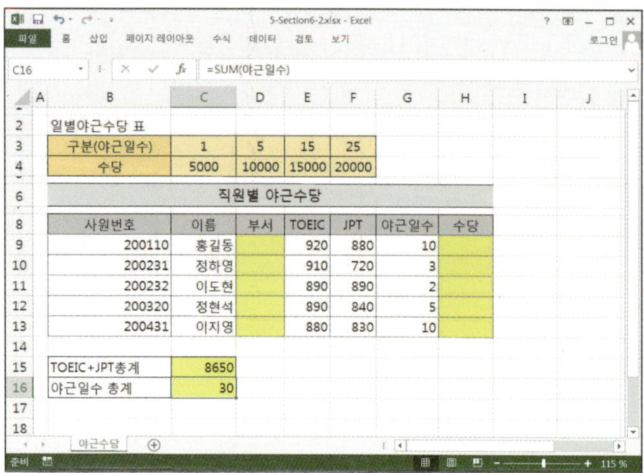

HINT | '야근수당' 워크시트의 [D8:F13] 범위를 선택하고, [수식] 탭–[정의된 이름] 그룹에서 선택 영역에서 만들기를 클릭한다. 이름을 만든 다음 [C15] 셀에 '=SUM(TOEIC, JPT)', [C16] 셀에 '=SUM(야근일수)'를 입력하여 완성한다. 함수식 입력 시 F3 을 눌러 이름을 참조해도 된다.

[5-Section6-2.xlsx] 파일의 '야근수당' 워크시트에 일별야근수당 표를 '야근수당' 이름으로 정의하여 수당 항목을 계산해 보자.

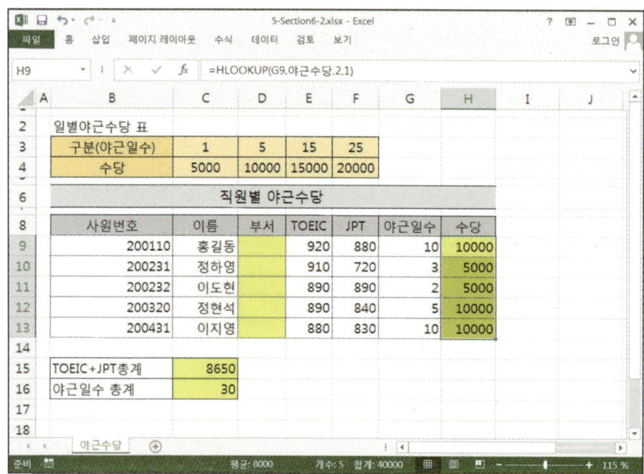

HINT | '야근수당' 워크시트의 [B3:F4]를 범위로 선택하고 이름 상자에 '야근수당'을 입력한 후 Enter 를 누른다. [H9] 셀을 클릭하고 '=HLOOKUP(G9,야근수당,2,1)'을 입력하고 채우기 핸들로 완성한다.

03 혼자해보기

[5-Section6-2.xlsx] 파일의 '야근수당' 워크시트에 사원번호 항목의 끝자리가 '0'이면 총무부, '1'이면 인사부, '2'면 영업부로 부서 항목에 나타내어 보자.

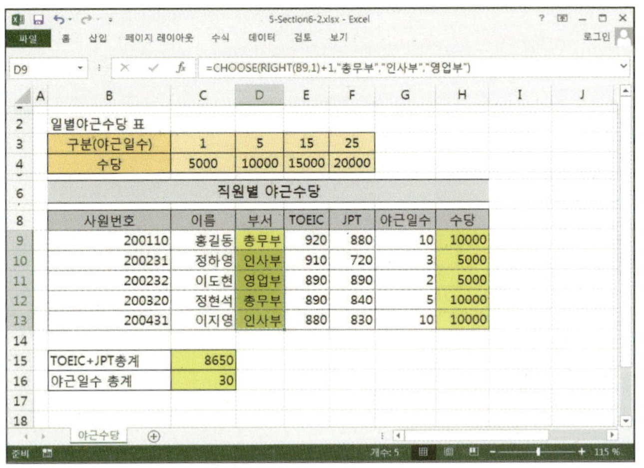

HINT | [D9] 셀을 클릭하고 '=CHOOSE(RIGHT(B9,1)+1,"총무부","인사부","영업부")'를 입력한 후 채우기 핸들로 완성한다.

Check Point

- 이름 정의는 수식을 보다 쉽게 이해하고 관리하기 위함이며, [수식] 탭–[정의된 이름] 그룹에서 [이름 정의]를 이용하여 이름을 정의한다.
- 빠른 이름 정의는 범위를 선택한 후 [수식] 탭–[정의된 이름] 그룹에서 [선택 영역에서 만들기]를 클릭하거나, 이름 상자에 직접 원하는 이름을 입력하여 정의한다.
- [이름 관리자] 대화상자를 이용하면 이름 정의, 편집, 삭제를 할 수도 있다.
- VLOOKUP 함수는 참조 범위의 첫 번째 열에서 지정한 값을 찾아 지정한 열 번호에 대응하는 값을 환원한다. HLOOKUP 함수는 참조 범위의 첫 번째 행에서 지정한 값을 찾아, 지정한 행 번호에 대응하는 값을 환원한다. 옵션에 '0'을 입력하면 정 일치, 생략하거나 '1'은 유사 일치
- INDEX 함수는 행 번호와 열 번호에 대응되는 셀 값을 환원한다.
- CHOOSE 함수는 선택 참조 함수로 지정부에서 선택한 곳의 값을 환원한다.

1. 수식의 기본

- 수식은 보통 등호(=)로 시작한다.
- 수식에 사칙연산과 괄호를 추가하여 일반적인 수식 계산을 한다.
- '&'는 수식에서 연결 연산자를 의미하는 연산 기호이다.

2. 셀 참조의 종류

- 셀 참조에는 행과 열이 변경되는 상대 참조, 행과 열이 변하지 않는 절대 참조, 열만 변하거나, 행만 변하는 혼합 참조가 있다.
- 셀 참조를 바꾸는 단축키는 F4 이다.

3. 함수 입력 방법과 수정

- 함수 사용법은 [함수 삽입]([fx])을 클릭하거나, '=함수 명칭 입력'한 다음 Ctrl + A 을 눌러 [함수 인수] 대화상자를 불러온 후 설정한다.
- 함수의 편집은 수식 입력줄에 입력된 함수 명칭을 선택하여 [함수 삽입]([fx])을 클릭하면 입력된 [함수 인수] 대화상자가 나타난다.
- SUM/AVERAGE/COUNT 함수 : 지정함 범위의 합계/평균/숫자 개수를 구한다.
- MAX/MIN 함수 : 지정한 범위에서 제일 큰 값/제일 작은 값을 구한다.

4. 날짜/시간/문자/수학/통계 함수

- TODAY/NOW 함수 : 인수가 없는 함수로 시스템의 날짜/날짜 시간을 나타낸다.
- YEAR/MONTH/DAY 함수 : 인수가 한 개인 함수로 날짜의 년, 월, 일을 추출한다.
- HOUR/MINUTE/SECONDE 함수 : 인수가 한 개인 함수로 시간의 시, 분, 초를 추출한다.
- LEFT/RIGHT/MID/TEXT 함수 : 지정한 문자를 왼쪽, 오른쪽, 사용자 지정에서 추출하거나, 특수 서식을 사용하여 수를 텍스트로 변환한다.
- ROUND/ROUNDUP/ROUNDDOWN 함수 : 값을 지정한 자릿수로 반올림/무조건 올림/무조건 내림한다.

- QUOTIENT/MOD 함수 : 값을 지정한 값으로 나눈 몫/나머지를 구한다.
- RANK 함수 : 지정한 범위의 값에 따른 상대적인 순위를 구한다.

5. IF 함수와 조건 계산

- IF 함수 : 조건을 판단하여 조건이 참과 거짓에 있는 값을 각각 반환한다.
- 다중 IF 함수 : IF 함수 안에 IF가 있는 형태로 많은 명령을 처리할 때 사용한다.
- COUNTIF/SUMIF/AVERAGEIF 함수 : 지정한 범위에서 조건에 맞는 개수/합계/평균을 구한다.
- COUNTIFS/SUMIFS/AVERAGEIFS 함수 : 여러 범위에서 여러 조건에 맞는 개수/합계/평균을 구한다.
- DSUM 함수 : 데이터베이스 함수로 사용자가 다양한 조건 범위를 만들어 분석 집계를 구한다.
- DATEDIF 함수 : 시작일과 종료일의 형식에 따른 기간을 구한다.

6. 이름 정의와 참조/찾기 함수

- 이름 정의는 수식을 보다 쉽게 이해하고 관리하기 위함이며, [수식] 탭–[정의된 이름] 그룹에서 [이름 관리자]를 통하여 이름을 새로 만들기, 편집, 삭제를 할 수 있다.
- 수식에서 통합 문서의 모든 이름을 호출할 때는 F3 을 누른다.
- VLOOKUP/HLOOKUP 함수 : 열/행 참조 함수로 참조 범위의 첫 번째 열/행에서 지정한 값을 찾아 지정한 열 번호/행 번호에 대응되는 값을 환원한다. 옵션에서 정 일치와 유사 일치를 설정한다.
- INDEX : 행과 열을 같이 참조하는 함수로 범위에서 지정한 행과 열에 해당하는 값을 환원한다.
- CHOOSE : 선택 참조 함수로 지정부에서 선택한 곳의 값을 환원한다.

[작업 준비물 : 5-종합문제.xlsx]

1. [5-종합문제.xlsx] 파일의 '사원정보' 워크시트에서 [G13] 셀에는 사원의 나이를 이용하여 평균을 계산하고, [H14] 셀에는 급여가 가장 큰 값을 '3,018,000원' 처럼 나타내시오.

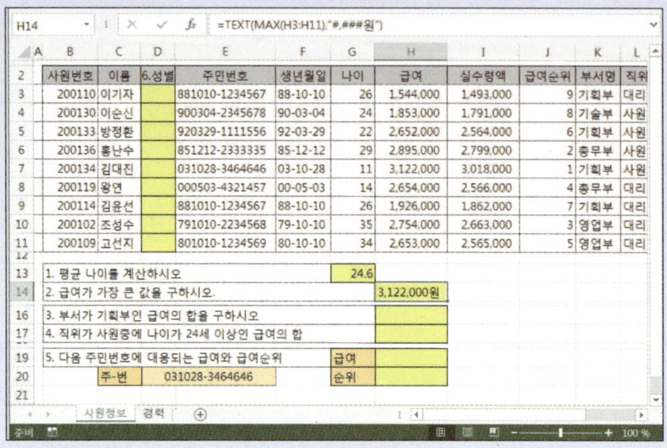

> **HINT** ㅣ [G13] 셀을 클릭하고 '=AVERAGE(G3:G11)'을 입력하고, [H14] 셀을 클릭한 후 '=TEXT(MAX(H3:H11),"#,###원")'을 입력한다.

2. [5-종합문제.xlsx] 파일의 '사원정보' 워크시트에서 [H16] 셀에 부서가 '기획부' 인 급여의 합을, [H17] 셀에는 직위가 '사원'이면서 동시에 나이가 '24세' 이상을 만족하는 급여의 합계를 구하시오.

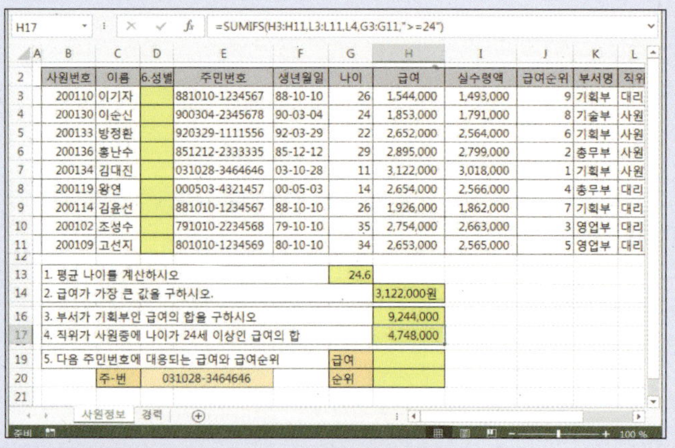

> **HINT** ㅣ '사원정보' 워크시트의 [H16] 셀을 클릭하고 '=SUMIF(K3:K11,K3,H3:H11)'을 입력한 다음 [H17] 셀을 클릭하고 '=SUMIFS(H3:H11,L3:L11,L4,G3:G11,">=24")'를 입력한다.

3. [5-종합문제.xlsx] 파일의 '사원정보' 워크시트에서 [E2:M11] 범위를 사원정보의 이름으로 정의하고, 함수에 이름을 사용하여 [D20] 셀의 주민번호에 대응되는 급여와 급여순위를 각각 [H19], [H20] 셀에 나타내 보자. 그리고, 주민번호 항목을 이용하여 성별 항목을 처리해 보자.

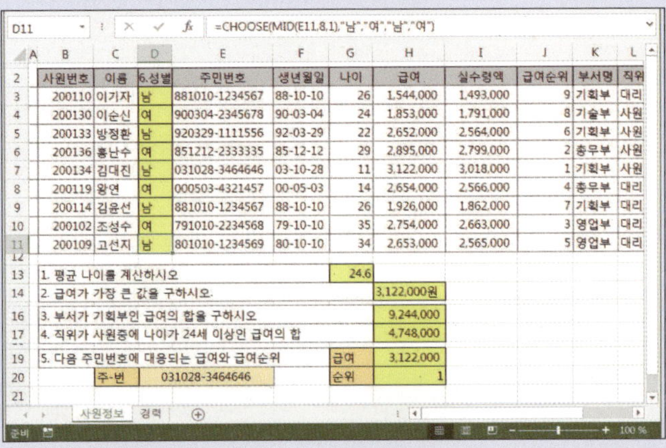

HINT ❘ [E2:M11] 범위를 선택하고 이름 상자에 '사원정보'를 입력한 다음 `Enter`를 누른다. [H19] 셀에 '=VLOOKUP(D20,사원정보,4,0)'을 입력한 다음 [H20] 셀에 '=VLOOKUP(D20,사원정보,6,0)'을 입력한다. [D3] 셀에는 '=CHOOSE(MID(E3,8,1),"남","여","남","여")'를 입력한 후 [D11] 셀까지 자동 채우기로 완성하다.

4. [5-종합문제.xlsx] 파일의 '경력' 워크시트에서 [C15] 셀에 입사일자와 퇴사일자를 참조하여 재직기간을 구해보자.

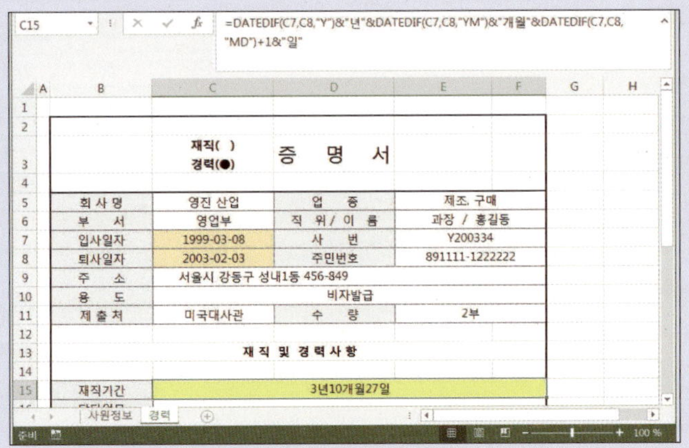

HINT ❘ '경력' 워크시트의 [C15] 셀에 '=DATEDIF(C7,C8,"Y")&"년"&DATEDIF(C7,C8,"YM")&"개월"&DATEDIF(C7,C8,"MD")+1&"일"'을 입력한다.

06

CHAPTER

데이터 분석 작업

데이터를 효율적으로 관리하고 한 눈에 알아볼 수 있게 하는 기능을 데이터 분석이라고 한다. 이번 Chapter에서는 엑셀 문서를 보기 좋게 꾸미는 조건부 서식, 데이터를 크기 순서로 재배열하는 정렬과 부분적인 계산의 부분합, 데이터 목록에서 원하는 레코드를 검색하는 필터, 여러 데이터를 하나로 합치는 통합, 가상 분석에 해당하는 목표값 찾기와 시나리오, 데이터의 흐름과 비교를 분석하는 차트, 데이터를 원하는 형태로 요약 정리하는 피벗 테이블 등 다양한 분석 명령들을 살펴본다.

데이터를 쉽게 분석하기

데이터를 조건에 맞게 꾸며주는 조건부 서식, 데이터를 효율적으로 관리 분석하는 정렬, 부분합, 필터, 통합과 가상적으로 분석하는 목표값 찾기, 시나리오 및 시각적으로 비교 분석해주는 차트, 데이터를 요약 정리해주는 피벗 테이블에 대해 살펴본다.

01 조건부 서식

- 조건을 부여하고 조건에 만족하는 셀에만 지정한 서식을 표시한다.
- 조건부 서식을 적용할 셀 단위 범위를 선택하고 [홈] 탭-[스타일] 그룹의 [조건부 서식](圖)에서 원하는 조건부 서식을 지정한다.
- 조건부 서식을 제거하려면 [조건부 서식](圖)의 [규칙 지우기]를 이용한다.
- 조건부 서식을 편집하려면 [조건부 서식](圖)의 [규칙 관리]를 이용한다.

02 정렬과 부분합

- **정렬** : 특정 필드 값의 크기를 순서대로 재배열하며, 작은 순서–오름차순, 큰 순서–내림차순, 사용자 정의 순서–사용자 지정 목록의 종류가 있다.
- **부분합** : 지정 필드로 레코드를 그룹화하여 그룹별로 부분합을 삽입하며, 부분합을 실행하기 전에 반드시 정렬 작업을 거쳐야 한다.

03 필터와 통합

- **필터** : 지정한 조건에 맞는 값을 신속하게 찾을 수 있는 기능으로 바로 사용하는 자동 필터와 사용자 조건 범위를 입력하는 고급 필터가 있다.
- **통합** : 데이터를 하나의 워크시트로 통합하여 필요 시 쉽게 업데이트하고 집계할 수 있도록 데이터를 모은다.

04 목표값 찾기와 시나리오

- **목표값 찾기** : 수식으로 구하려는 결과는 알지만 결과를 얻기 위해 입력해야 할 값을 모르는 경우에 사용한다. 하나의 변하는 값만 지정할 수 있다.
- **시나리오** : 결과에 영향을 주는 변수가 바뀌었을 때 결과 값이 어떻게 변하는가를 분석해 본다. 여러 변하는 값을 지정할 수 있다.

05 차트 작성

- 차트 구성 요소

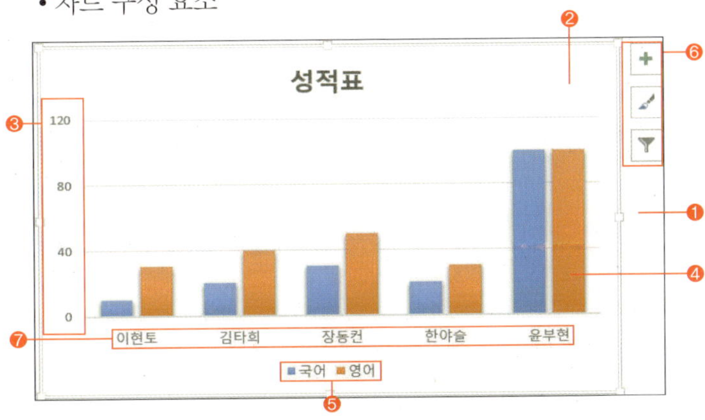

❶ **차트 영역** : 차트의 전체 영역을 의미합니다.

❷ **그림 영역** : 실제 차트의 그래프가 표시된 영역을 의미합니다.

❸ **축** : 차트의 항목을 표시하는 X축과 값을 표시하는 Y축, 3차원 차트는 Z축도 있다.

❹ **데이터 계열** : 그래프가 표시되는 개별 데이터 집합을 의미한다.

❺ **범례** : 데이터 계열에 할당된 꾸밈을 나열한다.

❻ **차트 단추** : 차트 요소(➕), 차트 스타일(🖌), 차트 필터(▽)

- **[차트 도구]–[디자인] 탭** : 차트 종류를 변경, 데이터 범위를 수정, 차트 스타일을 바꿀 수 있다.
- **[차트 도구]–[서식] 탭** : 선택한 구성 요소의 서식을 지정한다. 구성 요소를 더블클릭하여 세부적인 사항의 편집을 할 수도 있다.

06 피벗 테이블 및 피벗 차트

- **피벗 테이블** : 많은 양의 데이터를 원하는 형태로 표시하고 요약하며, [삽입] 탭–[표] 그룹에서 [피벗 테이블]로 만든다.
- **피벗 차트** : 피벗 테이블을 원본으로 피벗 차트를 만들며, [피벗 테이블]–[분석] 탭–[도구] 그룹의 [피벗 차트]로 만든다.

조건부 서식

조건부 서식은 지정 조건을 만족할 때 해당 셀을 강조하기 위해 부여하는 서식 작업이다. 엑셀 2007 부터 제공되는 동적인 조건부 서식과 여러 가지 종류의 조건부 서식을 살펴보자.

[작업 준비물 : 6-Section1-1.xlsx]

◑ 알아두기

• 조건에 만족하는 셀에 행 단위 서식을 지정해 보자.

• 조건부 서식을 삭제하거나 편집해 보자.

따라하기

01 행 단위 조건부 서식

[6-Section1-1.xlsx] 파일의 '유적지현황' 워크시트에서 합계인원이 '4,000' 이상 되는 행들을 모두 노란색으로 채워보자.

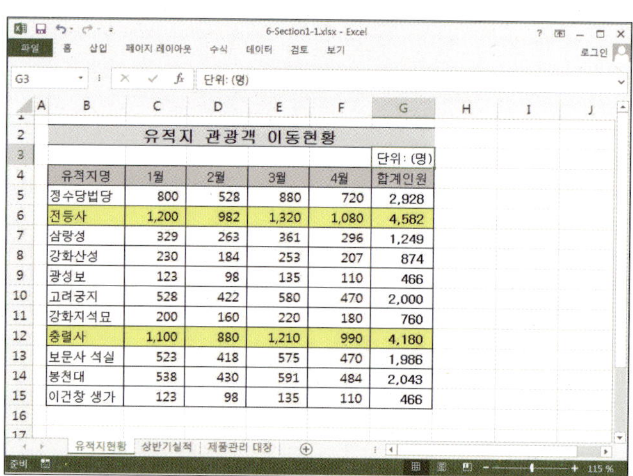

❶ '유적지현황' 워크시트의 [B5:G15] 범위를 선택한다.

❷ [홈] 탭-[스타일] 그룹에서 [조건부 서식](📊)의 화살표를 클릭하고 [새 규칙]을 선택 하여 [새 서식 규칙] 대화상자를 불러온다.

❸ [수식을 사용하여 서식을 지정할 셀 결정]을 선택한 다음 [다음 수식이 참인 값의 서식 지정]에 '=$G5>=4000'을 입력하고 [서식] 단추를 클릭한다.

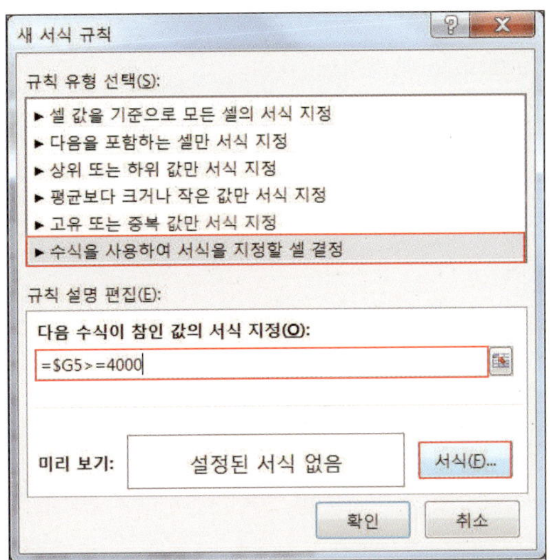

❹ [셀 서식] 대화상자의 [채우기] 탭에서 '노란색'을 선택한 다음 [확인] 단추를 클릭하고 [새 서식 규칙] 대화상자에서도 [확인] 단추를 클릭한다.

조건부 서식의 새 규칙   tip ➕

• 규칙 유형에서 [수식을 사용하여 서식을 지정할 셀 결정]은 다양한 사용자 수식을 입력하여 서식 작업을 한다.

• 수식 '=$G5>=4000'은 행 단위는 변하면서 '4000'과 비교하고, 열 단위는 변하지 않는다.

따라하기 **02** **데이터 막대 표현하기**

[6-Section1-1.xlsx] 파일의 '상반기실적' 워크시트에서 조건부 서식을 제거하고 [데이터 막대]에 다음과 같이 가로 막대만 표시해 보자.

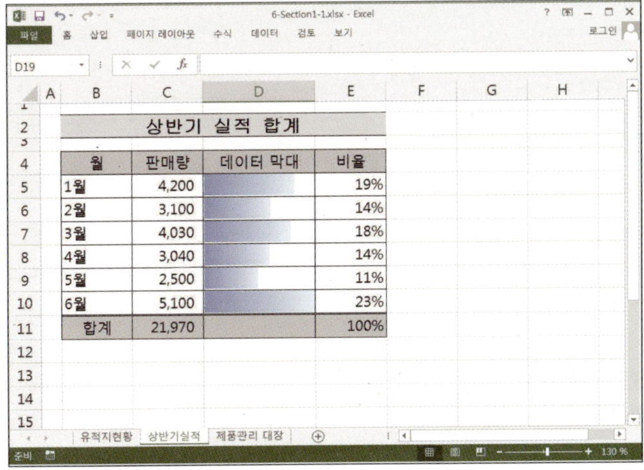

❶ [홈] 탭–[스타일] 그룹에서 [조건부 서식]()의 화살표를 클릭하고 [규칙 지우기]의 [시트 전체에서 규칙 지우기]을 선택하면 기존에 조건부 서식이 제거된다.

❷ [D5:D10] 범위를 선택한 상태로 [홈] 탭–[스타일] 그룹에서 [조건부 서식]의 화살표를 클릭하고 [데이터 막대]의 [기타 규칙]을 선택한다.

❸ [새 서식 규칙] 대화상자에서 [막대만 표시]를 체크하고, [채우기]는 '그라데이션 채우기'로 설정한 후 [확인] 단추를 클릭한다.

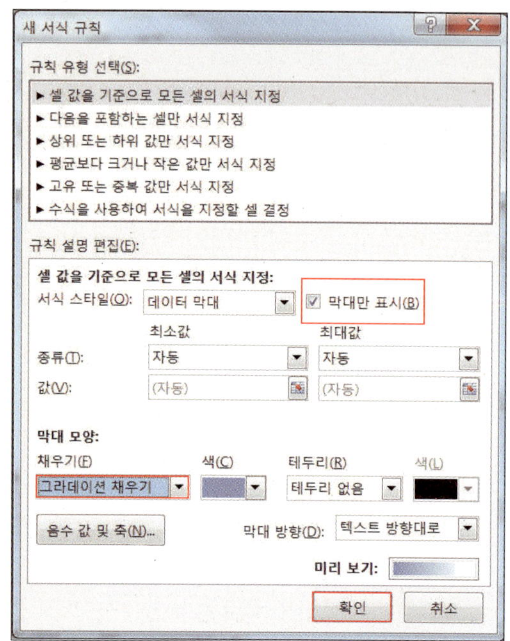

03 아이콘 표시하기

[6-Section1-1.xlsx] 파일의 '제품관리 대장' 워크시트에서 재고량 항목에 '별 3개' 아이콘을 표시한 다음 재고량이 '0'인 셀에 '3가지 기호(원 없음)'으로 조건부 서식을 적용해 보자.

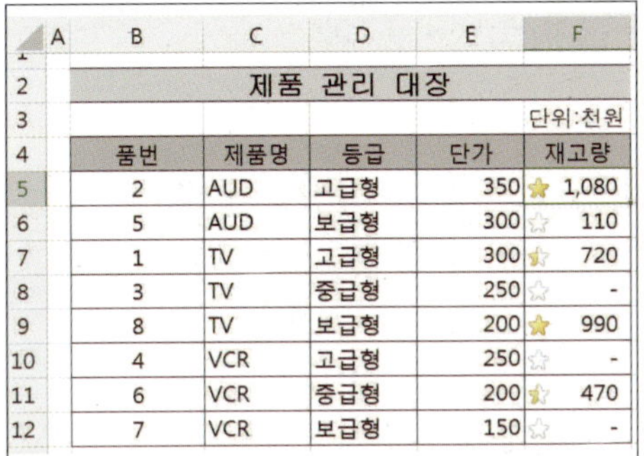
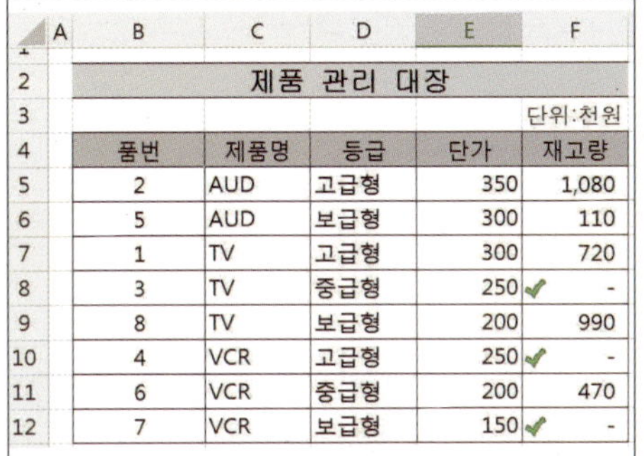

❶ '제품관리 대장' 워크시트의 [F5:F12] 범위를 선택한다.

❷ [홈] 탭-[스타일] 그룹에서 [조건부 서식]( )의 화살표를 클릭하고 [아이콘 집합]의 [별 3개]를 선택한다.

❸ [조건부 서식]( )의 화살표를 클릭하고 [규칙 관리]를 선택하면 [조건부 서식 규칙 관리자] 대화상자가 나타난다. [규칙 편집] 단추를 클릭한다.

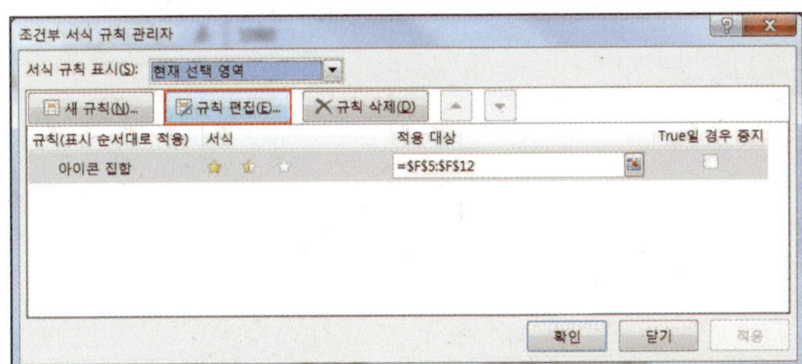

❹ [서식 규칙 편집] 대화상자의 [아이콘 스타일]은 '3가지 기호(원 없음)'을 선택하고, [아이콘]의 첫 번째는 '셀 아이콘 없음', '>100', '숫자'로 설정하고, 두 번째는 '셀 아이콘 없음', '>=1', '숫자'로 설정, 세 번째를 '녹색 확인 표시'로 설정한 후 [확인] 단추를 클릭한다.

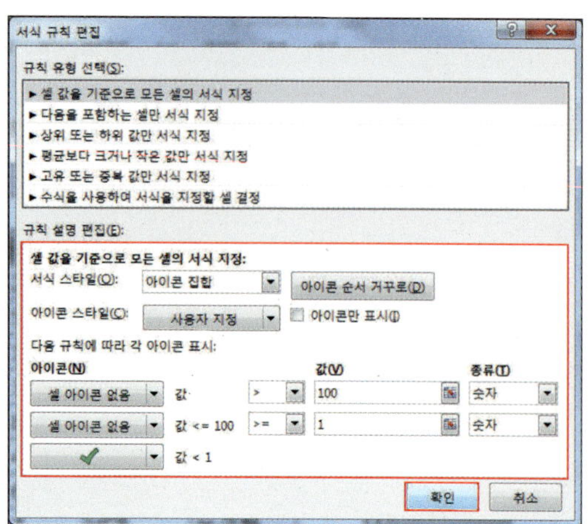

⑤ [조건부 서식 규칙 관리자] 대화상자에서 [확인] 단추를 클릭하여 마무리한다.

- [규칙 관리]에서 [새 규칙], [규칙 편집], [규칙 삭제]를 할 수 있다.
- [아이콘 집합]의 표시는 3가지 형태의 아이콘으로 나타내며, 67%이상, 33%이상, 나머지 형태로 나타낸다.

01
혼자해보기

[6-Section1-2.xlsx] 파일의 '판매현황' 시트에서 총매출 항목이 '80,000' 이상인 행들을 모두 노란색으로 채워보자.

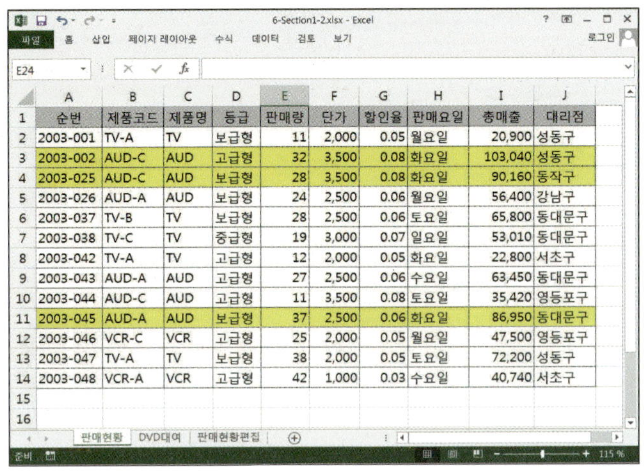

> **HINT |** '판매현황' 워크시트에서 [A2:J14] 범위를 선택하고 조건부 서식의 [새 규칙]을 사용하여 '=$I2>=80000'을 입력한다. 그리고 [셀 서식] 대화상자의 [채우기] 탭에서 '노란색'을 선택하여 완성한다.

02
혼자해보기

[6-Section1-2.xlsx] 파일의 'DVD대여' 워크시트에서 입고일자 항목에 중복 일자에는 연한 빨간색으로 채우고, 대여료 항목에는 파란색 데이터 막대로 표시해 보자.

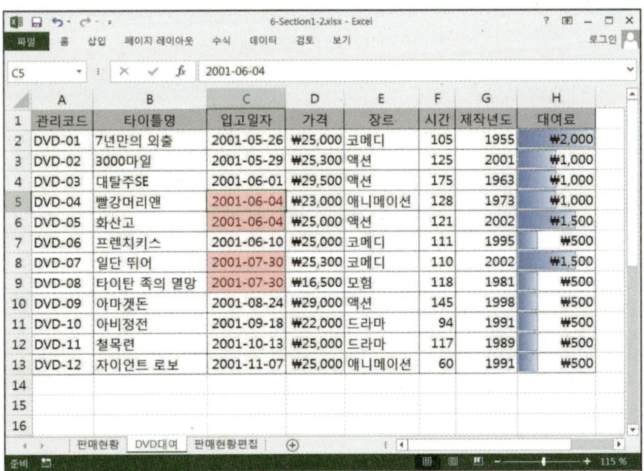

> **HINT |** 'DVD대여' 워크시트에서 [C2:C13] 범위를 선택하고 조건부 서식의 [셀 강조 규칙]에서 [중복 값]을 선택한 후 [연한 빨강 채우기]를 적용한다. [H2:H13] 범위는 조건부 서식의 [데이터 막대]에서 [파랑 데이터 막대]를 클릭한다.

[6-Section1-2.xlsx] 파일의 '판매현황편집' 시트에서 조건부 서식을 편집하여 판매요일이 '토요일'이거나 '일요일'이면 행 전체를 노란색으로 채워보자.

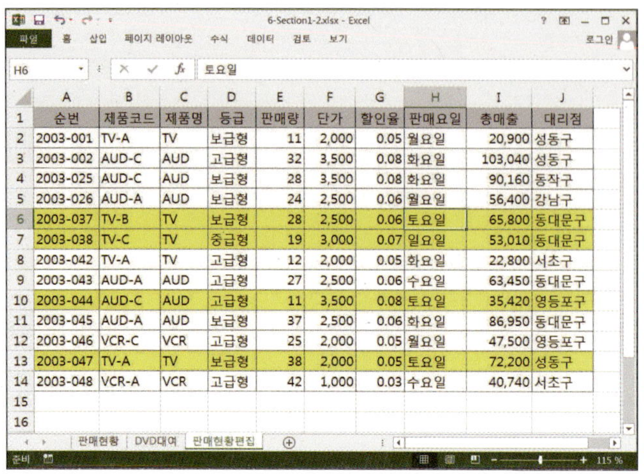

HINT | [A2:J14] 범위를 선택하고 조건부 서식의 [규칙 관리]를 선택한다. [규칙 편집] 단추를 클릭한 후 '=OR($H2="토요일",$H2="일요일")' 로 수정하여 완료한다.

Check Point

- 조건부 서식의 [새 규칙]에서 [수식을 사용하여 서식을 지정할 셀 결정]을 선택하여 수식을 입력하거나 엑셀 2007부터 제공되는 동적인 조건부 서식을 바로 지정한다.
- 조건부 서식의 [규칙 지우기]를 이용하면 셀, 범위, 시트별로 규칙을 제거할 수 있다.
- 조건부 서식 [규칙 관리]를 이용하면 [새 규칙], [규칙 편집], [규칙 삭제]를 할 수 있다.

정렬과 부분합

데이터 크기 순서대로 다시 배열하는 것을 정렬이라고 하며, 정렬에는 오름차순, 내림차순, 사용자 정의 정렬이 있다. 데이터 지정 항목을 그룹으로 하여 그룹별로 합계, 평균 등의 다양한 계산을 하는 기능을 부분합이라고 한다. 부분합의 선행 조건은 그룹 처리할 항목을 정렬하는 것이다.

[작업 준비물 : 6-Section2-1.xlsx]

◑ 알아두기

- 데이터를 정렬해 보자.
- 그룹별로 부분합의 계산식을 삽입하고 삭제해 보자.

따라하기 01 데이터 정렬하기

[6-Section2-1.xlsx] 파일의 'IT경진대회' 워크시트에서 정보검색 항목의 점수가 제일 큰 순서로 정렬해 보고, 점수가 같으면 홈페이지 항목을 내림차순으로 처리해 보자.

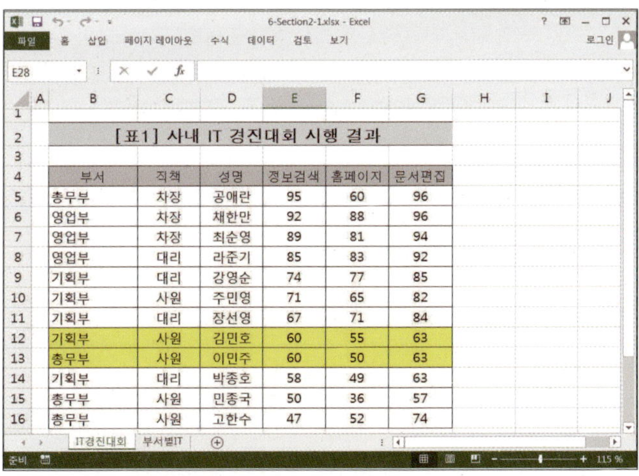

❶ 'IT경진대회' 워크시트에서 [B4:G16] 범위를 선택한다.

❷ [데이터] 탭-[정렬 및 필터] 그룹에서 [정렬](圖)을 클릭한다.

❸ [정렬] 대화상자의 [정렬 기준]은 '정보검색', [정렬]은 '내림차순'으로 설정한 다음 [기준 추가] 단추를 클릭한다.

❹ [다음 기준]은 '홈페이지', [정렬]은 '내림차순'으로 설정하고 [확인] 단추를 클릭한다.

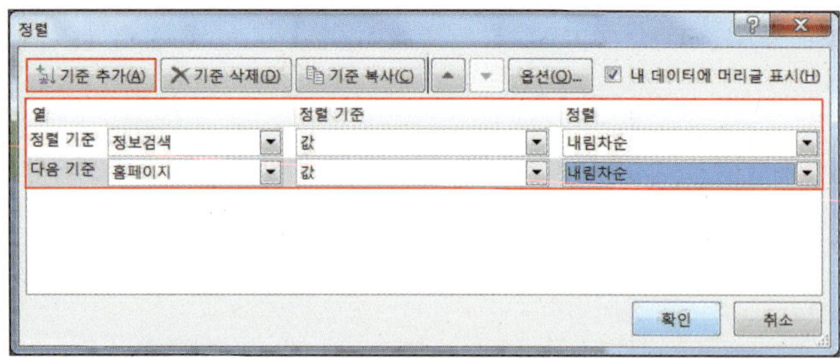

> **정렬 작업 시 주의 사항** tip
>
> • 정렬은 일반적으로 행 단위로 다시 배열되므로, 일정 항목만 범위로 지정하여 정렬을 실행하면 데이터가 섞이게 된다.
> • 오름차순은 작은 순서를 의미하며, 내림차순은 큰 순서를 의미한다.

따라하기 02 사용자 지정 정렬

[6-Section2-1.xlsx] 파일의 'IT경진대회' 워크시트에서 직책 항목을 사원, 대리, 과장 순서로 정렬해 보자.

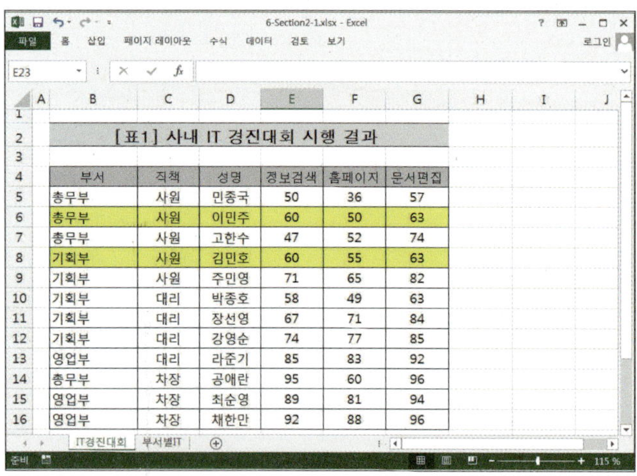

❶ 'IT경진대회' 워크시트의 [B4:G16] 범위를 선택하고 [데이터] 탭-[정렬 및 필터] 그룹에서 [정렬](정렬)을 클릭한다.

❷ [정렬] 대화상자의 [기준 삭제]를 클릭하여 두 번째 기준을 삭제하고, [정렬 기준]은 '직책', [정렬]은 [사용자 지정 목록]을 클릭한다.

❸ [사용자 지정 목록] 대화상자의 [목록]에 '사원, 대리, 차장'을 입력하고 [추가]와 [확인] 단추를 클릭한다.

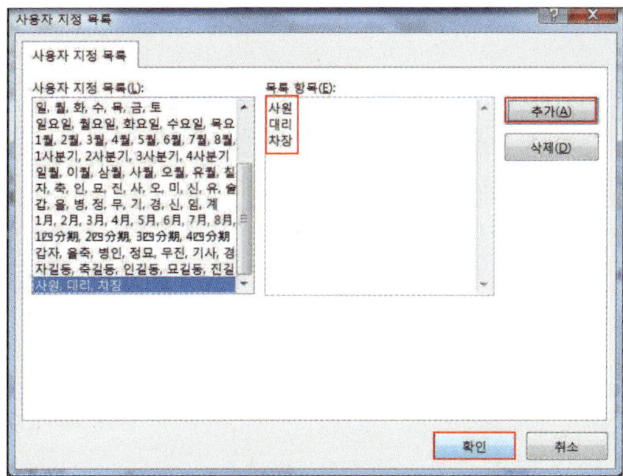

④ [정렬] 대화상자에서 [확인] 단추를 클릭하면 직접 지정한 사원, 대리, 차장 순서로 정
  렬된다.

tip ➕

- [기준 삭제]는 이미 정렬된 리스트를 삭제하며, [내 데이터에 머리글 표시]는 항목 명의 정렬 포함
  유/무를 선택한다.
- 사용자 지정 정렬은 오름차순과 내림차순의 정렬이 아닌 사용자가 지정한 대로 정렬하는 것이다.

따라하기

03 부분합

[6-Section2-1.xlsx] 파일의 '부서별IT' 워크시트에서 부서별 정보검색, 홈페이지, 문
서편집의 합계를 계산하여 그룹별로 표시해 보자.

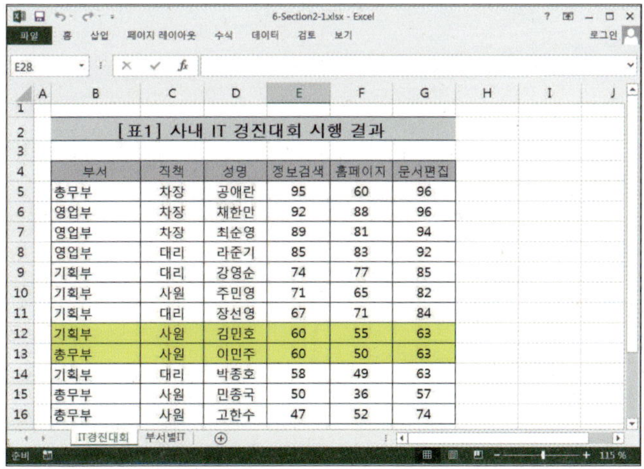

① '부서별IT' 워크시트에서 [B4] 셀을 클릭한다.

② [데이터] 탭-[정렬 및 필터] 그룹애서 [오름차순 정렬](🔼)을 클릭하여 같은 부서끼리
  정렬시킨다.

❸ 데이터 목록에서 임의의 셀을 클릭하고 [데이터] 탭-[윤곽선] 그룹의 [부분합](부분합)
을 클릭한다.

❹ [부분합] 대화상자에서 [그룹화할 항목]은 '부서', [사용할 함수]는 '합계', [부분합 계
산]은 [정보검색], [홈페이지], [문서편집]을 체크한 다음 [확인] 단추를 클릭한다.

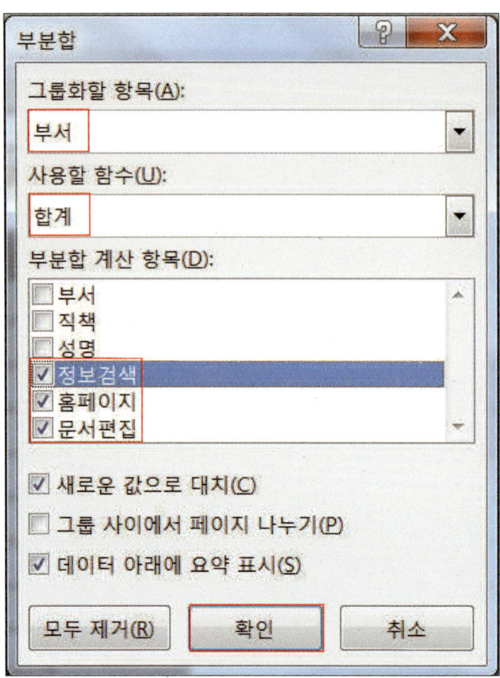

❺ 이름 상자 아래의 윤곽 기호(2)를 클릭한다.

• 그룹화 항목을 정렬하지 않은 상태로 계산하게 되면 산만한 부분합이 된다.   tip ➕
• 윤곽 기호의 수준 단추(1 2 3)에서 1은 총 합계만, 2는 그룹별 합계, 3은 원래 데이터 목록과 부
  분합이 함께 나타나며. 세부 데이터가 숨긴 형태(+). 세부 데이터가 표시되는(-) 단추이다.

[6-Section2-1.xlsx] 파일의 '부서별IT' 워크시트에서 부서별 정보검색, 홈페이지, 문서편집의 최소 값을 추가해 보자.

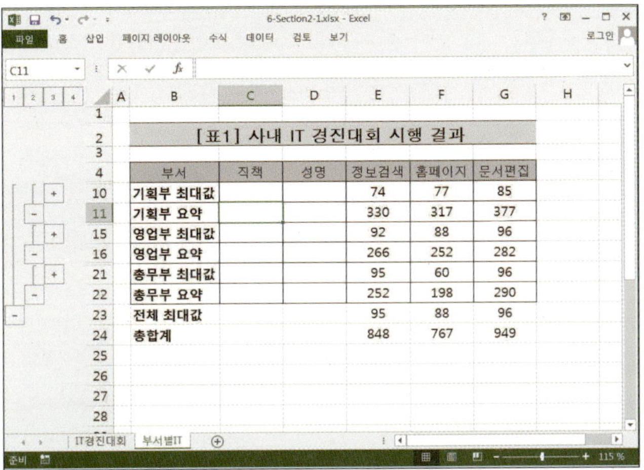

❶ 'IT경진대회' 워크시트에서 [데이터] 탭–[윤곽선] 그룹의 [부분합](부분합)을 클릭한다.

❷ [부분합] 대화상자의 [그룹화할 항목]은 '부서', [사용할 함수]는 '최대값', [부분합 계산 항목]은 [정보검색], [홈페이지], [문서편집]을 체크하고, [새로운 값으로 대치]의 체크를 해제한 다음 [확인] 단추를 클릭한다.

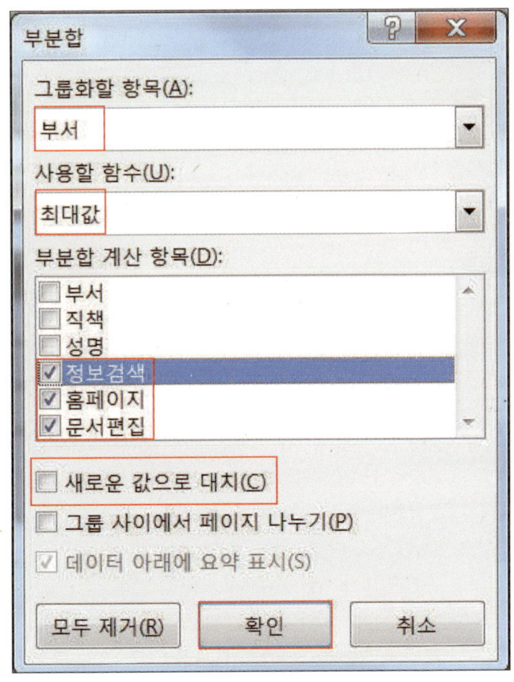

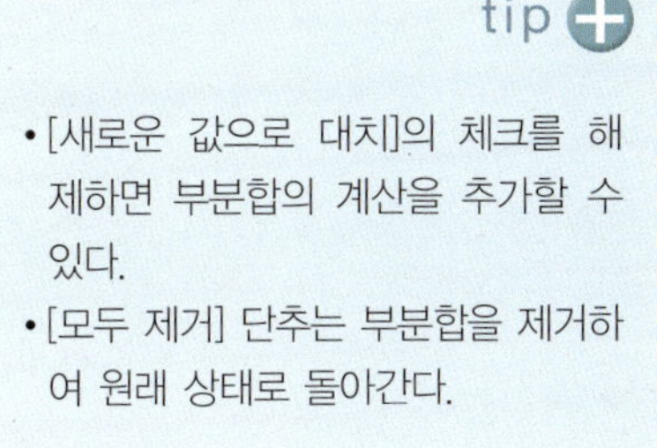

❸ 윤곽 기호의 3단추를 클릭하여 확인한다.

[6-Section2-2.xlsx] 파일의 '판매현황' 워크시트에서 판매량이 가장 높은 순서로 배열해 보자.

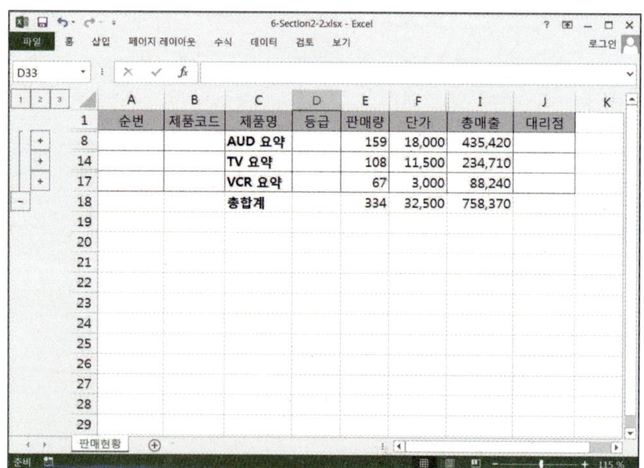

> **HINT** | '판매현황' 워크시트의 [E1] 셀을 클릭하고 [데이터] 탭–[정렬 및 필터] 그룹에서 [오름차순 정렬](↓)을 클릭한다.

[6-Section2-2.xlsx] 파일의 '판매현황' 워크시트에서 제품명별 판매량, 단가, 총매출의 합계를 표시해 보자.

> **HINT** | [C1] 셀을 클릭하고 오름차순 정렬을 하여 제품명을 그룹화한 다음 [부분합]을 클릭한다. [그룹화 할 항목]은 '제품명', [사용할 함수]는 [합계], [부분합 계산 항목]은 [판매량], [단가], [총매출]을 체크하고 [확인] 단추를 클릭한다.

필터와 통합

데이터에서 원하는 레코드를 검색하는 방법에는 빠르게 사용하는 자동 필터와 사용자 조건 범위를 기술하여 사용하는 고급 필터가 있다.

[작업 준비물 : 6-Section3-1.xlsx]

● 알아두기

- 자동 필터와 고급 필터를 사용해 보자.
- 대리점별 데이터 통합을 이용해 보자.

따라하기 01 바로 사용하는 자동 필터

[6-Section3-1.xlsx] 파일의 '진급 대상자' 워크시트에서 부서 항목은 '영업부', 영어 점수 항목은 '80점' 이상인 데이터만 표시해 보자.

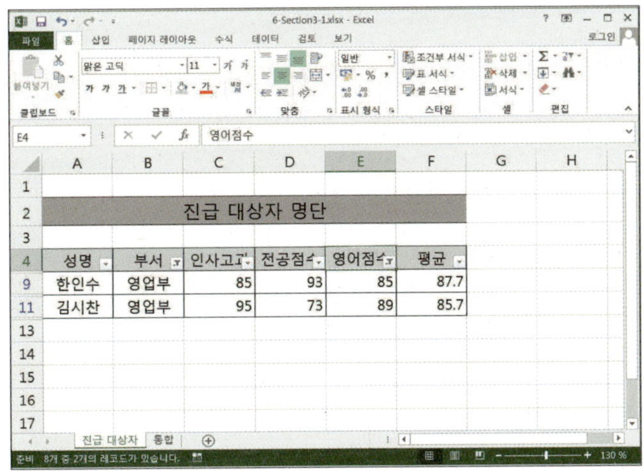

❶ '진급 대상자' 워크시트의 데이터 목록에서 임의의 셀을 클릭하고 [데이터] 탭-[정렬 및 필터] 그룹의 [필터](▼)를 클릭한다. 항목 옆에 필터 단추가 나타난다.

❷ 필터 목록의 부서 항목에서 [영업부]만 체크하고 [확인] 단추를 클릭한다. 부서명이 '영업부' 만 화면에 나타난다.

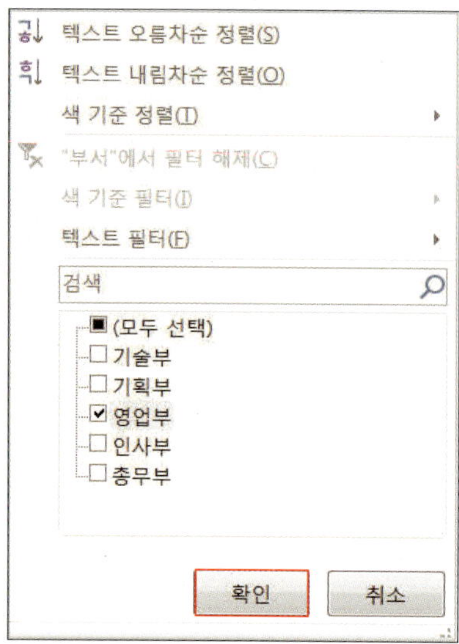

❸ 영어점수의 필터 단추를 클릭한 다음 [숫자 필터]의 [크거나 같음]을 클릭하고, [사용
  자 지정 자동 필터] 대화상자가 나타나면 '80'을 입력하고 [확인] 단추를 클릭한다. 영
  어점수가 80점 이상만 화면에 나타난다.

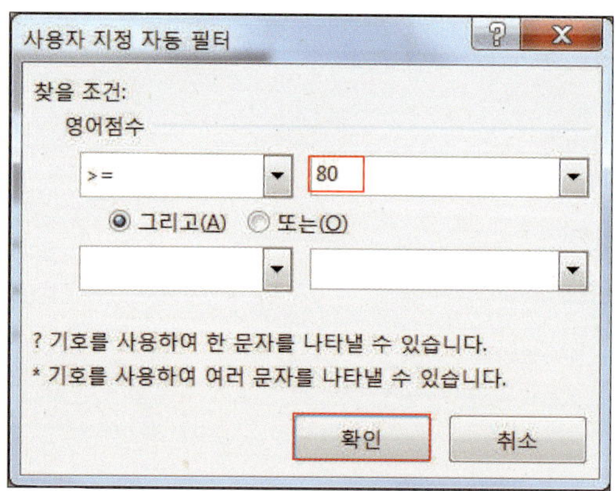

❹ 첫 번째 필터에 의해 영업부만 화면에 표시되고, 두 번째 필터에 의해 영업부에서 영
  어점수가 80점 이상만 화면에 나타나는 것을 확인할 수 있다.

자동 필터 해제하기 tip 

• 필터가 실행된 항목의 필터 단추를 클릭하여 ["항목이름"에서 필터 해제]를 선택하면 해당 항목의
  필터만 해제할 수 있다.
• 필터를 해제하려면 [데이터] 탭-[정렬 및 필터] 그룹에서 [필터]( )를 다시 클릭한다 그러면 자동
  필터가 해제된다.

따라하기 02 | 고급 필터

[6-Section3-1.xlsx] 파일의 '진급 대상자' 워크시트에서 부서가 '영업부' 이고 영어 점수가 '80점 이상' 인 데이터만 다른 장소에 복사해 보자.

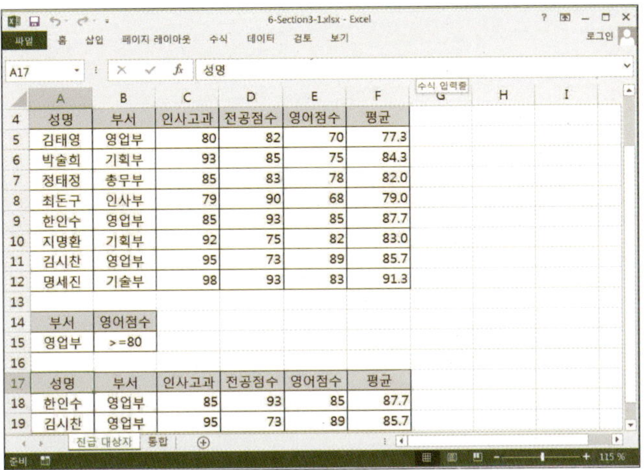

❶ '진급 대상자' 워크시트에서 [데이터] 탭-[정렬 및 필터] 그룹의 [필터](▼)를 클릭하여 자동 필터를 해제한다.

❷ [A14:B15] 범위에 부서가 '영업부' 이고 영어점수가 '80' 점 이상인 데이터를 검색하기 위한 조건 범위를 작성한다.

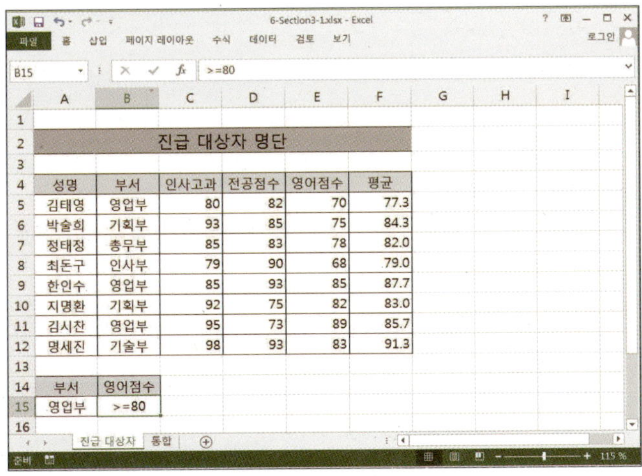

❸ [데이터] 탭-[정렬 및 필터] 그룹에서 [고급 필터](▼ 고급)를 클릭한다.

❹ [고급 필터] 대화상자가 나타나면 [다른 장소에 복사]를 체크하고, [조건 범위]를 [A14:B15]로 설정한다. [복사 위치]에서 [A17] 셀을 클릭한 후 [확인] 단추를 클릭한다.

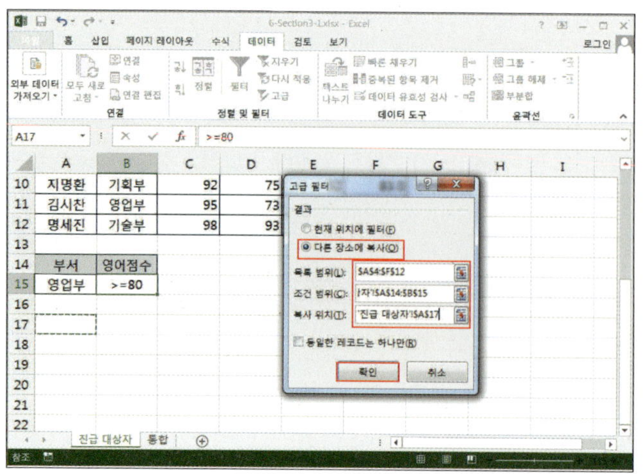

고급 필터의 조건

tip

- 고급 필터는 사용자 정의 조건 범위가 작성되어야 한다.
- 서로 같은 행에 있으면 AND 조건으로 동시에 만족이며, 다른 행에 있으면 OR 조건으로 하나만 만족해도 된다.
- 조건 범위 작성의 예

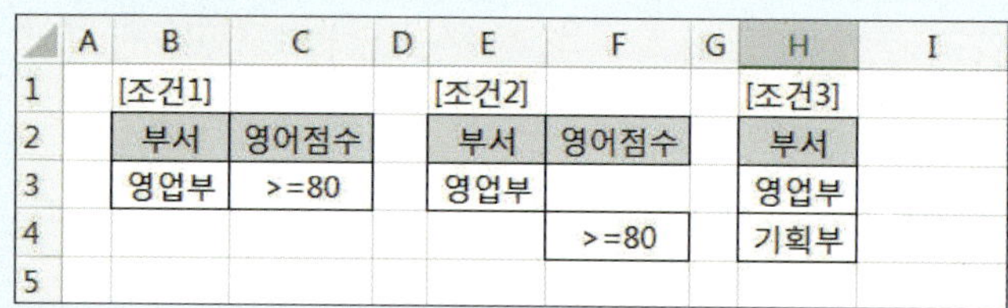

- 조건1 : 같은 행에 있으므로 부서와 영어점수를 동시에 만족해야 표시된다.
- 조건2 : 다른 행에 있으므로 부서와 영어점수 중에 하나만 만족해도 표시된다.
- 조건3 : 다른 행에 있으므로 부서가 영업부이거나, 기획부이면 표시된다.

[6-Section3-1.xlsx] 파일의 '통합' 워크시트에서 3개의 대리점을 [G11] 셀부터 하나로 통합해 보자.

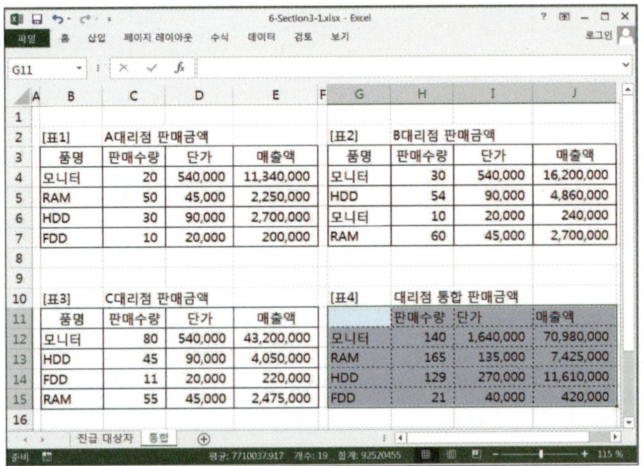

❶ '통합' 워크시트에서 [G11] 셀을 클릭한다.

❷ [데이터] 탭-[데이터 도구] 그룹의 [통합](📇)을 클릭한다.

❸ [통합] 대화상자의 [함수]는 '합계', [참조]는 클릭한 후 A대리점 범위([B3:E7])를 지정하고 [추가] 단추를 클릭한다. 같은 방법으로 B대리점 범위([G3:J7]), C대리점 범위([B11:E15])를 추가하고 [첫 행]과 [왼쪽 열]을 체크한 후 [확인] 단추를 클릭한다.

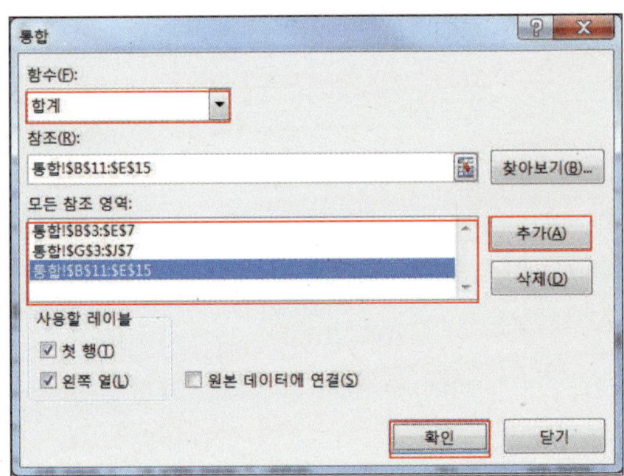

❹ [G11] 셀부터 3개의 대리점 데이터가 통합되어 표시된다.

• 항목명이 일치해야 한다. 즉 램과 RAM은 다른 항목으로 통합된다.
• 첫 행과 왼쪽 열이 교차하는 부분에는 명칭이 나타나지 않는다. 명칭이 나타나게 하려면 명칭을 미리 입력하여 통합을 실행한다.

01
혼자해보기

[6-Section3-2.xlsx] 파일의 '생산현황' 워크시트에서 가공품명 항목을 고유의 리스트로 [J4] 셀부터 필터링해 보자.

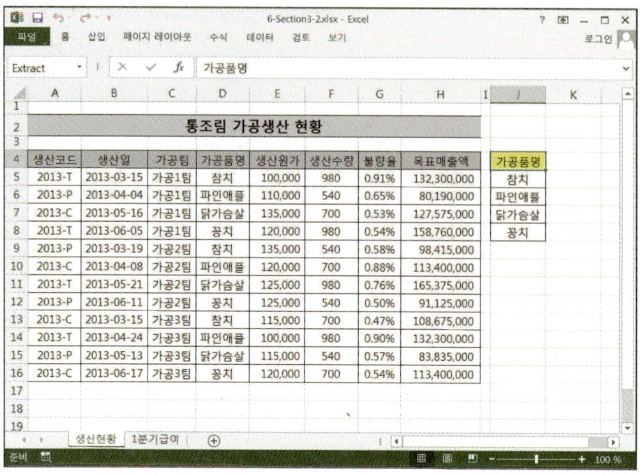

> **HINT** | '생산형황' 워크시트의 [데이터] 탭–[정렬 및 필터] 그룹에서 [고급 필터](고급)를 클릭하여 [고급 필터] 대화상자를 불러옵니다. [다른 장소에 복사]를 체크하고 [목록 범위]에서 [A4:H16] 범위, [조건 범위]에서 [D4:D16] 범위, [복사 위치]에서 [J4] 셀, [동일한 레코드는 하나만]을 체크하여 [확인] 단추를 클릭한다.

02
혼자해보기

[6-Section3-2.xlsx] 파일의 '1분기급여' 워크시트에서 1월, 2월, 3월 급여의 합계를 1사분기 급여 지급 현황에 통합해 보자.

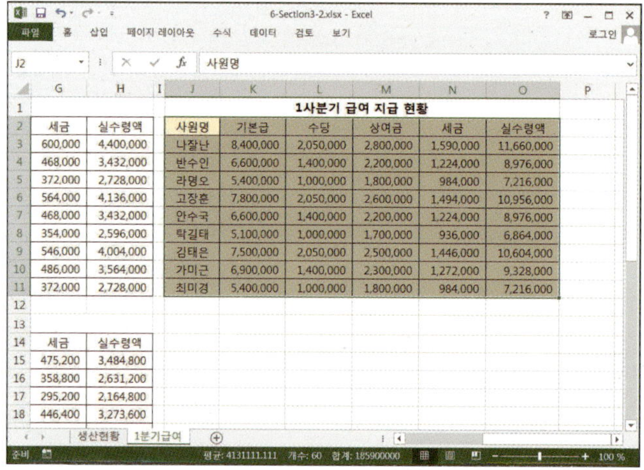

> **HINT** | '1분기급여' 워크시트에서 [J2:O11] 범위를 선택하고 [데이터] 탭–[데이터 도구] 그룹에서 [통합](📋)을 클릭하여 [통합] 대화상자를 불러옵니다. [함수]는 '합계', [참조]는 1월부터 3월까지의 급여인 [A2:H11], [A14:H23], [A26:H35] 범위를 추가하고 [사용할 레이블]의 [첫 행], [왼쪽 열]을 체크한 후 [확인] 단추를 클릭하여 완성한다.

목표값 찾기와 시나리오

수식을 구하려는 결과는 알지만 해당 결과를 얻기 위해 입력해야 하는 값을 모르는 경우에 목표값 찾기 기능을 이용한다. 그리고 결과에 영향을 주는 변수가 바뀌면 결과 값이 어떻게 변하는가를 분석해 보는 기능을 시나리오라고 한다. 이번 Section에서는 목표값 찾기와 시나리오에 대해 알아본다.

[작업 준비물 : 6-Section4-1.xlsx]

◎ 알아두기

- 목표값 찾기의 [수식 셀], [찾는 값], [값을 바꿀 셀]을 알아보자.
- 이름 정의와 시나리오 추가의 [시나리오 이름], [변경 셀], [결과 셀]을 알아보자.

따라하기 01 목표값 찾기로 실적 구하기

[6-Section4-1.xlsx] 파일의 '실적' 워크시트에서 실적비율 평균이 70%가 되려면 6월의 실적은 얼마가 되어야 하는지 목표값 찾기로 계산해 보자.

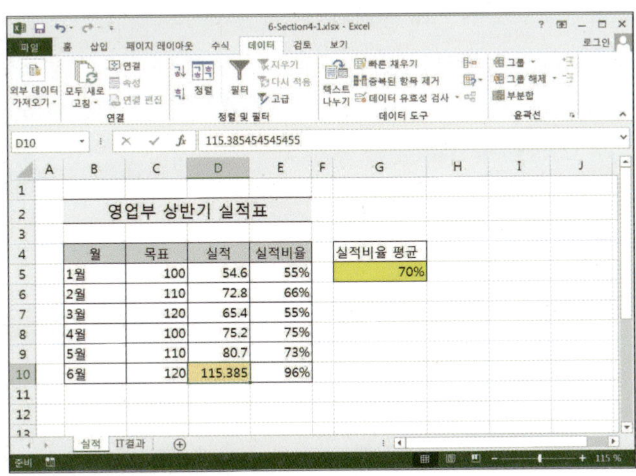

❶ [6-Section4-1.xlsx] 파일의 '실적' 워크시트에서 [G5] 셀을 클릭한다.

❷ [데이터] 탭-[데이터 도구] 그룹에서 [가상 분석](🔲▾)의 화살표를 클릭하여 [목표값 찾기]를 선택한다.

❸ [목표값 찾기] 대화상자의 [수식 셀]은 [G5] 셀, [찾는 값]은 '70%', [값을 바꿀 셀]은 [D10] 셀로 설정하고 [확인] 단추를 클릭한다.

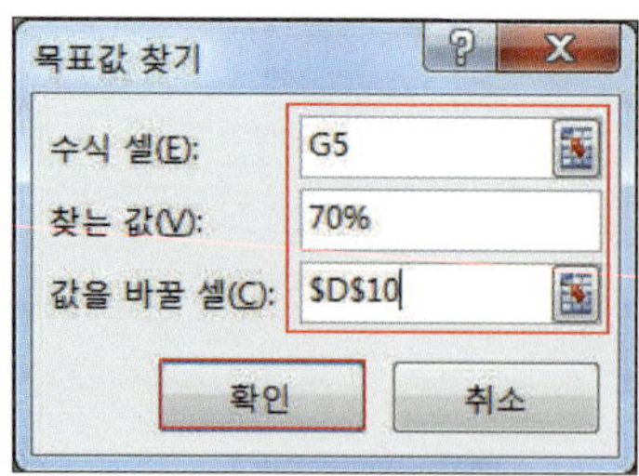

❹ [목표값 찾기 상태] 대화상자가 실행되면 [확인] 단추를 클릭한다. 실적비율 평균이 70%로 계산되며 자동으로 6월의 실적이 조정된다.

02 시나리오 만들기

[6-Section4-1.xlsx] 파일의 'IT결과' 워크시트에서 필기, 실기점수를 각각 70, 80 으로 변경하여 합격인원의 변화를 시나리오로 살펴보자.

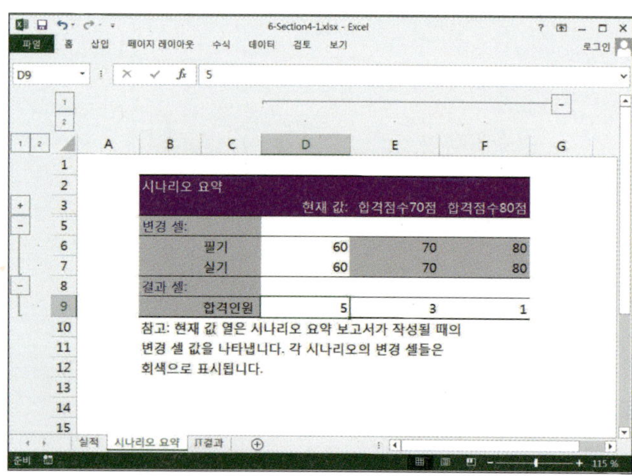

❶ 'IT결과' 워크시트에서 [I4:J6] 범위를 선택한다.

❷ [수식] 탭-[정의된 이름] 그룹에서 [선택 영역에서 만들기]를 클릭하면 범위의 [왼쪽 열]이 이름으로 만들어진다. [확인] 단추를 클릭한다.

❸ [J5] 셀을 클릭하고 [데이터] 탭-[데이터 도구] 그룹에서 [가상 분석](📊▾)의 화살표를 클릭하여 [시나리오 관리자]를 선택한다.

❹ [시나리오 관리자] 대화상자의 [추가] 단추를 클릭하고 시나리오 이름은 '합격점수70
점', [변경 셀]은 'J4:J5'를 입력 범위로 선택한 후 [확인] 단추를 클릭한다.

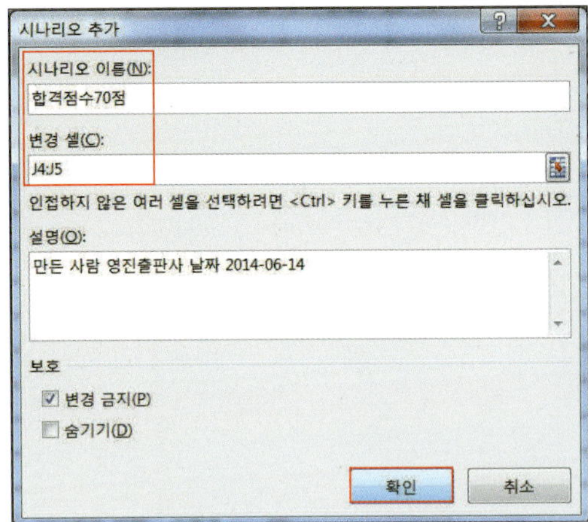

❺ [시나리오 값] 대화상자의 [필기], [실기]에 각각 '60'을 '70'으로 변경한 다음 [추가]
단추를 클릭한다.

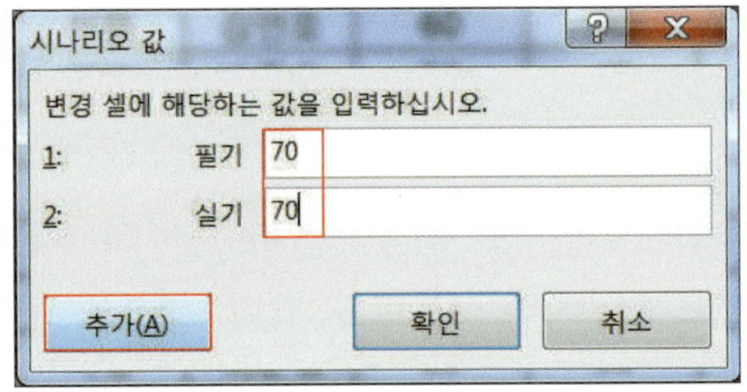

❻ [시나리오 추가] 대화상자의 [시나리오 이름]을 '합격점수80점'으로 변경한 다음 [확
인] 단추를 클릭한다. [시나리오 값] 대화상자의 [필기], [실기]에 각각 '60'을 '80'으
로 변경한 다음 [확인] 단추를 클릭한다.

❼ [시나리오 관리자] 대화상자에서 2개의 시나리오를 확인할 수가 있다. [요약] 단추를
클릭하여 [시나리오 요약] 체크와 [결과 셀]의 [J6] 셀 설정을 확인하고 [확인] 단추를
클릭한다. 현재 워크시트의 왼쪽에 '시나리오 요약' 워크시트가 새롭게 형성된다.

tip 

- 이름을 정의하는 이유는 '시나리오 요약' 워크시트에 [셀 주소]대신 [정의된 이름]으로 나타나므로
이해하기가 쉽기 때문이다.
- '시나리오 요약' 워크시트를 새롭게 만들어 변경 셀과 결과 셀의 변화를 파악할 수 있다.

01 혼자해보기

[6-Section4-2.xlsx] 파일의 '기대수익' 워크시트에서 판매수익의 목표 금액을 8천만에서 1억으로 설정했을 경우 핸드폰의 생산원가를 찾는 계산을 해 보자.

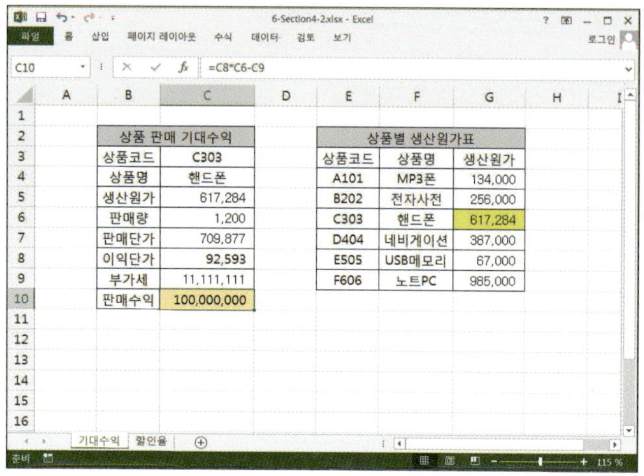

HINT | '기대수익' 워크시트의 [C10] 셀을 클릭한 다음 [데이터] 탭–[데이터 도구] 그룹에서 [가상 분석]–[목표값 찾기]를 클릭한다. [수식 셀]은 [C10] 셀, [찾는 값]은 '100000000', [값을 바꿀 셀]은 [G6] 셀로 설정하고 [확인] 단추를 클릭한다.

02 혼자해보기

[6-Section4-2.xlsx] 파일의 '할인율' 워크시트에서 할인율 인하 시나리오의 일반은 '10%', 골드는 '15%'로 변경하여 '시나리오 요약' 워크시트를 만들어 보자.

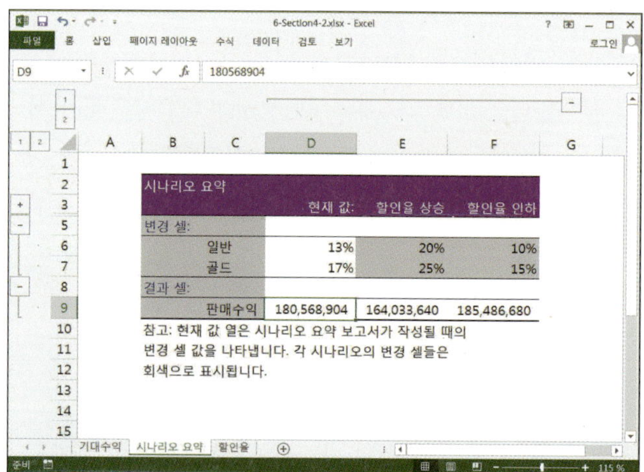

HINT | '할인율' 워크시트의 [F13] 셀을 클릭하고 [데이터] 탭–[데이터 도구] 그룹에서 [가상 분석]–[시나리오 관리자]를 클릭한다. 시나리오 리스트에서 '할인율 인하'를 선택하고 [편집] 단추를 클릭한 후 [확인] 단추 클릭, [시나리오 값] 대화상자의 일반, 골드를 각각 '10%', '15%'로 변경하고 [확인] 단추 클릭, [시나리오 관리자] 대화상자의 [요약] 단추를 클릭하여 완성한다.

차트 작성

워크시트에 입력한 데이터를 차트로 표현하여 비교 분석하면 시각적으로 빠르게 흐름을 파악할 수 있다. 엑셀에는 다양한 종류의 차트가 있으며, 이런 차트를 만들고 편집하는 과정에 대해 학습한다.
[작업 준비물 : 6-Section5-1.xlsx]

> **◐ 알아두기**
> • 추천 차트를 이용하여 차트를 만들고, 차트 단추를 이용하여 빠르게 편집해 보자.
> • 원형, 콤보 차트를 만들어 보자.

따라하기 01 추천 차트 만들기

[6-Section5-1.xlsx] 파일의 '추천차트' 워크시트에 다음과 같은 차트를 만들어 보자.

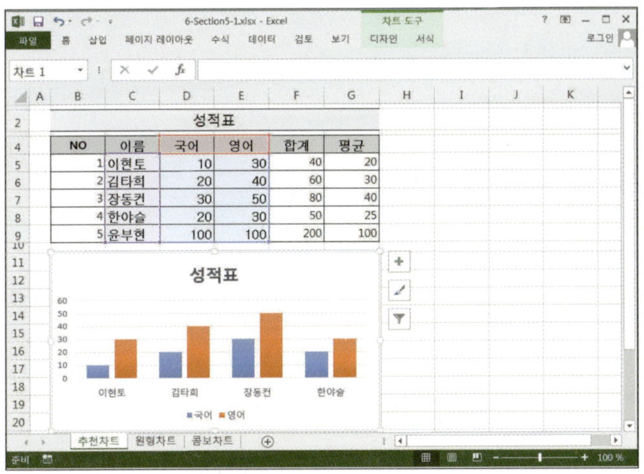

❶ '추천차트' 워크시트에서 [C4:E9] 범위를 선택한다.

❷ [삽입] 탭-[차트] 그룹에서 [추천 차트]를 클릭하고 [차트 삽입] 대화상자가 나타나면 [묶은 세로 막대형 차트]를 선택한 후 [확인] 단추를 클릭한다.

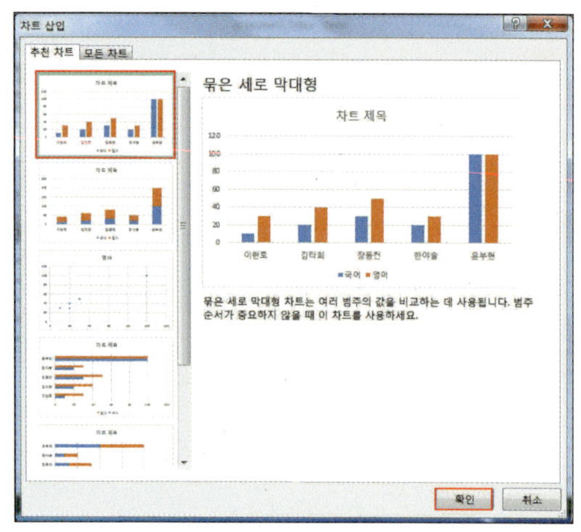

❸ 만들어진 차트를 드래그하여 [B11:G19] 범위에서 크기를 [Alt]로 조절한다.

❹ 차트 제목을 클릭하고 '성적표'로 수정한 다음 차트를 선택하면 오른쪽 위에 차트 단추가 나타난다. 차트 요소([+])를 클릭하고 [눈금선]의 체크를 해제한다.

❺ 이번에는 차트 스타일([/])을 클릭하여 [스타일6]을 선택한다.

❻ 이번에는 차트 필터([▼])를 클릭하여 [범주]의 [윤부현] 체크를 해제한 다음 [적용] 단추를 클릭한다. 해제한 데이터 계열이 항목 축에서 사라진다.

- 추천 차트 : 선택한 데이터에 적합한 차트를 추천해 준다.   tip ➕
- 차트 크기 셀에 맞춰 조절하기 : [Alt]를 누른 상태로 크기 조절을 한다.
- 차트 단추 : 차트를 선택하면 차트 오른쪽 위에 나타난다.
- 차트 요소([+]) 단추 : 축 제목, 데이터 레이블과 같은 차트 요소 작업
- 차트 스타일([/]) 단추 : 차트 디자인을 사용자 지정 작업
- 차트 필터([▼]) 단추 : 차트에 표시된 데이터를 변경 작업

[6-Section5-1.xlsx] 파일의 '원형차트' 워크시트에 다음과 같이 이름별 국어점수와 이름별 영어점수를 비율로 나타내어 보자.

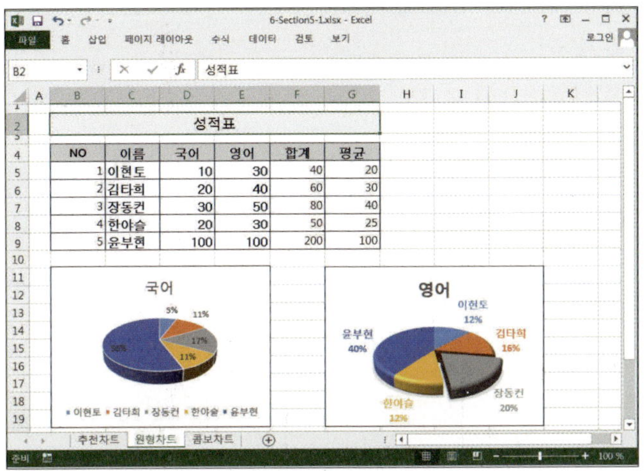

❶ '원형차트' 워크시트의 [C4:D9] 범위를 선택한다.

❷ [삽입] 탭-[차트] 그룹에서 [원형 또는 도넛형 차트 삽입]( )의 화살표를 클릭하여 [3차원 원형]을 선택한다.

❸ 삽입된 차트를 이동하여 [B11:E19] 범위에 맞게 크기 조절을 한다.

❹ 차트 요소(+)에서 [데이터 레이블]의 오른쪽 화살표를 클릭한 다음 [기타 옵션]을 클릭한다.

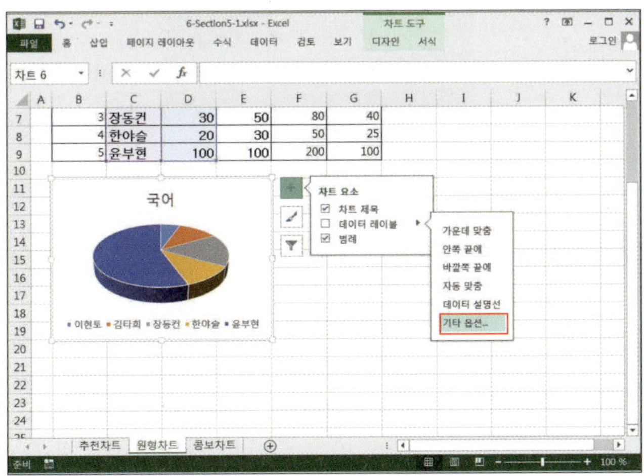

❺ 워크시트 오른쪽에 데이터 레이블 서식 창이 나타난다. [레이블 옵션]의 [값] 체크 해제, [백분율]을 체크한 후 [닫기](×)를 클릭하여 데이터 레이블 서식 창을 닫는다.

❻ 국어에 대한 원형 차트가 완성된다. 계속해서 [C4:C9], [E4:E9]와 같이 비연속적인 범위를 선택한 다음 [삽입] 탭-[차트] 그룹에서 [원형 또는 도넛형 차트 삽입](🌑▾)의 화살표를 클릭하여 [3차원 원형]을 선택한다. [G11:J19] 범위에 차트의 크기를 조절하여 위치시킨다.

❼ 4번과 5번 과정을 반복하여 영어에 대한 원형 차트를 완성한다.

❽ 차트 스타일(🖌)을 클릭하여 [스타일8]로 변경한 다음 '장동건'에 대한 회색 조각만 선택하여 오른쪽으로 드래그한다.

> • 원형 차트는 전체에 대한 현재 비율을 표현한다.
> • 단일 계열만 표현한다.
> • 차트 요소를 더블클릭하면 워크시트 오른쪽에 서식 창이 나타난다.
>
> tip ➕

03 값의 차가 클 때 사용하는 콤보 차트

[6-Section5-1.xlsx] 파일의 '콤보차트' 워크시트에서 묶은 세로 막대형 차트와 꺾은 선형 차트를 표현해 보자.

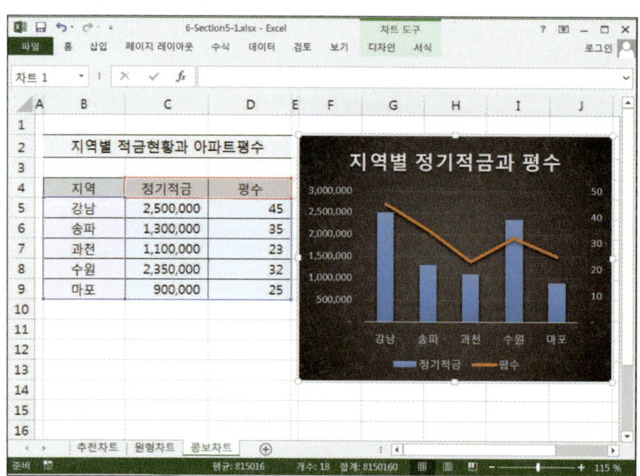

❶ '콤보차트' 워크시트에서 [B4:D9] 범위를 선택한다.

❷ [삽입] 탭-[차트] 그룹에서 [콤보 차트 삽입](📊▾)의 화살표를 클릭하여 [묶은 세로 막대형 – 꺾은선형, 보조 축]을 선택한다.

❸ [F2:J13] 영역에 차트의 크기를 조절하여 위치시킨다.

❹ 차트 제목을 클릭하여 '지역별 정기적금과 평수'로 수정하고, 차트 스타일(🖌)을 클릭한 다음 [스타일6]으로 변경한다.

01 혼자해보기

[6-Section5-2.xlsx] 파일의 '매출그래프' 워크시트에 묶은 가로 막대형 차트를 삽입해 보자.

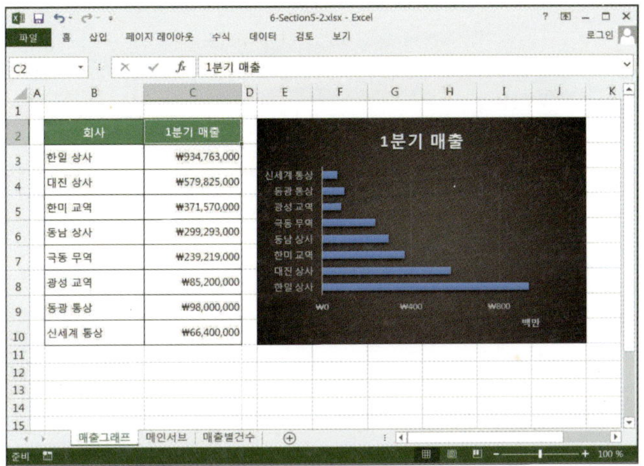

> **HINT** | '매출그래프' 워크시트의 [B2:C10] 범위를 선택하고 [삽입] 탭–[차트] 그룹에서 [추천 차트]–[묶은 가로막대형]을 선택한다. 차트 스타일(📊)을 클릭한 다음 [스타일7]로 변경한다. 가로 (값) 축을 더블클릭하여 축 서식 창의 나타나면 [표시 단위]를 '백만'으로 설정한다.

02 혼자해보기

[5-Section5-2.xlsx] 파일의 '메인서브' 워크시트에 원형 대 원형 차트를 삽입해 보자.

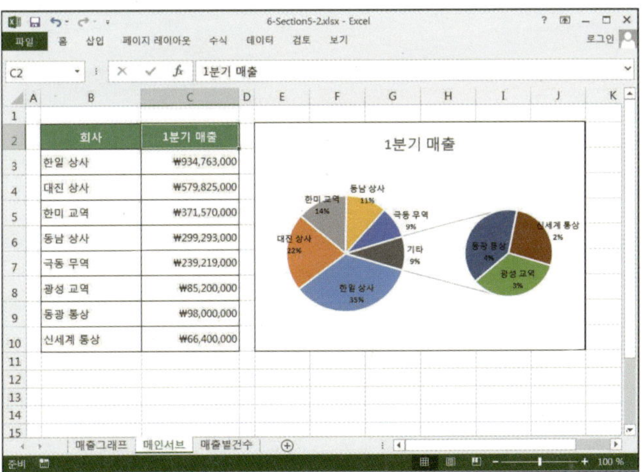

> **HINT** | '메인서브' 워크시트의 [B2:C10] 범위를 선택하고 원형 대 원형 차트를 삽입한다. 차트 요소(➕)의 [데이터 레이블]–[기타 옵션]을 선택하고 데이터 레이블 서식 창이 나타나면 [항목 이름], [백분율]만 체크한다.

[6-Section5-2.xlsx] 파일의 '매출별건수' 워크시트에 콤보 차트를 삽입해 보자.

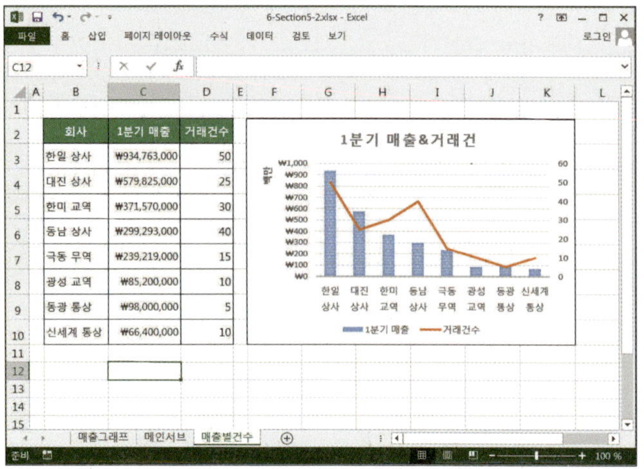

> **HINT |** '매출별건수' 워크시트의 [B2:D10] 범위를 선택하고 [삽입] 탭–[차트] 그룹에서 [묶은 세로 막대형 – 꺾은선형, 보조 축]을 클릭한다. 차트 제목을 수정한 다음 차트 스타일( )을 클릭하여 [스타일2], 세로 (값) 축을 더블클릭하여 축 서식 창이 나타나면 [표시 단위]를 '백만'으로 설정한다.

Check Point

- 추천 차트는 선택한 데이터에 적합한 차트를 추천해 주며, Alt 를 누른 상태로 차트 크기를 셀에 맞춰 조절할 수 있다.
- 차트를 선택하면 오른쪽 위에 차트 단추가 나타나며, [차트 요소], [차트 스타일], [차트 필터]가 있다.
- 원형 차트는 비율 표현을 하며 단일 항목만 표시한다.
- 콤보 차트는 여러 차트를 결합하는 형태로 항목 간에 값의 편차가 클 때 사용하며 필요에 따라 [보조 축]을 나타낸다.

피벗 테이블 및 피벗 차트

많은 양의 데이터를 이해하기 쉽게 분석 표 형태로 만드는 것을 피벗 테이블이라고 하며 피벗 테이블을 원본으로 사용하여 만든 그래프를 피벗 차트라고 한다. 이번 Section에서는 피벗 테이블과 피벗 차트에 대해 학습한다.

[작업 준비물 : 6-Section6-1.xlsx]

❶ 알아두기

- 추천 피벗 테이블 만들기
- 사용자 지정 피벗 테이블 만들기
- 피벗 테이블로 피벗 차트 만들기

따라하기 ─── 01 **추천 피벗 테이블 만들기**

[5-Section6-1.xlsx] 파일의 '추천가전제품' 워크시트 데이터를 이용하여 왼쪽에 '지점별 이익금' 워크시트를 추가해 보자.

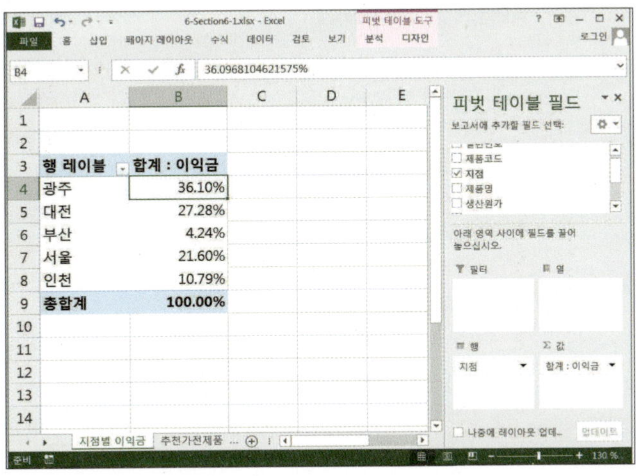

❶ [6-Section6-1.xlsx] 파일의 '추천가전제품' 워크시트에서 임의의 데이터 셀을 클릭한다.

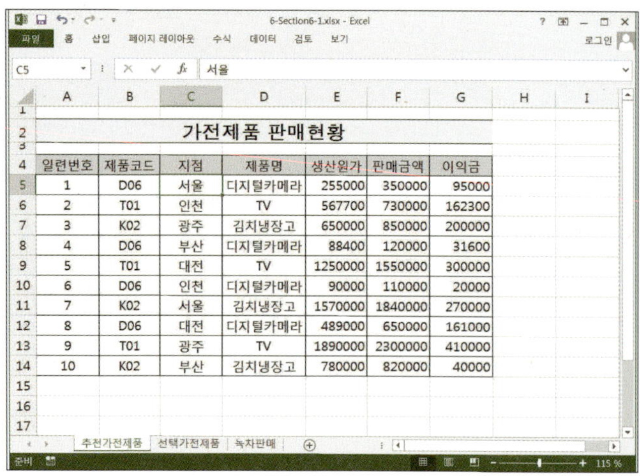

❷ [삽입] 탭-[표] 그룹에서 [추천 피벗 테이블]을 클릭한 다음 [권장 피벗 테이블] 대화상자가 나타나면 [합계 : 이익금(지점 기준)]을 선택하고 [확인] 단추를 클릭한다.

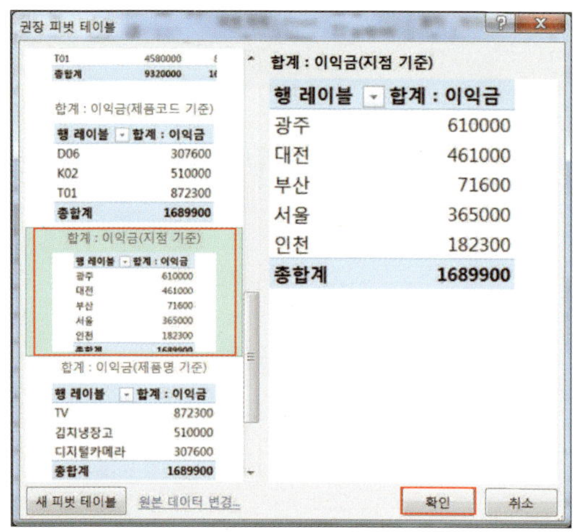

❸ '추천가전제품' 워크시트 왼쪽에 새롭게 워크시트가 만들어진다. 광주의 이익금 셀을 마우스 오른쪽 버튼으로 클릭한 후 [값 표시 형식]-[총합계 비율]을 선택한다.

❹ 새롭게 형성된 워크시트를 더블클릭하여 이름을 '지점별 이익금' 으로 변경한다.

- 추천 피벗 테이블 : 선택한 데이터에 적합한 피벗 테이블을 추천해 준다.
- 피벗 테이블의 [값 표시 형식] : 값을 다양하게 표시한다.

tip ➕

따라하기 02 사용자 지정 피벗 테이블 만들기

[6-Section6-1.xlsx] 파일의 '선택가전제품' 워크시트에 다음과 같은 피벗 테이블을 만들고 제품명이 '김치냉장고'인 제품을 필터링해 보자.

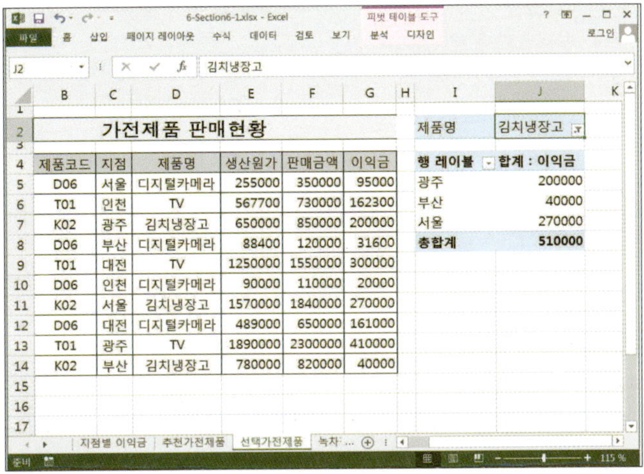

❶ '선택가전제품' 워크시트에서 [A4:G14] 범위를 선택한다.

❷ [삽입] 탭-[표] 그룹에서 [피벗 테이블](📊)을 클릭하여 [피벗 테이블 만들기] 대화상자가 나타나면, [기존 워크시트]를 체크하고, [위치]에서 [I4] 셀을 선택한 후 [확인] 단추를 클릭한다.

❸ 워크시트 오른쪽에 피벗 테이블 필드 창이 나타난다. 피벗 테이블 필드 창이 나타나지 않을 경우에는 [피벗 테이블 도구]-[분석] 탭-[표시] 그룹에서 [필드 목록]을 클릭한다.

❹ 피벗 테이블 필드 창의 [행]에는 [지점] 필드, [값]에는 [이익금] 필드, [필터]에는 [제품명] 필드를 각각 드래그하여 삽입한다.

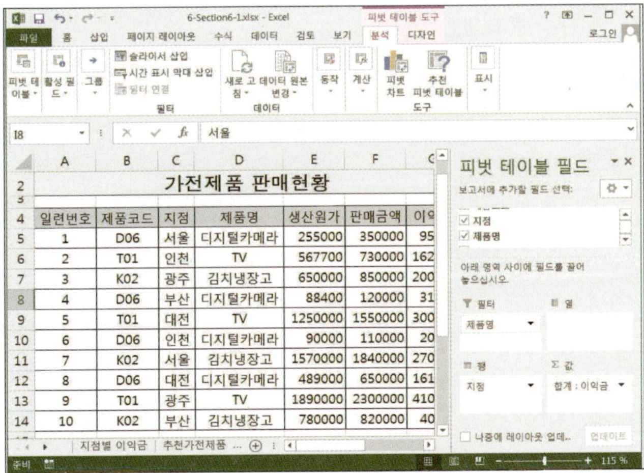

❺ 피벗 테이블 필드 창의 [닫기](×)를 클릭하여 닫는다. 제품명의 (모두)필터 단추를
클릭하고, [김치냉장고]를 선택한 후 [확인] 단추를 클릭한다.

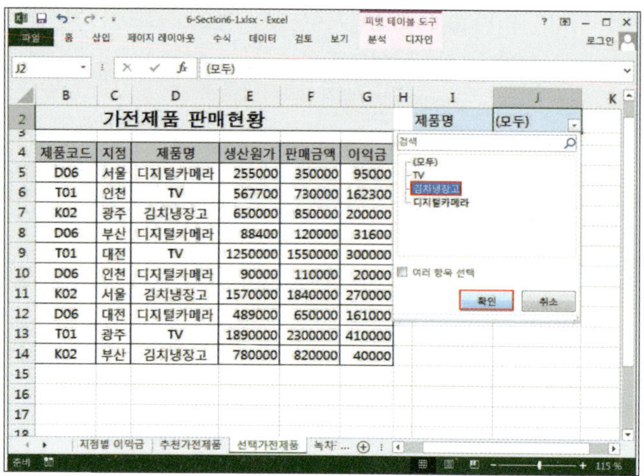

❻ 피벗 테이블 부분에 제품명이 '김치냉장고'에 해당하는 지점별 이익금이 나타난다.

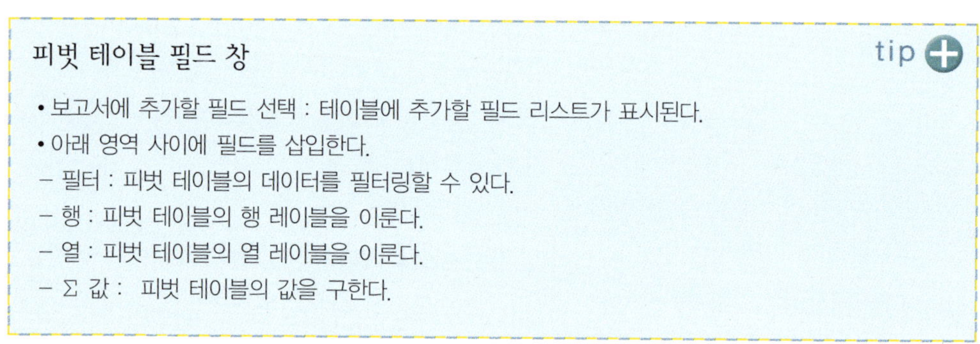

피벗 테이블 필드 창   tip ➕

• 보고서에 추가할 필드 선택 : 테이블에 추가할 필드 리스트가 표시된다.
• 아래 영역 사이에 필드를 삽입한다.
 − 필터 : 피벗 테이블의 데이터를 필터링할 수 있다.
 − 행 : 피벗 테이블의 행 레이블을 이룬다.
 − 열 : 피벗 테이블의 열 레이블을 이룬다.
 − Σ 값 : 피벗 테이블의 값을 구한다.

[6-Section6-1.xlsx] 파일의 '녹차판매' 워크시트에 다음과 같이 피벗 테이블을 만들어 [제조년도] 필드를 그룹화해 보자.

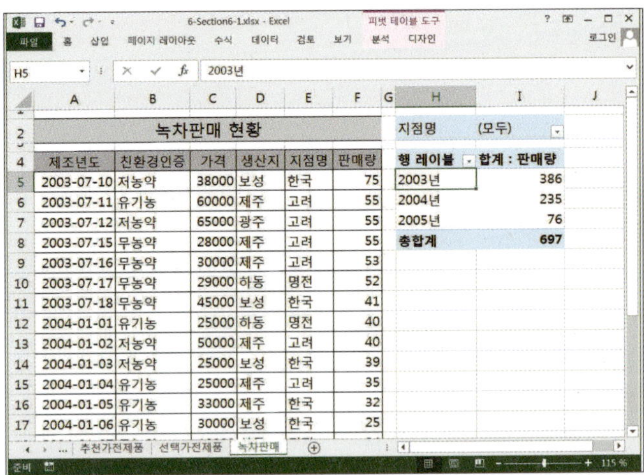

❶ '녹차판매' 워크시트에서 임의의 데이터 셀을 클릭한다.

❷ [삽입] 탭-[표] 그룹에서 [피벗 테이블](📇)을 클릭하고 [피벗 테이블 만들기] 대화상자의 [기존 워크시트]를 체크한 다음 [위치]에서 [H4] 셀로 설정한 후 [확인] 단추를 클릭한다.

❸ 피벗 테이블 필드 창의 [행]에는 [제조년도] 필드, [값]에는 [판매량] 필드, [필터]에는 [지점명] 필드를 각각 드래그하여 위치시킨다.

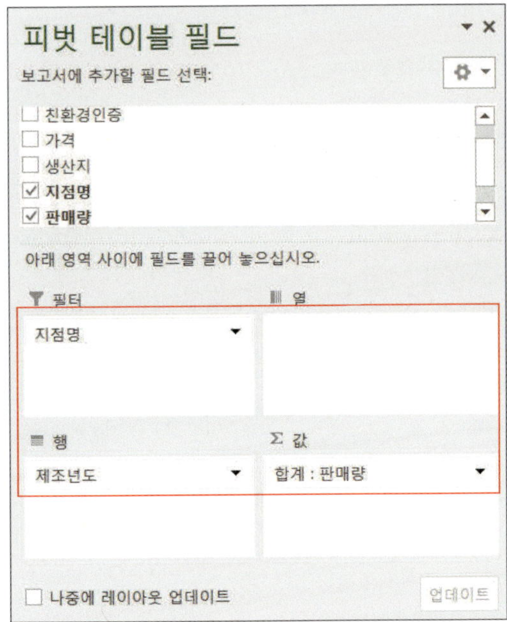

❹ 피벗 테이블 필드 창의 [닫기](×)를 클릭하여 닫는다.

❺ 피벗 테이블에서 임의의 날짜 데이터를 마우스 오른쪽 버튼으로 클릭하고 [그룹]을 선택한다. [그룹화] 대화상자가 나타나면 [월]은 선택 해제하고 [연]을 선택한 뒤 [확인] 단추를 클릭한다.

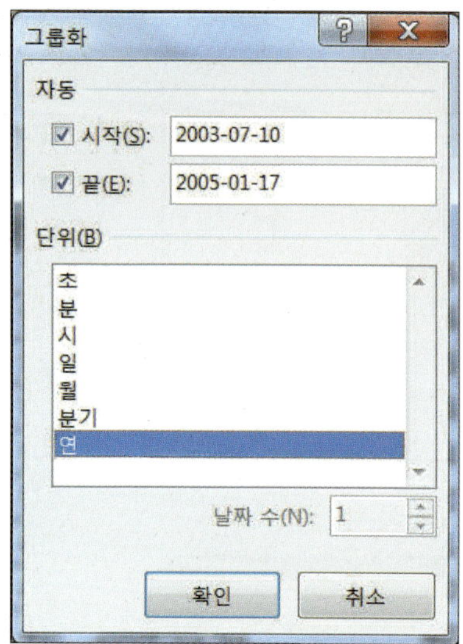

❻ [제조년도] 필드의 연도별로 그룹화되어 [판매량]이 나타난다.

피벗 테이블의 그룹화　　　　tip ➕

- 날짜 시간은 초, 분, 시, 일, 월, 분기, 연 단위로 그룹화할 수 있다.
- 사용자가 임의로 그룹화할 수도 있다.

따라하기 04 피벗 차트와 떠 있는 필터 슬라이서

[6-Section6-1.xlsx] 파일의 '녹차판매' 워크시트에 다음과 같이 피벗 차트와 [생산지] 필드의 슬라이서를 만들어 보자.

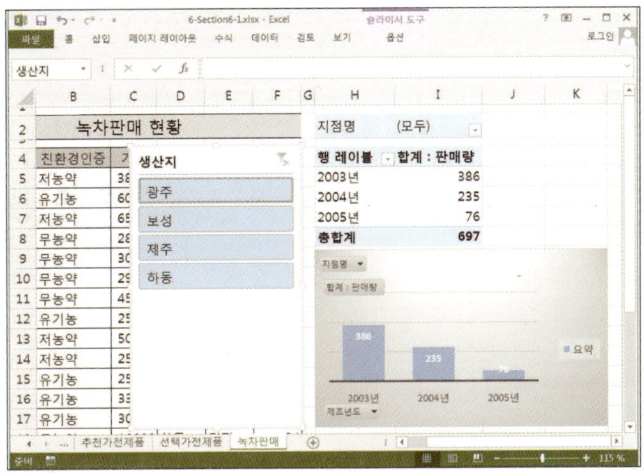

① '녹차판매' 워크시트의 피벗 테이블에서 임의의 셀을 클릭한다.

② [피벗 테이블 도구]-[분석] 탭-[도구] 그룹에서 [피벗 차트](📊)를 클릭하여 [묶은 세로 막대형]을 선택한다. 차트 스타일을 클릭하고 [스타일5]를 선택한다.

③ 차트를 드래그하여 [H9:K17] 범위에 맞게 크기를 조절한다.

④ 피벗 테이블에서 임의의 셀을 클릭한 다음 [피벗 테이블 도구]-[분석] 탭-[필터] 그룹에서 [슬라이서 삽입](📑)을 클릭한 후 [생산지]를 선택하고 [확인] 단추를 클릭한다.

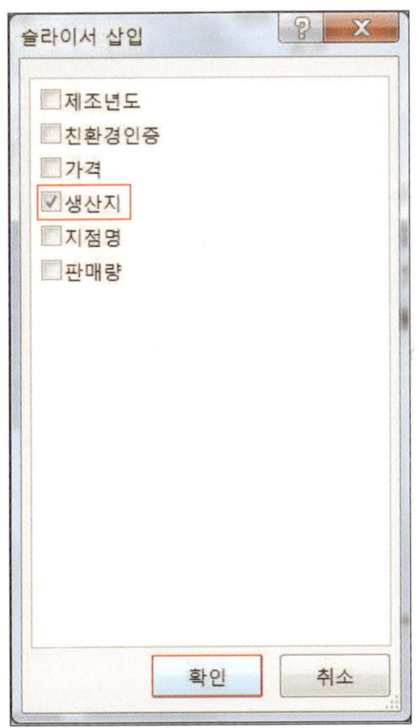

❺ [생산지] 슬라이서의 원하는 부분을 선택하면 피벗 테이블과 피벗 차트가 같이 변하면서 검색된다.

Check Point

• 추천 피벗 테이블을 이용하면 선택한 데이터에 적합한 피벗 테이블을 빠르게 제작할 수 있으며, [값 표시 형식]을 지정하여 다양한 형태로 값을 표현할 수도 있다.

• 피벗 테이블의 필드 창의 구성 요소는 필드 리스트에서 원하는 필드를 필터, 행, 열, Σ 값 영역으로 드래그하여 위치시킬 수 있다.

• 피벗 테이블의 그룹화를 통하여 날짜 시간 및 사용자 지정 그룹을 지정할 수 있다.

• 피벗 차트는 피벗 테이블을 원본으로 만들어 진다.

• 슬라이서는 시트 위에 떠 있는 필터로 여러 필드를 지정하여 검색할 수 있다.

01 혼자해보기

[6-Section6-2.xlsx] 파일의 '차량대여' 워크시트 왼쪽에 [대여일자]의 분기별 [대여지역]이 교차하는 [대여료]의 합계와 [회원구분] 필터를 다음과 같이 표시해 보자.

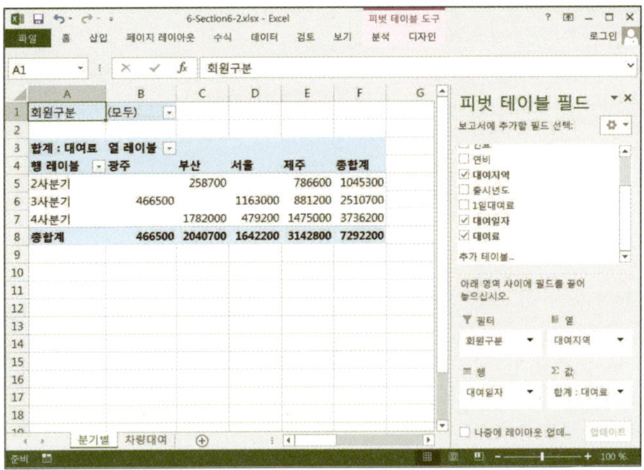

> **HINT** | '차량대여' 워크시트에서 데이터가 있는 임의의 셀을 클릭하고 [삽입] 탭-[표] 그룹에서 [피벗 테이블]을 클릭한 다음 [확인] 단추를 클릭한다. 피벗 테이블 필드 창에서 [필터]에는 [회원구분] 필드, [열]에는 [대여지역] 필드, [행]에는 [대여일자] 필드, [값]에는 [대여료] 필드를 드래그한 후 [대여일자]를 분기별로 그룹화한다.

02 혼자해보기

[6-Section6-2.xlsx] 파일의 '대여일자' 워크시트에 피벗 테이블을 원본으로 하는 피벗 차트를 만들어 보자.

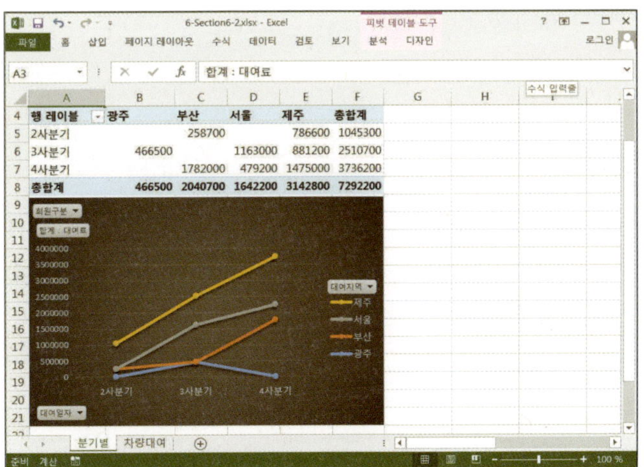

> **HINT** | '분기별' 워크시트에서 임의의 피벗 테이블 데이터 셀을 선택한 다음 [피벗 테이블 도구]-[분석] 탭-[도구] 그룹에서 [피벗 차트]를 클릭한다. [꺾은선형]-[표식이 있는 누적 꺾은선형]을 삽입하고 차트 스타일에서 [스타일6]으로 설정한다.

1. 조건부 서식

- 조건을 부여하여 조건에 만족하는 셀에만 지정한 서식을 표시하며, 특정 데이터를 효율적으로 분석할 수 있다. 새로운 규칙을 만들기, 지우기, 관리 작업이 있다.

2. 정렬/부분합/필터/통합

- 정렬 : 특정 필드 값의 크기 순서대로 데이터를 재배열하며, 작은 순서, 큰 순서, 사용자 정의 순서로 정렬한다.
- 부분합 : 그룹화하려는 항목은 반드시 정렬되어야 하며, 그룹별로 부분합을 삽입하여 데이터를 분석한다.
- 필터 : 지정한 조건에 맞는 값을 빠르게 찾는 기능으로 자동 필터와 고급 필터가 있다.
- 통합 : 분산되어 있는 데이터를 하나의 데이터로 합치는 기능이다.

3. 가상 분석

- 목표값 찾기 : 수식으로 구하려는 목표값을 알지만 결과를 얻기 위해 입력해야 할 값을 정할 때 사용한다. 하나의 변하는 값만 지정할 수 있다.
- 시나리오 : 결과에 영향을 주는 여러 변수가 바뀌었을 때 결과 값의 변화를 살펴본다.

4. 차트/ 피벗 테이블/피벗 차트

- 차트 : 차트의 구성 요소는 차트 영역, 그림 영역, 축, 데이터 계열, 범례, 차트 단추로 구성되어 있으며, 차트 단추는 [차트 요소], [차트 스타일], [차트 필터]가 있다.
- [차트 도구]-[디자인] 탭은 차트 전체를 변화시키며, [차트 도구]-[서식] 탭은 차트 요소의 서식을 변화시킨다.
- 피벗 테이블 : 피벗 테이블 필드의 구성 요소는 행, 열, 값, 필터 구성되어 있으며, 그룹화를 통하여 데이터를 요약한다. 피벗 테이블을 이용하면 많은 양의 데이터를 원하는 형태로 표시하고 요약하여 보고서를 빠르게 작성할 수 있다.
- 피벗 차트 : 피벗 테이블을 원본으로 하는 피벗 차트를 만들어 시각적인 효과를 높인다.
- 슬라이서 삽입 : 시트 위에 떠 있는 필터로 여러 필드를 지정하여 검색할 수 있다.

종합실습 pointup

[작업 준비물 : 6-종합문제.xlsx]

1. [6-종합문제.xlsx] 파일의 'DVD대여' 워크시트에서 [장르]가 액션에 해당하는 행들을 주황색으로 채워보자.

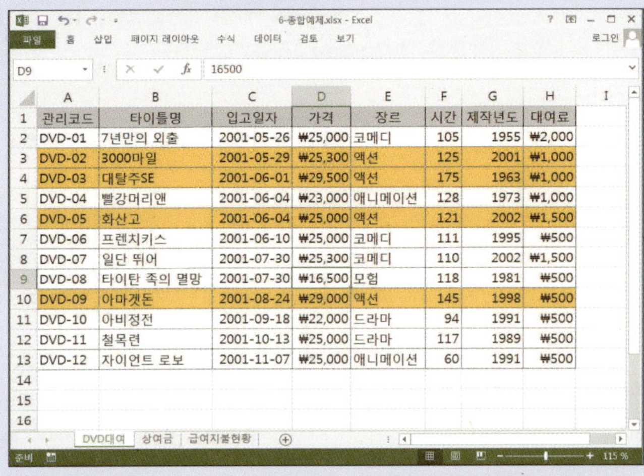

> **HINT** | 'DVD대여' 워크시트의 [A2:H13] 범위를 선택하고 [홈] 탭-[스타일] 그룹에서 [조건부 서식]의 [새 규칙]을 선택한다. 그리고 수식으로 '=$E2="액션"'을 입력한 다음 [서식]→[채우기] 탭에서 '주황색'으로 채운다.

2. [6-종합문제.xlsx] 파일의 'DVD대여' 워크시트에서 장르 항목의 고유 데이터를 [J1] 셀부터 추출해 보자

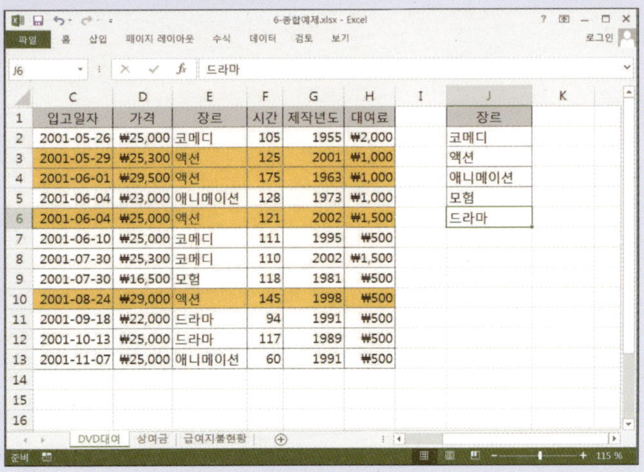

> **HINT** | 'DVD대여' 워크시트의 [A2:H13] 범위를 선택하고 [데이터] 탭-[정렬 및 필터] 그룹에서 [고급 필터]를 클릭한다. [고급 필터] 대화상자에서 [다른 장소에 복사] 체크, [조건 범위]에서 [E1:E13] 범위로 설정, [복사 위치]에서 [J1] 셀 설정, [동일한 레코드는 하나만] 체크하여 [확인] 단추를 클릭한다.

3. [6-종합문제.xlsx] 파일의 '상여금' 워크시트에 다음과 같은 분석을 해보자. A회사의 상여금은 천오백만원 정도가 확보되어 기본급의 50%를 지급해 왔다. 매출이 올라 상여금 20,000,000원 정도가 확보될 예정이다. 20,000,000원을 상여금으로 지급할 때 상여금 비율은 기본급의 몇%인지 [B17] 셀에 목표값 찾기로 구하시오.

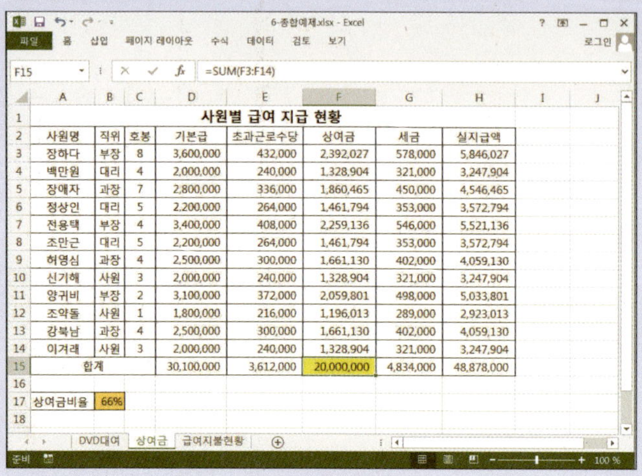

> **HINT** | '상여금' 워크시트에서 [F15] 셀을 클릭하고 [데이터] 탭-[데이터 도구] 그룹에서 [가상 분석]→[목표값 찾기]를 클릭한다. [수식 셀]에는 [F15] 셀, [찾는 값]에는 '20000000', [값을 바꿀 셀]에는 [B17] 셀로 설정하고 [확인] 단추를 클릭한다.

4. **[6-종합문제.xlsx]** 파일의 '급여지불현황' 워크시트를 기본으로 다음과 같이 '급여
   분석' 피벗 테이블 시트를 만들어 피벗 차트와 '자격증' 슬라이서를 추가해 보자.

– 워크시트 이름 : 급여분석

– 피벗 테이블 필드 구성 : 행에는 [직위]와 [입사일], 값에는 [배우자], [부양가족]

– 그룹화 처리 : [입사일]을 '월' 별로 그룹

– 피벗 차트 : 피벗 테이블을 원본으로 묶은 세로 막대형 차트, [스타일8]

– 슬라이서 : [자격증] 필드로 슬라이서 삽입

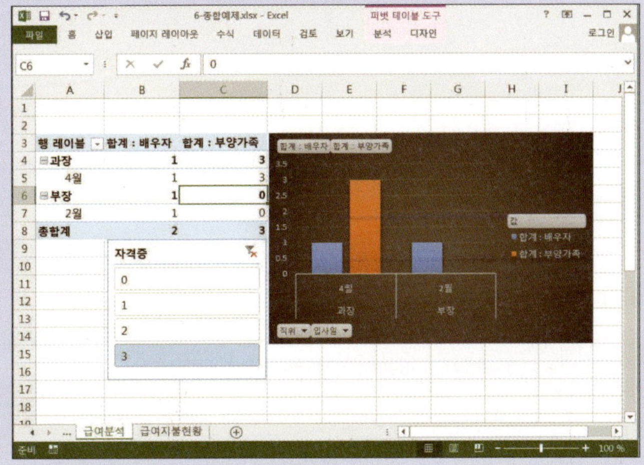

HINT | '급여지불현황' 워크시트에서 임의의 데이터 셀을 클릭하고 [삽입] 탭–[표] 그룹에서 [피벗
테이블]→[확인] 단추를 클릭한다. 피벗 테이블 필드 창의 [행]에는 [직위] 필드와 [입사일] 필드, [값]에
는 [배우자] 필드, [부양가족] 필드를 위치시키고 임의의 날짜를 선택하여 [그룹]의 '월'별로 그룹화한
다. [피벗 테이블 도구]–[분석] 탭–[도구] 그룹에서 [피벗 차트]를 선택하여 묶은 세로 막대형 차트를
삽입하고 [스타일8]로 설정한다. [피벗 테이블 도구]–[분석] 탭–[필터] 그룹에서 [슬라이서 삽입]을 클
릭하여 [자격증]을 체크한 다음 [확인] 단추를 클릭한다. 마지막으로 워크시트 이름을 더블클릭하여
'급여분석'으로 수정한다.

07

CHAPTER

그래픽 작업

문서 작성 시 텍스트로 설명할 수 없는 형태가 간혹 있다. 이러한 경우에 약간의 그래픽을 추가하면 시각적으로 이해도를 높일 수 있다. 이번 Chapter에서는 엑셀의 다양한 그래픽 요소 삽입 방법을 알아본다.

그래픽 요소를 추가하여 문서를 더욱 돋보이게 하기

텍스트 그림을 의미하는 워드아트를 이용하여 제목을 다양하게 꾸민다면 문서를 돋보이게 할 수 있다. 이번에는 문서를 설명하는 일러스트레이션 삽입의 이미지, 도형, 스마트아트에 대해 학습하며, 문서를 유기적으로 연결하는 하이퍼링크에 대해서도 알아본다.

7
Chapter

01 워드아트로 제목 강조하기

- 텍스트에 다양한 효과를 적용하는 것을 워드아트라고 하며 [삽입] 탭-[텍스트] 그룹에서 [WordArt 삽입](⑦)을 클릭하여 삽입한다.
- 엑셀에서 지원하는 스타일을 이용하거나, 사용자가 지정하여 꾸민다.
- 문서를 워드아트를 편집하면 시각적으로 더욱 화려하게 만들 수 있다.

02 그림 삽입하기와 화면 캡처하기

- [삽입] 탭-[일러스트레이션] 그룹의 [그림](🖼)으로 다양한 그림을 삽입한 다음 [그림 도구]-[서식] 탭을 이용하여 문서와 어우러지게 한다.
- 인터넷을 서핑하거나 모니터의 모습을 이미지로 처리해야 하는 경우에 캡처 기능을 사용한다. [삽입] 탭-[일러스트레이션] 그룹의 [스크린 샷](📷)으로 캡처할 수 있다.

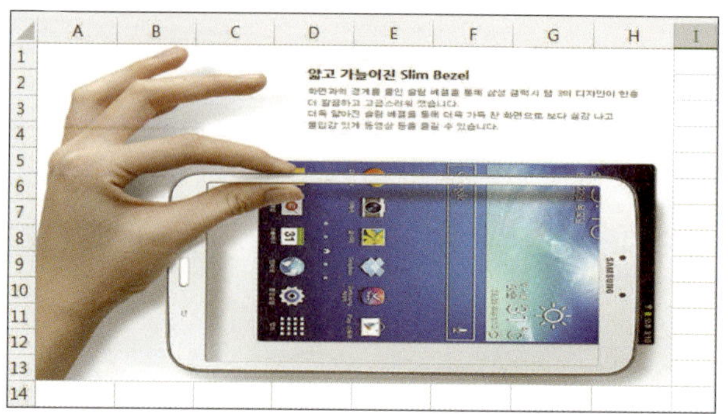

03 도형과 스마트아트 삽입

- **도형과 스마트아트 삽입** : 문서의 의미를 전달할 때 제작된 그림을 의미하는 [일러스트레이션]은 [삽입] 탭을 이용하여 추가한다.
- **도형** : [삽입] 탭-[일러스트레이션] 그룹에서 [도형](▨)을 클릭하여 상자, 원 및 화살표와 같은 도형을 추가하고, 텍스트를 입력하거나 스타일을 적용하여 빠르게 꾸민다.
- **스마트아트** : [삽입] 탭-[일러스트레이션] 그룹에서 [SmartArt](▨)를 클릭하여, 정보와 아이디어를 시각적으로 표현한 것으로 여러 레이아웃 중 하나를 스마트아트 그래픽으로 만든다.

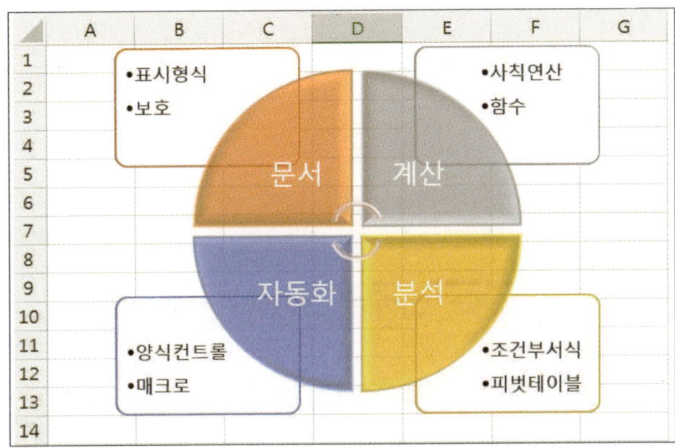

04 하이퍼링크 작업

- 다른 파일 또는 웹 페이지에 있는 관련 정보를 빠르게 액세스하기 위해 셀에 하이퍼링크를 삽입한다.
- [삽입] 탭-[링크] 그룹에서 [하이퍼링크](▨)를 클릭하여 웹 페이지, 통합 문서의 특정 위치, 전자 메일 주소를 연결할 수 있다.

워드아트로 제목 강조하기

텍스트에 다양한 모양이나 효과를 적용하여 보다 화려하게 꾸미는 기능을 워드아트라고 한다. 이번 Section에서는 문서의 제목이나 시선을 집중시켜야 할 텍스트를 워드아트로 만들어 워크시트에 삽입하고 편집하는 방법에 대해 학습한다.

[작업 준비물 : 7-Section1-1.xlsx]

◐ 알아두기

• 워드아트를 삽입해 보자.

• 워드아트에 여러 스타일을 적용하고 편집해 보자.

따라하기 **01** 워드아트로 제목 삽입하기

[7-Section1-1.xlsx] 파일의 '상반기실적' 워크시트에서 다음과 같은 워드아트 제목을 만들어 보자.

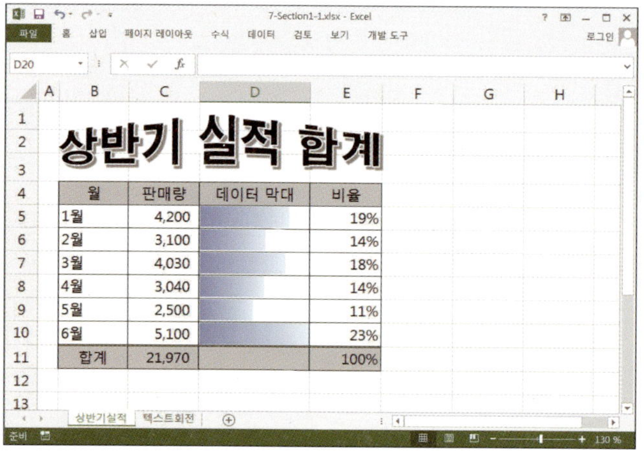

① '상반기실적' 워크시트에서 [삽입] 탭-[텍스트] 그룹의 [WordArt 삽입](￦)의 화살표를 클릭하고 원하는 워드아트 스타일을 선택한다.

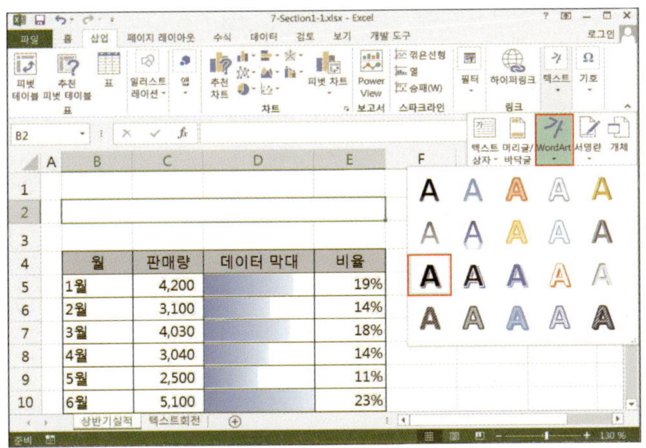

❷ [필요한 내용을 적으십시오.]라는 텍스트로 워드아트가 만들어 진다. 클릭한 후 '상반기 실적 합계'를 입력한다. 텍스트 편집 상태라 워드아트 테두리가 점선으로 표시된다.

❸ **Esc** 를 눌러 텍스트 편집을 끝내면 테두리가 실선으로 변한다. [홈] 탭-[글꼴] 그룹에서 [글꼴]은 'HY견고딕', [글꼴 크기]는 '32'로 설정하고 위치를 조절한다.

❹ [그리기 도구]-[서식] 탭-[WordArt 스타일] 그룹의 [텍스트 효과](가▼)에서 [변환]-[삼각형]을 선택한다.

자동 완성   tip ➕

- 워드아트의 텍스트 편집 상태는 테두리가 점선으로 나타나며, 편집을 끝내고 선택 상태에서는 테두리가 실선으로 나타난다.
- [빠른 스타일]은 엑셀에서 미리 꾸며져 있는 디자인 템플릿이다.

따라하기 **02** **워드아트 편집하기**

[7-Section1-1.xlsx] 파일의 '텍스트회전' 워크시트에서 워드아트를 다음과 같이 수정해 보자.

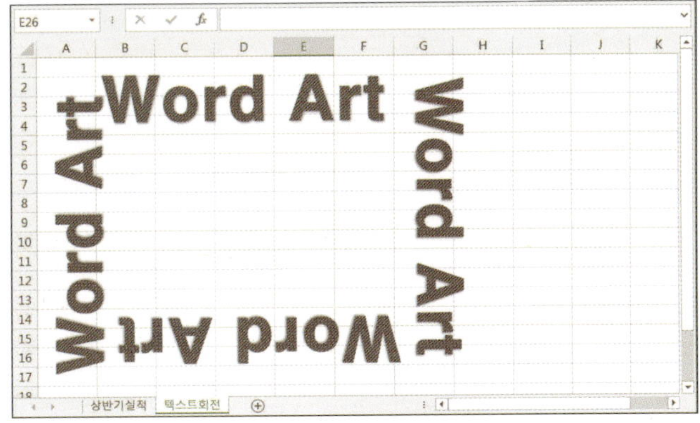

❶ '텍스트회전' 워크시트에서 두 번째 'Word Art'를 선택한다.

❷ [그리기 도구]–[서식] 탭–[정렬] 그룹에서 [개체 회전]()을 클릭하고 [오른쪽으로 90도 회전]을 선택한 다음 워드아트 개체를 오른쪽으로 드래그한다.

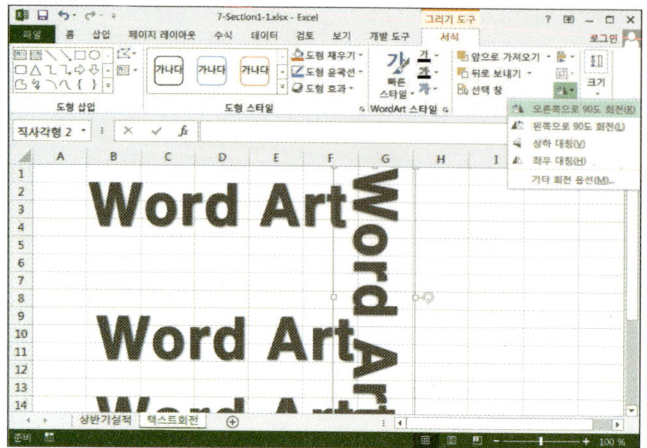

❸ 세 번째 'Word Art'를 선택한다. [그리기 도구]–[서식] 탭–[정렬] 그룹에서 [개체 회전]()을 클릭하고 [왼쪽으로 90도 회전]을 선택한 다음 워드아트 개체를 왼쪽으로 드래그한다.

❹ 네 번째 'Word Art'를 선택한다. [그리기 도구]–[서식] 탭–[정렬] 그룹에서 [개체 회전]()을 클릭하고 [상하 대칭]을 선택한 다음 워드아트 개체를 아래쪽으로 드래그한다.

자동 완성　　tip ➕

• [그리기 도구]–[서식] 탭–[WordArt 스타일] 그룹의 오른쪽에 있는 [텍스트 효과 서식](WordArt 스타일 ▫)을 클릭하면 도형 서식 창이 나타나며 더 많은 서식 작업을 할 수 있다.

01 혼자해보기 [7-Section1-2.xlsx] 파일의 '3차원' 워크시트에서 워드아트 제목인 'Report'를 3차원 워드아트로 수정해 보자.

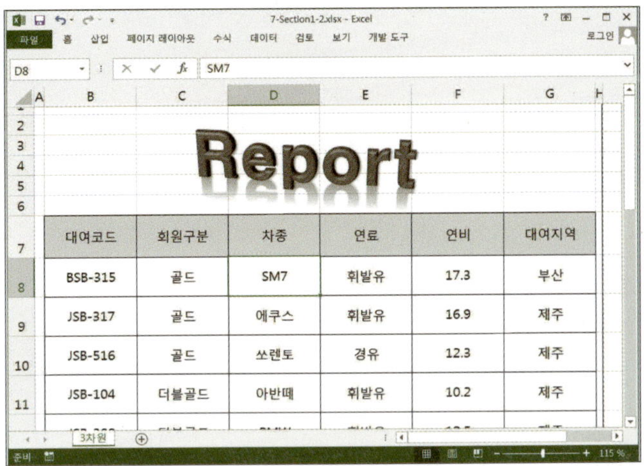

> **HINT |** 워드아트 개체인 'Report'를 선택하고 [그리기 도구]-[서식] 탭-[WordArt 스타일] 그룹에서 [텍스트 효과]를 클릭한다. [입체 효과]는 '둥글게', [3차원 회전]의 '원근감(왼쪽)'을 각각 적용한다. [WordArt 스타일] 그룹에서 [텍스트 효과 서식](WordArt 스타일 ▫)을 클릭하여 도형 서식 창이 나타나면 [3차원 회전]의 [X 회전] '10', [Y 회전] '20', [Z 회전] '0', [원근감] '90'으로 각각 설정한다.

Check Point

- 워드아트를 삽입할 때 [빠른 스타일]을 이용하면 엑셀에서 제공하는 템플릿을 적용할 수 있다.
- 워드아트의 테두리가 점선이면 편집 상태, 실선이면 워드아트 개체가 선택된 상태이다.
- [그리기 도구]-[서식] 탭-[WordArt 스타일] 그룹에서 오른쪽의 [텍스트 효과 서식](WordArt 스타일 ▫)을 클릭하면 도형 서식 창이 나타나며, 이곳에서 더 많은 서식 작업을 할 수 있다.

그림 삽입하기와 화면 캡처하기

제품을 설명할 때 이미지를 추가하거나, 작동 중인 프로그램을 그대로 유지한 채 가독성을 높일 수 있는 정보를 캡처하기 위한 스크린샷 기능을 알아본다.

[작업 준비물 : 7-Section2-1.xlsx]

> ● **알아두기**
>
> • 내 컴퓨터의 그림 파일을 삽입해 보자.
>
> • 스크린샷 기능을 이용하여 화면을 캡처해 보자.

따라하기 01 그림 파일 넣기와 서식 복사

[7-Section2-1.xlsx] 파일의 'DVD목록' 워크시트에서 [H1:I9] 범위에 그림을 삽입하고 다음과 같이 처리해 보자.

① [7-Section2-1.xlsx] 파일의 'DVD목록' 워크시트에서 [H2] 셀을 클릭한다.

② [삽입] 탭-[일러스트레이션] 그룹에서 [그림](🖾)을 클릭한다.

③ [그림 삽입] 대화상자가 나타나면 'dvd01.jpg' 파일을 선택하고 [삽입] 단추를 클릭한다.

❹ 그림이 삽입되면 [**Alt**]를 누른 상태로 [H1:I9] 범위에 크기가 맞도록 조절하여 배치한다.

❺ [그림 도구]–[서식] 탭–[그림 스타일] 그룹에서 [갤러리]–[회전, 흰색]을 선택하여 그림 스타일을 변경한다.

❻ 그림 테두리 두께가 두 번째 그림과 다르므로 두 번째 그림을 선택한 다음 [홈] 탭–[클립보드] 그룹에서 [서식 복사]를 클릭한다.

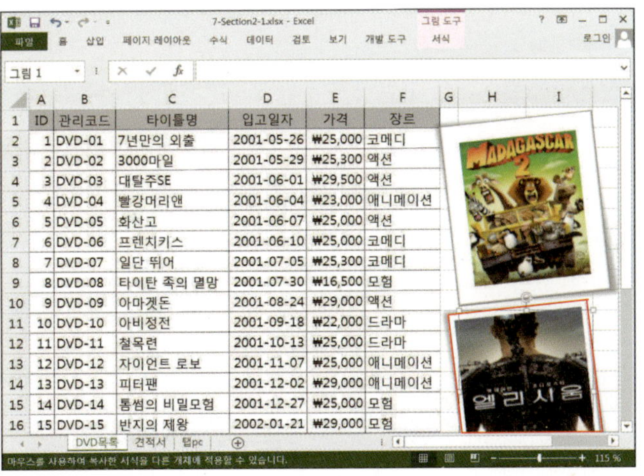

❼ 마우스 포인터가 붓 모양으로 바뀌면 첫 번째 그림을 클릭하고, 이어서 두 번째 그림을 클릭하여 복사한 서식을 적용한다.

tip 

• 그림을 삽입하고 여러 서식 작업을 진행한 후 작업 내용을 복사하기 위해서는 [서식 복사]를 사용한다.

[7-Section2-1.xlsx] 파일의 '견적서' 워크시트 오른쪽에 다음과 같이 도장 이미지를 추가하고 투명도를 적용해 보자.

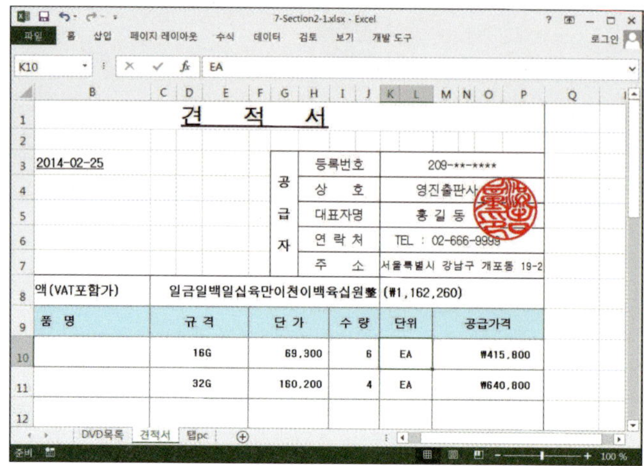

❶ [삽입] 탭-[일러스트레이션] 그룹에서 [그림]()을 클릭한다.

❷ [그림 삽입] 대화상자에서 'seal.jpg' 파일을 선택하고 [삽입] 단추를 클릭하여 삽입한 후 그림의 크기와 위치를 오른쪽 위로 배치한다.

❸ 삽입한 그림을 선택하고 [그림 도구]-[서식] 탭-[조정] 그룹에서 [색]-[투명한 색 설정]을 클릭한 다음 그림의 안쪽 하얀 부분을 클릭한다.

❹ 도장 이미지의 하얀 부분이 투명하게 처리된다.

tip ➕

• **투명한 색 설정** : 그림에서 선택한 단색을 제거하는 기능이다.

[7-Section2-1.xlsx] 파일의 '탭pc' 워크시트에서 스크린샷 기능을 이용하여 웹상의
모습을 캡처해 보자.

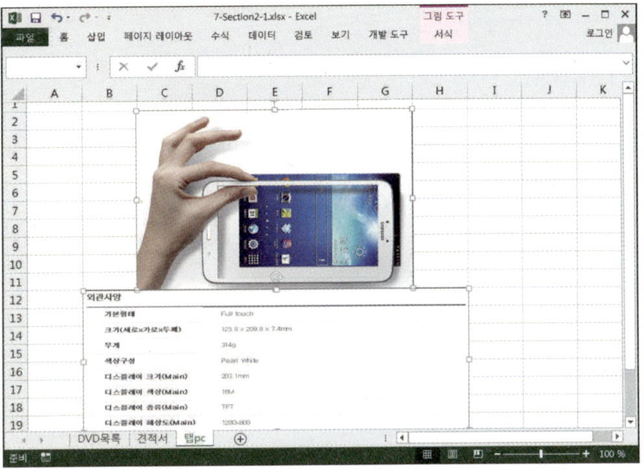

❶ [7-Section2-1.xlsx] 파일의 '탭pc' 워크시트에서 임의의 셀을 클릭한다.

❷ 인터넷 익스플로러를 실행하고 'http://store.samsung.com' 으로 이동한 후 원하는
타블렛 이미지를 찾는다.

❸ 작업 표시줄의 엑셀 아이콘을 클릭하면 인터넷 익스플로러 앞으로 엑셀 프로그램이
배치된다.

❹ [삽입] 탭-[일러스트레이션] 그룹에서 [스크린샷](📷)의 화살표를 클릭하여 [화면 캡
처]를 클릭한다. 1~2초가 지나면 인터넷 익스플로러 창이 뿌연 화면으로 나타난다.

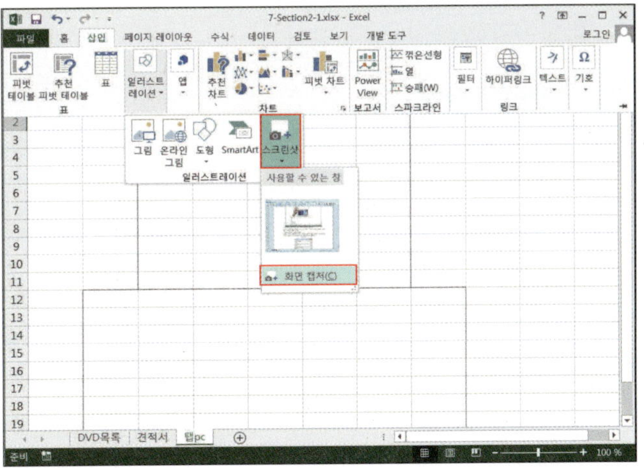

❺ 원하는 부분을 드래그하면 워크시트에 캡처되어 이미지 형태로 나타난다. 크기와 위
치를 맞춘다.

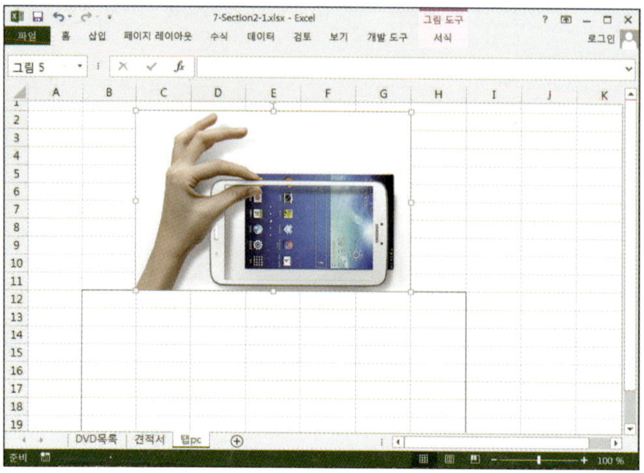

❻ 같은 방법으로 인터넷 익스플로러에서 외관 사양을 검색하여 화면에 표시한 다음 엑
셀의 화면 캡처로 외간 사양 부분을 드래그하여 크기와 위치를 맞춘다.

tip

• 화면 캡처는 원하는 창을 표시한 다음 엑셀의 [스크린 샷] 명령을 통해 워크시트에 이미지 형태로
가져온다.

01 혼자해보기

[7-Section2-2.xlsx] 파일의 'DVD목록' 워크시트에 다음과 같이 그림을 삽입하고
스타일을 적용해 보자.

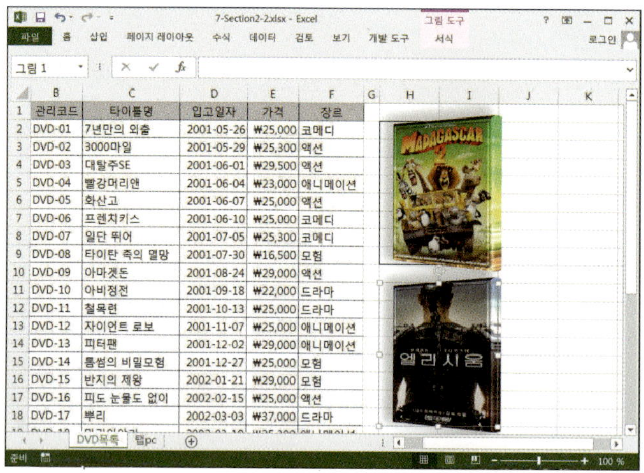

> **HINT** | 3개의 그림을 각각 삽입하여 배치한 다음 첫 번째 그림을 선택하고 [그림 도구]–[서식] 탭–[그림 스타일] 그룹에서 [그림 효과]의 화살표를 클릭하여 [기본 설정]–[기본 설정 색 12]를 클릭한다. [홈] 탭–[서식 복사]를 이용하여 나머지 2개의 그림에 첫 번째 그림의 서식을 복사한다.

02
혼자해보기

[7-Section2-2.xlsx] 파일의 '탭pc' 워크시트에서 [그림 바꾸기]를 이용하여 첫 번째 그림을 바꾸고 하얀 부분을 투명하게 처리해 보자.

> **HINT** | 첫 번째 그림을 선택한 다음 [그림 도구]–[서식] 탭–[조정] 그룹에서 [그림 바꾸기]를 클릭한다. [그림 삽입] 대화상자의 [파일에서]–[찾아보기]를 클릭하여 'tabpc.jpg' 파일로 바꾼 다음 [색]→[투명한 색 설정]을 클릭하여 그림의 하얀 부분을 클릭한다.

Check Point

- 그림 삽입 : [삽입] 탭–[일러스트레이션] 그룹에서 [그림]( )을 클릭하여 삽입한다.
- 화면 캡처 : [삽입] 탭–[일러스트레이션] 그룹에서 [스크린샷]( )을 클릭하여 삽입한다.
- [그림 도구]–[서식] 탭을 이용하여 삽입한 그림과 캡처한 그림에 서식 작업을 한다.

도형과 스마트아트 삽입하기

기본 도형, 블록 화살표, 설명선 등의 여러 모양의 도형을 추가할 수 있으며 도형 집합체를 의미하는 스마트아트의 삽입으로 정보와 아이디어를 시각적으로 표시할 수도 있다.

[작업 준비물 : 7-Section3-1.xlsx]

◑ 알아두기

- 여러 가지 도형을 삽입해 보자.
- 스마트아트를 삽입해 보자.

따라하기 01 도형으로 자유 구역 만들기

[7-Section3-1.xlsx] 파일의 '자유구역' 워크시트에 다음과 같이 도형으로 구역을 만들어 보자.

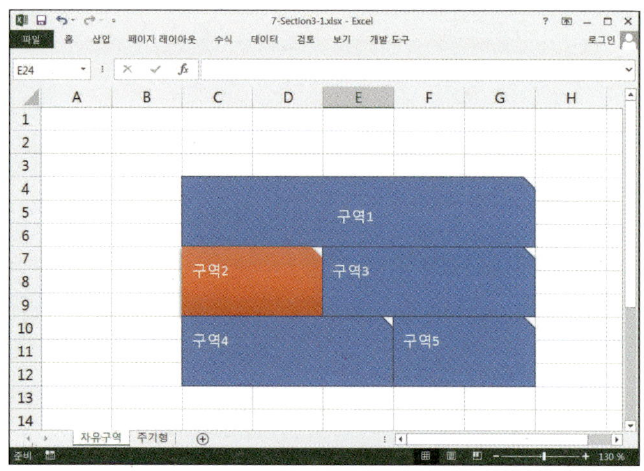

❶ [삽입] 탭-[일러스트레이션] 그룹에서 [도형](🔳)을 클릭하고, 한쪽 모서리가 잘린 사각형 도형에서 마우스 오른쪽 버튼을 클릭한 후 [그리기 잠금 모드]를 선택한다.

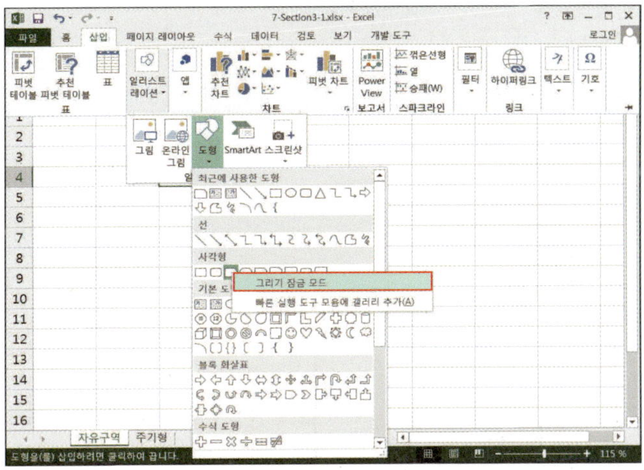

❷ **Alt** 를 누른 상태로 드래그하여 [C4:G6] 범위에 도형을 삽입한다.

❸ 계속해서 **Alt** 를 누른 상태로 [C7:D9] 범위에 도형을 삽입한다.

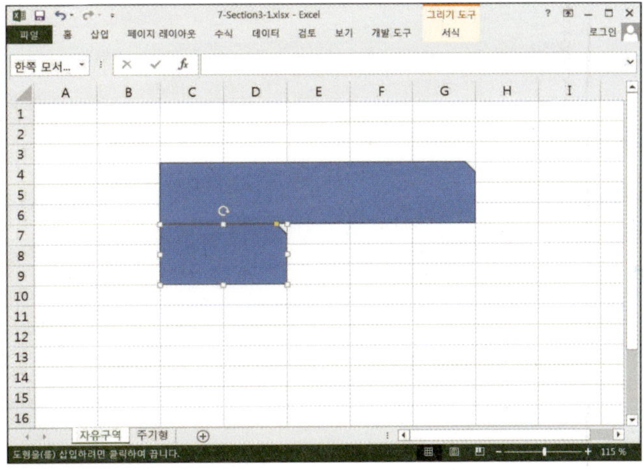

❹ 계속해서 나머지 도형을 삽입한 후 **Esc** 를 눌러 [그리기 잠금 모드]를 해제한다. [그리기 잠금 모드]에서는 선택한 도형을 계속해서 그릴 수 있다.

❺ 각각의 도형을 선택하여 텍스트를 입력한 다음 첫 번째 도형을 선택하고 [홈] 탭-[맞춤] 그룹에서 [가운데]를 클릭하여 텍스트를 가운데로 위치시킨다.

❻ '구역2' 텍스트가 입력된 도형을 선택하고 [그리기 도구]-[서식] 탭-[도형 스타일] 그룹에서 [자세히]-[강한 효과-주황, 강화]를 선택한다.

---

tip ➕

• [그리기 잠금 모드]는 도형을 선택 시 마우스 오른쪽 버튼을 클릭하여 선택하며, 계속해서 선택한 도형을 그릴 수 있다. 해제는 **Esc** 를 누른다.

[7-Section3-1.xlsx] 파일의 '주기형' 워크시트에 다음과 같은 스마트아트를 삽입해 보자.

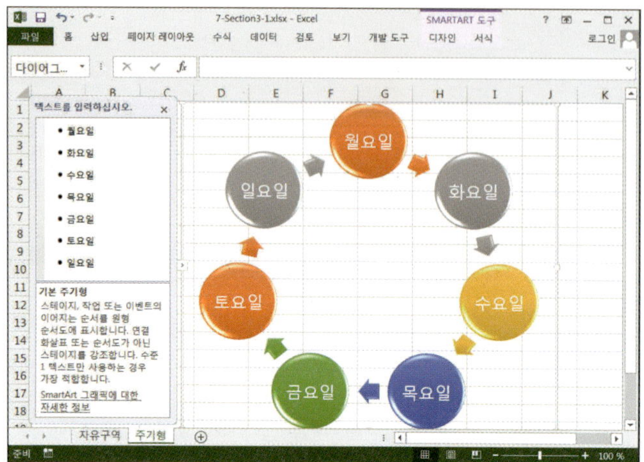

❶ '주기형' 워크시트에서 [삽입] 탭-[일러스트레이션] 그룹의 [SmartArt]( )를 클릭한다.

❷ [SmartArt 그래픽 선택] 대화상자의 [주기형]-[기본 주기형]을 선택하고 [확인] 단추를 클릭한다.

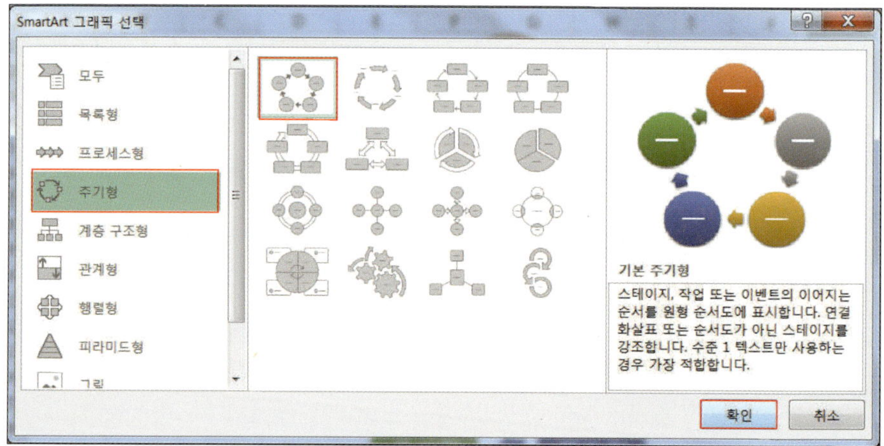

❸ 왼쪽 텍스트 창에 월요일부터 일요일까지 입력한다. 금요일 다음부터는 **Enter** 를 눌러 입력하면 된다.

❹ [SMARTART 도구]-[디자인] 탭-[SmartArt 스타일] 그룹에서 [색 변경]을 클릭한 후 [색상형-강조색]을 선택한다.

❺ [자세히]를 클릭하고 [광택처리]를 선택하여 3차원 서식을 적용한다.

01 혼자해보기

[7-Section3-2.xlsx] 파일의 '나라별건축' 워크시트에서 석굴암 그림에 도형을 추가하고 텍스트를 입력해 보자.

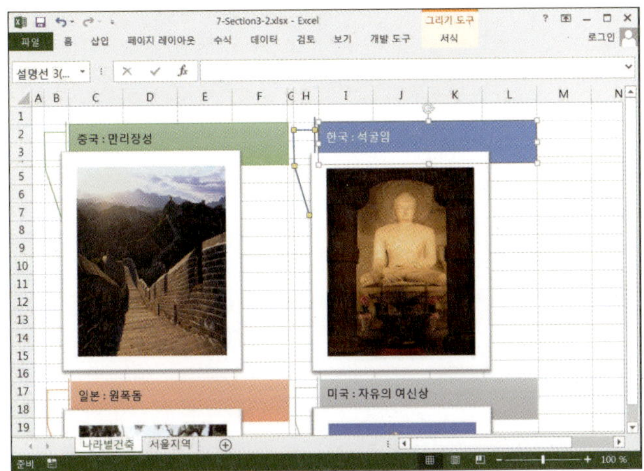

HINT | [삽입] 탭-[일러스트레이션] 그룹에서 [도형]( )의 [설명선 3 (테두리 및 강조선)]을 선택하고, [I2:L4] 범위에 드래그하여 도형을 삽입한다. 도형의 노란점들을 드래그하여 위치를 조절한다. 도형 선택 상태에서 텍스트를 입력한다. 도형이 선택된 상태에서 마우스 오른쪽 버튼을 클릭한 후 [맨 뒤로 보내기]를 선택한다.

02 혼자해보기

[7-Section3-2.xlsx] 파일의 '서울지역' 워크시트에 다음과 같이 스마트아트를 추가해 보자.

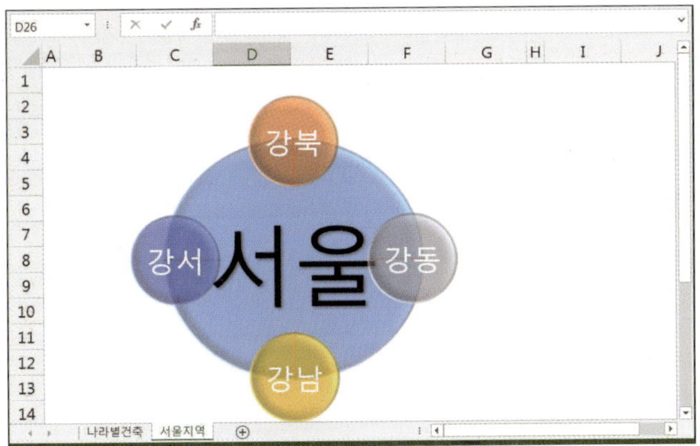

Check Point

• 도형 선택 시 [그리기 잠금 모드]를 사용하면 선택한 도형을 계속해서 그릴 수 있다.

• 스마트아트에 텍스트를 입력할 때 왼쪽의 [텍스트를 입력하십시오.] 창을 이용하면 빠르게 텍스트를 입력할 수 있다.

하이퍼링크 작업

다른 파일 또는 웹 페이지에 있는 관련 정보에 빠르게 액세스하기 위한 연결 작업을 '하이퍼링크'라고 한다. 이번 Section에서는 텍스트와 그림에 하이퍼링크를 연결하는 방법과 정의된 이름에 연결하는 방법을 알아본다.

[작업 준비물 : 7-Section4-1.xlsx]

◑ 알아두기

- 셀과 그림에 하이퍼링크를 연결하고 삭제해 보자.
- 이름의 정의하여 하이퍼링크를 연결해 보자.

따라하기 01 웹 페이지/엑셀 파일/그림에 하이퍼링크 작업

[7-Section4-1.xlsx] 파일의 '링크' 워크시트에 여러 하이퍼링크를 삽입하고 삭제해 보자.

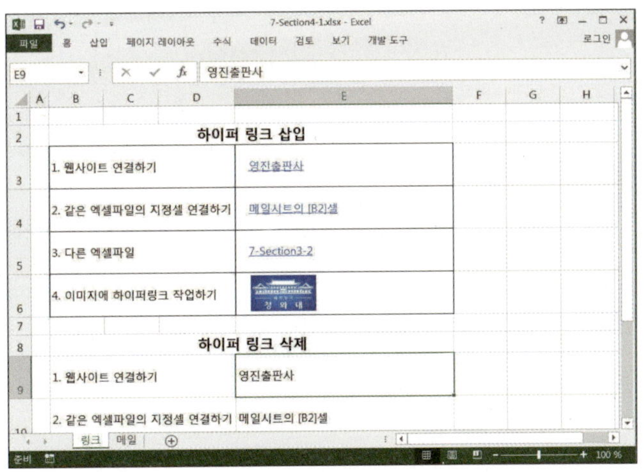

❶ '링크' 워크시트에서 [E3] 셀을 클릭하고 [삽입] 탭-[링크] 그룹에서 [하이퍼링크](📑)를 클릭한다.

❷ [하이퍼링크 삽입] 대화상자의 [주소]에 'www.youngjin.com'을 입력하고 [확인] 단추를 클릭한다.

❸ 계속해서 [E4] 셀을 클릭하고 마우스 오른쪽 버튼을 클릭한 후 [하이퍼링크]를 선택한다. [하이퍼링크 삽입] 대화상자가 나타나면 [연결 대상]의 [현재 문서]를 클릭하고, [참조할 셀 입력]에 'B2'를 입력, [이 문서에서 위치 선택]은 [메일] 선택한 다음 [확인] 단추를 클릭한다.

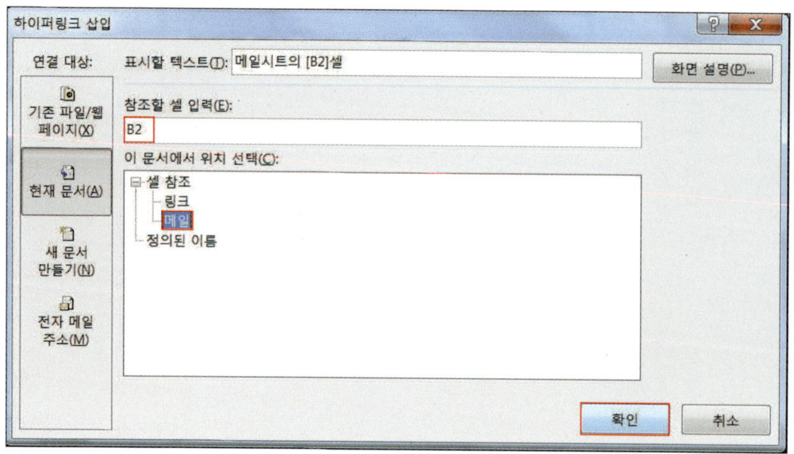

❹ [E5] 셀을 클릭하고 마우스 오른쪽 버튼을 클릭한 후 [하이퍼링크]를 선택한다. [하이
퍼링크 삽입] 대화상자에서 [기존 파일/웹페이지]를 클릭하고 [7-Section3-2.xlsx]
파일을 찾아 선택한 다음 [확인] 단추를 클릭한다.

❺ [E6] 셀에 있는 그림을 마우스 오른쪽 버튼으로 클릭하고 [하이퍼링크]를 선택한다.
[하이퍼링크 삽입] 대화상자의 [주소]에 'www.cwd.go.kr'을 입력하고 [확인] 단추를
클릭한다.

❻ [E9] 셀에 마우스 포인터를 위치시키면 손가락 모양으로 변한다. 이때 마우스 오른쪽
버튼을 클릭하고 [하이퍼링크 제거]를 선택한다. 같은 방법으로 [E10] 셀의 하이퍼링
크도 제거한다.

---

tip ➕

• **하이퍼링크 삽입** : [삽입] 탭-[링크] 그룹에서 [하이퍼링크](📖)를 클릭하거나 마우스 오른쪽 버튼
을 클릭한 후 [하이퍼링크]를 선택한다.
• **하이퍼링크 제거** : 제거하려는 하이퍼링크가 있는 셀을 마우스 오른쪽 버튼으로 클릭하고 [하이퍼
링크 제거]를 선택한다.

따라하기 02 하이퍼링크로 빠르게 메일 보내기

[7-Section4-1.xlsx] 파일의 '메일' 워크시트에서 다음과 같은 하이퍼링크 작업을 해 보자.

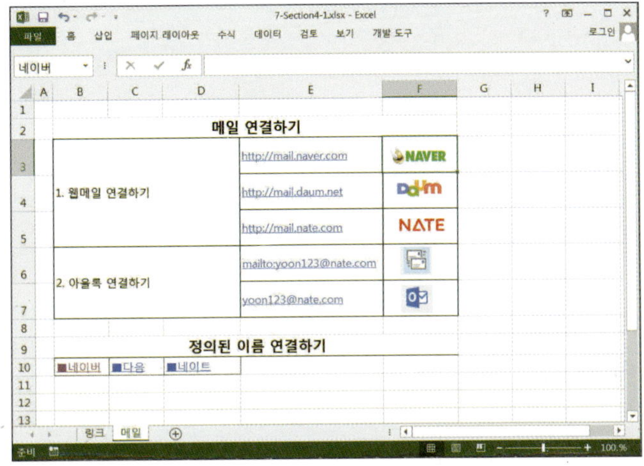

❶ [E3] 셀에 'http://mail.naver.com'을 입력하고 **Enter**를 누른다. [E3] 셀을 클릭하면 인터넷 익스플로러가 실행되며 네이버의 메일 계정을 입력하는 화면으로 바뀐다.

❷ 1번과 같은 방법으로 [E4] 셀에 'http://mail.daum.com'을 입력한다. [E5] 셀에도 1번과 같은 방법으로 'http://mail.nate.com'을 입력한다.

❸ [E6] 셀을 클릭하고 'mailto:yoon123@nate.com'을 입력한다. [E6] 셀을 클릭하면 Outlook 프로그램과 연결된다.

❹ [E7] 셀을 클릭하고 'yoon123@nate.com'을 입력한다. [E7] 셀을 클릭하면 3번과 마찬가지로 Outlook 프로그램과 연결되며, 계정이 설정되어 있으면 바로 메일을 작성하여 보낼 수 있다.

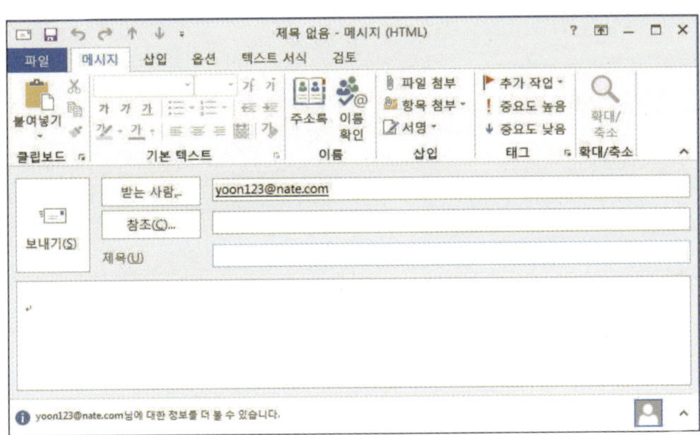

❺ [F3], [F4], [F5] 셀을 각각 '네이버', '다음', '네이트' 로 이름을 정의한다.

❻ [B10] 셀을 마우스 오른쪽 버튼으로 클릭하고 [하이퍼링크]를 선택한다. [하이퍼링크 삽입] 대화상자가 나타나면 [현재 문서]를 클릭한 후 정의된 이름 리스트에서 [네이버]를 선택하고 [확인] 단추를 클릭한다.

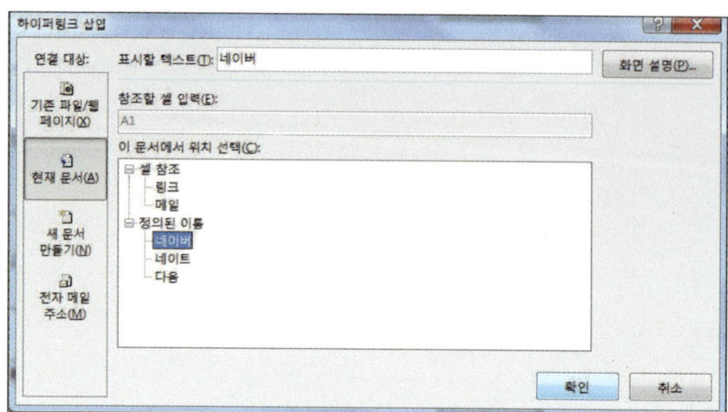

❼ 6번과 같은 방법으로 [C10], [D10] 셀에 각각 다음과 네이트를 연결한다.

tip ➕

- 이름을 정의하여 하이퍼링크를 삽입하면 정의된 이름으로 링크할 수 있다.
- 하이퍼링크가 있는 셀을 클릭하면 실행되며 누르고 있으면 셀이 선택된다.
- 'yoon123@nate.com;yoon456@naver.com' 과 같이 메일 주소 다음에 세미콜론(;)을 입력한 후 두 번째 메일 주소를 입력하면 여러 명에게 메일을 보낼 수 있다.
- 'yoon123@nate.com?subject=안부인사' 와 같이 입력하면 메일 제목에 '안부인사' 가 입력된다.

01 혼자해보기

[7-Section4-2.xlsx] 파일의 '사이트비교' 워크시트에서 도메인 항목의 하이퍼링크를 제거해 보자.

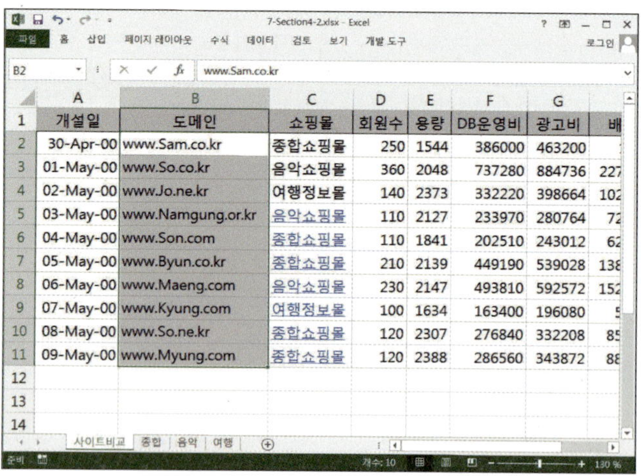

02
혼자해보기

[7-Section4-2.xlsx] 파일의 '사이트비교' 워크시트에서 [C2] 셀을 클릭하면 '종합' 워크시트의 [C2] 셀로, [C3] 셀을 클릭하면 '음악' 워크시트의 [C2] 셀로, [C4] 셀을 클릭하면 '여행' 워크시트의 [C2] 셀로 이동하는 하이퍼링크 작업을 해보자.

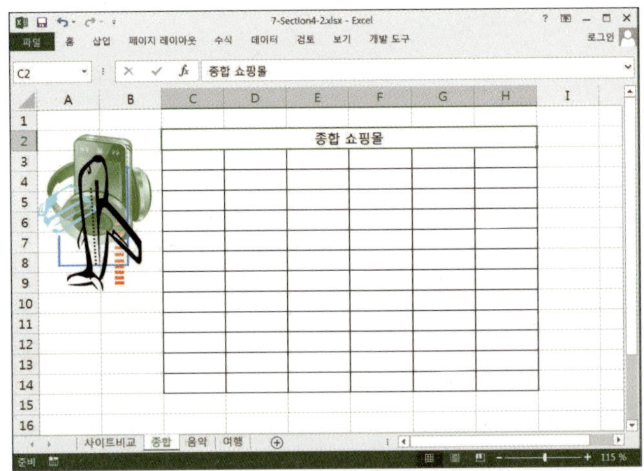

Check Point

• 하이퍼링크 삽입과 삭제는 해당 셀을 마우스 오른쪽 버튼으로 클릭한 후 바로가기 메뉴를 통해 작업할 수 있다.

• 하이퍼링크가 입력된 셀을 한번 클릭하면 실행되며, 누르고 있으면 셀이 선택된다.

• 정의된 이름을 하이퍼링크로 연결할 수 있다.

• 메일 주소 형식으로 '메일 주소1;메일 주소2'와 같이 세미콜론(;)을 이용하면 동시에 여러 명에게 메일을 보낼 수 있다.

1. 워드아트 삽입

- [삽입] 탭-[텍스트] 그룹에서 [WordArt 삽입]( )을 클릭하여 워드아트를 삽입한다.
- 입력한 워드아트를 선택하고 [그리기 도구]-[서식] 탭-[WordArt 스타일] 그룹의 명령으로 다양하게 편집할 수 있다.

2. 그림 삽입하기와 화면 캡처하기

- [삽입] 탭-[일러스트레이션] 그룹에서 [그림]( )을 클릭하면 그림을 삽입할 수 있다.
- 삽입한 그림을 선택하고 [그리기 도구]-[서식] 탭-[조정] 그룹에서 [색]-[투명한 색 설정]으로 단색을 투명하게 처리한다.
- 그림에 여러 서식 작업을 진행한 경우에, 똑같은 서식 작업을 다른 그림에 적용하려면 [홈] 탭-[서식 복사] 명령을 이용한다.
- [삽입] 탭-[일러스트레이션] 그룹에서 [스크린샷]( )을 이용하면 모니터에 떠 있는 이미지를 캡처할 수 있다.

3. 도형과 스마트아트 삽입

- [삽입] 탭-[일러스트레이션] 그룹의 [도형]( )으로 도형을 삽입하면서 [그리기 잠금 모드]를 이용하면 반복적으로 도형을 삽입할 수 있다.
- [삽입] 탭-[일러스트레이션] 그룹의 [SmartArt]( )로 스마트아트를 삽입하며, 텍스트 입력 창에서 빠르게 텍스트를 입력할 수 있다.
- [SMARTART 도구]-[디자인] 탭과 [서식] 탭을 이용하면 다양한 서식 작업을 진행할 수 있다.

4. 하이퍼링크 작업

- [삽입] 탭-[링크] 그룹에서 [하이퍼링크]( )를 클릭하거나, 마우스 오른쪽 버튼을 클릭하면 나타나는 바로가기 메뉴를 이용하여 웹 페이지, 통합 문서의 특정 위치, 전자 메일 주소를 연결할 수 있다.

1. **[7–종합문제.xlsx] 파일의 '보고서표지' 워크시트에 다음과 같이 '1사분기 사업보고' 제목을 워드아트로 삽입해 보자.**

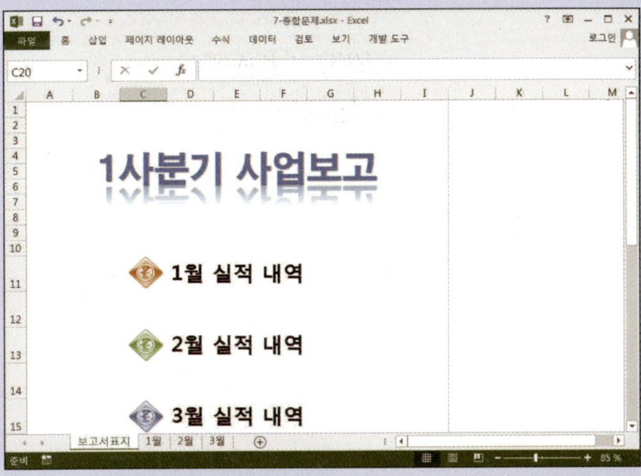

HINT | [삽입] 탭–[텍스트] 그룹에서 [WordArt 삽입](가)을 클릭하여 제목을 입력하고 배치한 다음에 [홈] 탭–[글꼴] 그룹에서 [글꼴]–'HY견고딕', [글꼴 크기]–'40', [그리기 도구]–[서식] 탭–[WordArt 스타일] 그룹에서 [텍스트 채우기]의 '파란색' 선택, [텍스트 효과]–[반사]를 적용한다.

2. **[7–종합문제.xlsx] 파일의 '보고서표지' 워크시트에 그림(LOGO.PNG) 파일을 삽입하고 크기와 위치를 조정해 보자.**

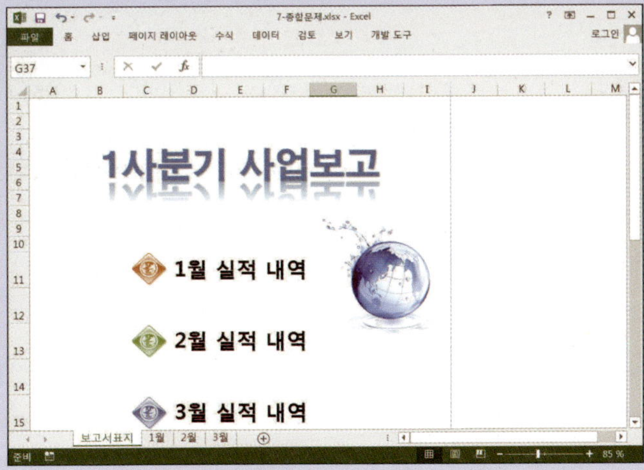

HINT | [삽입] 탭–[일러스트레이션] 그룹에서 [그림]을 클릭한 후 해당 그림 파일을 찾아 삽입한다. 크기와 위치를 조절한 후 적절한 위치에 배치한다.

3. [7-종합문제.xlsx] 파일의 '보고서표지' 워크시트에 다음과 같이 도형을 삽입해 보자.

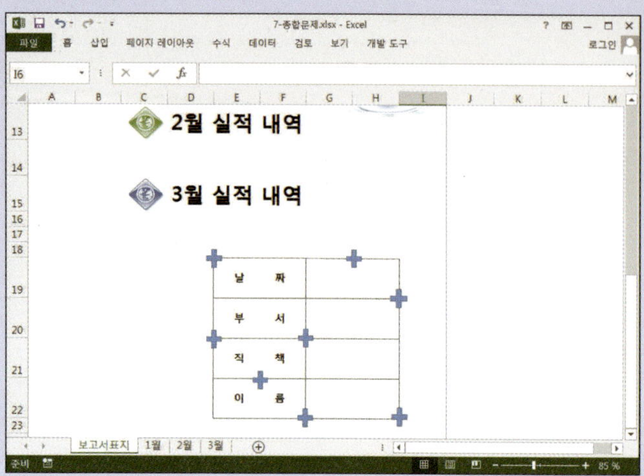

> **HINT** | [삽입] 탭-[일러스트레이션] 그룹에서 [도형](□)을 클릭하고 덧셈 기호 도형에서 마우스 오른쪽을 클릭한 후 [그리기 잠금 모드]를 선택한다. 여러 곳에 반복하여 그림과 같이 도형을 삽입한다.

4. [7-종합문제.xlsx] 파일의 '보고서표지' 워크시트에서 '1월 실적 내역' 왼쪽 그림에 '1월' 워크시트의 [B2] 셀, '3월 실적 내역' 왼쪽 그림에 '2월' 워크시트의 [B2] 셀, '1월 실적 내역' 왼쪽 그림에 '3월' 워크시트의 [B2] 셀로 하이퍼링크를 삽입해 보자.

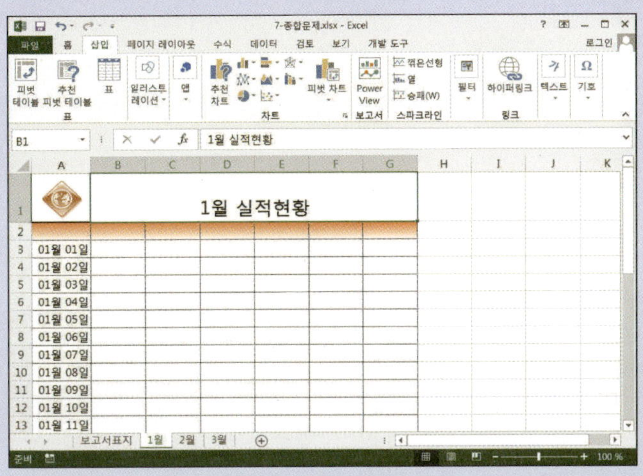

> **HINT** | '1월 실적 내역' 왼쪽의 그림을 마우스 오른쪽 버튼으로 클릭하고 [하이퍼링크]를 선택한다. [하이퍼링크 삽입] 대화상자가 나타나면 [연결 대상]은 [현재 문서], [참조할 셀 입력]은 'B2', [이 문서에서 위치 선택]은 '1월'로 설정한 후 [확인] 단추를 클릭한다. 나머지 2개 그림도 각각 '2월', '3월' 워크시트의 [B2] 셀로 하이퍼링크 작업을 진행한다.

08
CHAPTER

자동화 작업

엑셀 문서에서 여러 편집 작업을 수동적으로 해야 하는 경우에 몇 번의 명령으로 빠르게 진행하는 일련의 모든 작업을 자동화라고 한다. 이번 Chapter에서는 자동화를 이끄는 함수, 양식 컨트롤, 매크로 등에 대해 학습한다.

업무 처리를 빠르게 해주는 자동화 기능 익히기

자동화에 활용하는 함수와 양식 컨트롤을 이용하여 엑셀 문서에 자동화 기능을 추가하고, 데이터 유효성 검사로 유효한 값만을 입력하여 데이터 수정을 줄이는 방법을 알아본다. 또한, 반복적으로 수행하는 작업이 있는 경우 매크로를 기록하여 활용하는 방법에 대해서도 알아본다.

01 자동 순번 나타내기

- IF 함수+LEN 함수+ROW 함수를 이용하여 자동화 순번을 나타낼 수 있다.
- 참조 함수로 선택한 데이터를 표시한다.

02 양식 컨트롤 도구 모음

- [개발 도구] 탭–[컨트롤] 그룹에서 [삽입]의 [양식 컨트롤]에 있는 [확인란], [스핀 단추], [콤보 상자] 등을 이용하여 동적인 문서를 만든다.

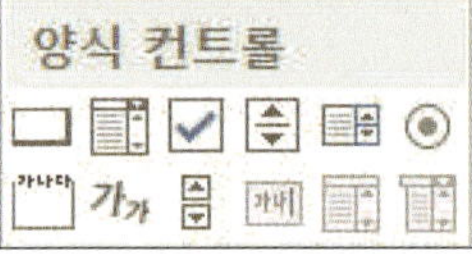

03 데이터 유효성 검사

- 사용자가 셀에 입력하는 데이터 또는 값 유형을 제어하기 위해 사용하며 [데이터] 탭– [데이터 도구] 그룹에서 [데이터 유효성 검사]( )를 클릭한다.
- [데이터 유효성] 대화상자의 [설정] 탭에서 유효한 값을 제한, [설명 메시지] 탭에서 셀을 선태하면 나타나는 설명 메시지 입력, [오류 메시지] 탭에서 유효하지 않은 데이터를 입력하면 나타나는 오류 메시지를 입력, [IME 모드] 탭에서 셀에 한글과 영문 데이터를 자동으로 전환한다.

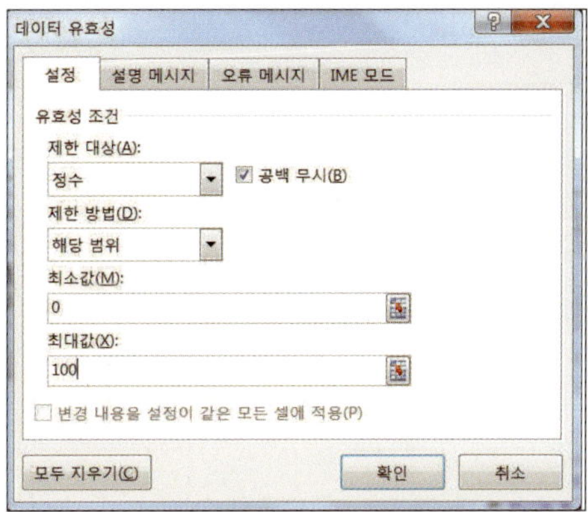

▲ [데이터 유효성] 대화상자

04 매크로

- **매크로가 있는 통합 문서 열기** : 바이러스의 위험으로부터 사용자의 시스템을 보호하기 위해 [리본 메뉴] 아래에 [보안 경고]가 표시된다. [콘텐츠 포함]을 클릭하여 매크로를 사용할 수 있다.

- [개발 도구] 탭-[코드] 그룹의 [매크로 기록]( )을 클릭하여 매크로를 기록하며, 기록의 끝을 알리는 [기록 중지]( )를 클릭하면 기록이 중지된다.

- **매크로 순서** : 매크로 정의 → 반복 작업 → 기록 중지 → 할당 순서로 진행한다.

- **매크로 기록** : [매크로 이름]을 정의하며, [바로 가기 키]와 [저장 위치]를 설정한다.

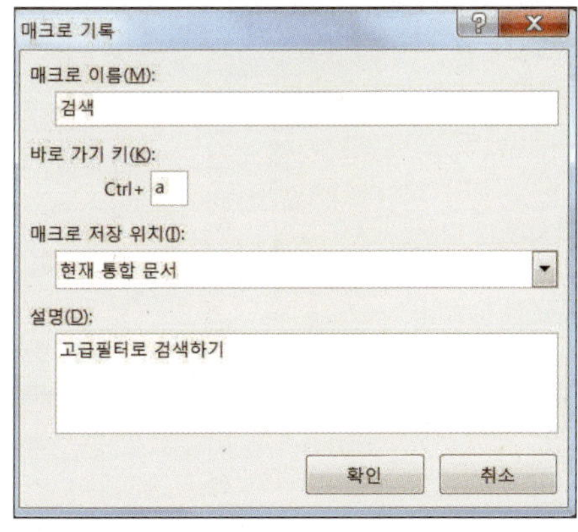

- **반복 작업** : 일련의 명령을 반복하여 작업한다.

- **기록 중지** : 원하는 작업이 끝나면 반드시 [기록 중지]( )를 클릭한다.

- **매크로 할당** : 양식 컨트롤의 단추에 할당하거나 도형에 할당한다.

자동 순번 나타내기

데이터를 입력할 때 데이터 왼쪽에 1, 2, 3, …과 같은 일련번호를 자동으로 나타내야 한다. 데이터를 입력하고 자동으로 숫자가 나타나게 하려면 여러 함수를 결합하여 자동 일련번호를 표시할 수 있다.
[작업 준비물 : 8-Section1-1.xlsx]

◑ 알아두기

- LEN 함수, ROW 함수와 IF 함수
- 데이터가 입력되면 자동으로 번호를 나타내어 보자.

따라하기 **01** **견적서 품명 일련번호 자동으로 부여하기**

[8-Section1-1.xlsx] 파일의 '견적서' 워크시트에서 품명 항목이 입력되면 자동으로 번호 항목에 일련번호가 부여되도록 설정해 보자.

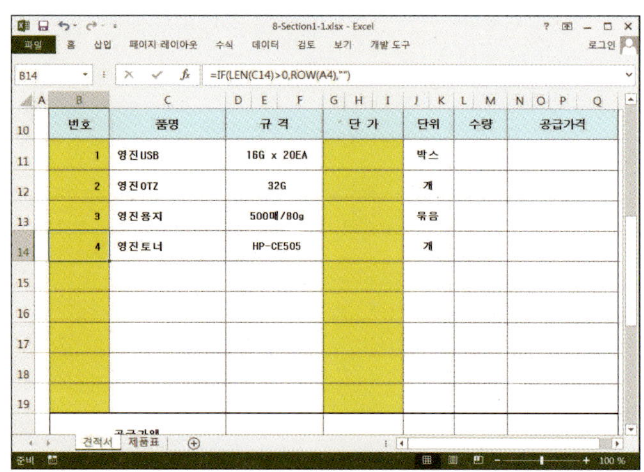

❶ '견적서' 워크시트에서 [B11] 셀을 클릭한다.

❷ 수식 입력줄에 '=IF(LEN(C11)>0,ROW(A1),"")' 를 입력하고 **Enter** 를 누른다.

❸ [B11] 셀을 클릭하고 채우기 핸들로 [B19] 셀까지 드래그한다.

❹ [C13] 셀에 '영진용지' 를 입력하고 **Enter** 를 누르면 왼쪽에 자동으로 '3' 이 부여된다.

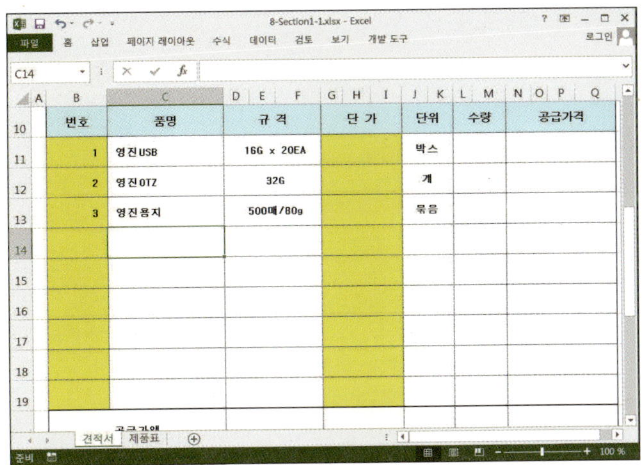

❺ [C13] 셀에 '영진토너'를 입력하고 **Enter** 를 누르면 왼쪽에 자동으로 '4'가 부여된다.
 [C14] 셀에도 데이터를 입력하고 **Enter** 를 누르면 계속적으로 일련번호가 나타난다.

자동 일련번호　　　　　　　　　　　　　　　　　　　　　　　　　tip ➕

- LEN 함수(텍스트) : 텍스트 문자열의 문자수를 반환한다.
- ROW 함수([참조]) : 참조의 행 번호를 반환한다. 참조를 생략하면 활성화 행의 행 번호를 반환한다. 함수식 '=ROW(A1)'의 결과는 '1'이 반환된다.
- IF 함수(조건, 값1, "") : 조건을 만족하지 않으면 공백을 환원한다.

따라하기　**02**　**참조 함수로 단가 데이터 뿌리기**

[8-Section1-1.xlsx] 파일의 '견적서' 워크시트에서 '참조표' 워크시트를 참조하여 품명에 해당하는 단가를 표시해 보자.

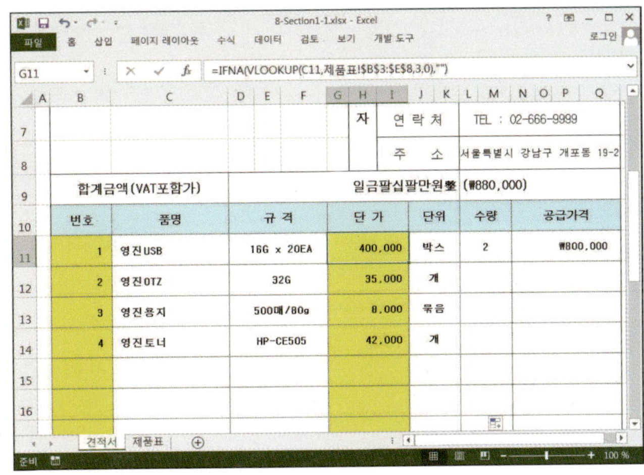

❶ '견적서' 워크시트에서 [G11] 셀을 클릭한다.

❷ 수식 입력줄에 '=IFNA(VLOOKUP(C11,제품표!$B$3:$E$8,3,0),"")'를 입력하고 **Enter** 를 누른다. 품명에 대응되는 단가가 나타난다. IFNA 함수는 #NA 오류 값을 반환하여 오류를 셀에 표시하지 않는다.

❸ [G11] 셀을 클릭하고 [G19] 셀까지 드래그하여 채우기 핸들 작업을 한다.

---

tip ➕

- IFNA(값, #NA오류) : 값의 결과가 #NA 오류가 아닌 경우 값을 반환하고, #NA 오류인 경우 #NA 오류 값을 반환한다.

01
혼자해보기

[8-Section1-2.xlsx] 파일의 '급여대장' 워크시트에서 번호 항목에 성명 항목이 입력되면 자동적으로 일련번호를 나타나게 설정해 보자.

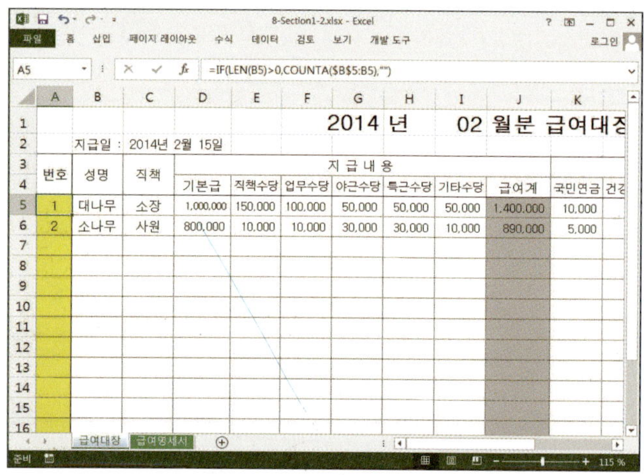

HINT | '급여대장' 워크시트의 [A5] 셀에 '=IF(LEN(B5)>0,COUNTA($B$5:B5),"")'를 입력하고 [A19] 셀까지 채우기 핸들 작업을 한다.

02 혼자해보기

[8-Section1-2.xlsx] 파일의 '급여대장' 워크시트를 참조하여 '급여명세서' 워크시트에서 성명([B3])에 대응되는 값을 [B6:B11] 범위에 표시해 보자.

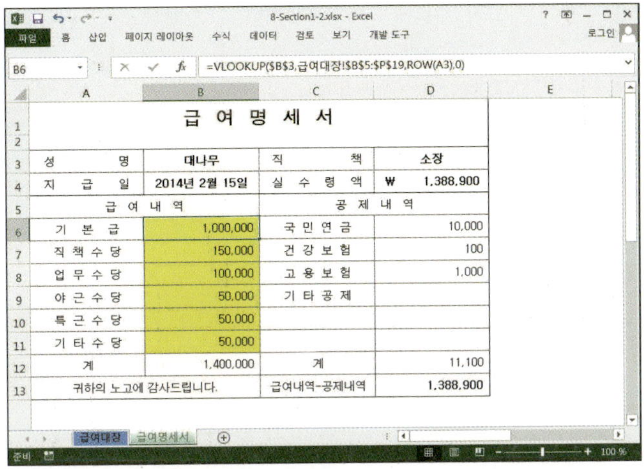

> **HINT** | '급여명세서' 워크시트에서 [B6] 셀을 클릭하고 '=VLOOKUP($B$3,급여대장!$B$5:$P$19,ROW(A3),0)'을 입력한 후 [B11] 셀까지 채우기 핸들 작업을 한다.

Check Point

- LEN 함수는 텍스트 문자열의 문자수를 반환한다.
- ROW 함수는 참조의 행 번호를 반환한다.
- IFNA 함수는 값의 결과가 #NA 오류인 경우 오류 대신 지정한 값을 환원한다.

양식 컨트롤 도구 모음

양식 컨트롤의 도구를 이용하여 자동화 양식을 꾸며보고, 사용자 개발 형태의 문서를 만드는 방법에 대해 학습한다.

[작업 준비물 : 8-Section2-1.xlsx]

❍ 알아두기

- 개발 도구 탭을 표시해 보자.
- 양식 컨트롤 도구의 확인란, 콤보 상자를 이용해 보자.

따라하기 01 확인란 컨트롤 도구로 재고 파악하기

[8-Section2-1.xlsx] 파일의 '재고' 워크시트에서 '재고부족 주황색'의 확인란을 만들어, 오더수량이 재고수량보다 큰 경우에 행 전체에 주황색 채우기를 해 보자.

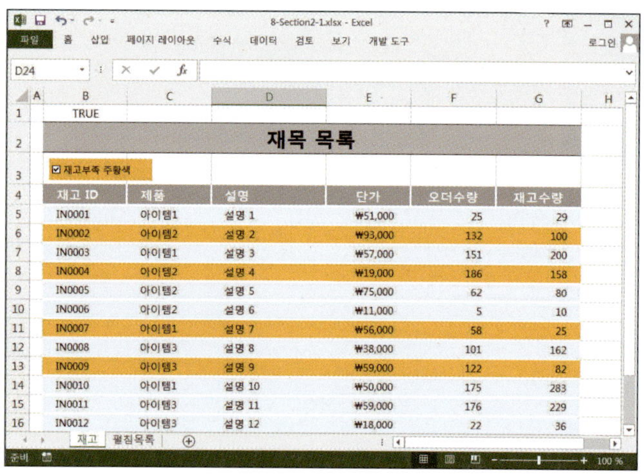

❶ '재고' 워크시트에서 [B3] 셀을 클릭한다.

❷ [파일] 탭-[옵션]을 클릭하여 [Excel 옵션] 대화상자가 나타나면 [리본 사용자 지정]을 선택하고 오른쪽 [기본 탭]에서 [개발 도구]를 체크한 후 [확인] 단추를 클릭한다.

❸ [개발 도구] 탭-[컨트롤] 그룹에서 [삽입](■)의 화살표를 클릭한 후 [확인란](☑)을 선택한다.

❹ [B3] 셀부터 드래그하여 그린 다음 '재고부족 주황색'을 입력한다.

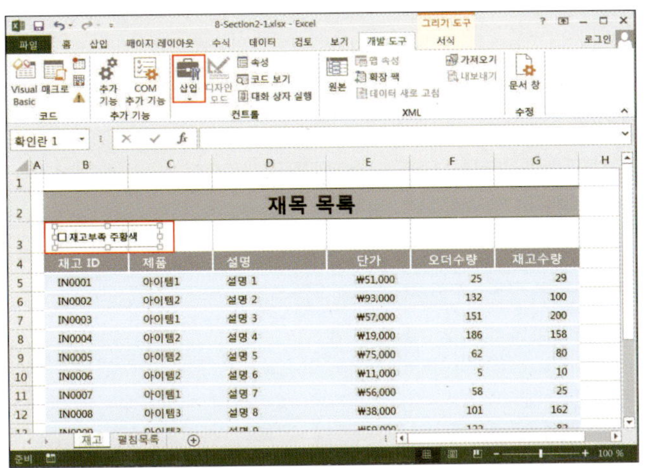

❺ 계속해서 [개발 도구] 탭-[컨트롤] 그룹에서 [속성]을 클릭하고 [컨트롤 서식] 대화상자의 [셀 연결]에서 [B1] 셀을 클릭한 후 [확인] 단추를 클릭한다.

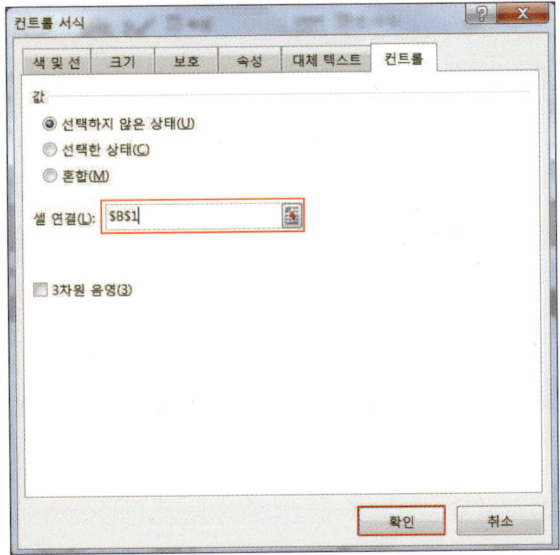

❻ [B1] 셀을 클릭하고 [확인란]을 체크하면 [B1] 셀에 'TRUE'가 나타난다. '재고부족 주황색' 컨트롤 위에서 마우스 오른쪽 버튼을 클릭하고 [그리기 도구]-[서식] 탭-[도형 채우기]로 [주황]을 선택하여 색을 채운다.

❼ [B5:G16] 범위를 선택하고 [홈] 탭-[스타일] 그룹에서 [조건부 서식]-[새 규칙]의 수식을 이용하여 '=$B$1*($F5>$G5)'를 입력한 다음 [서식] 단추를 클릭한다.

❽ [셀 서식] 대화상자의 [채우기] 탭에서 [주황색]을 선택한다. 확인란이 체크되면 'TRUE', 오더수량이 재고수량보다 크면 'TRUE' 즉 TRUE*TRUE의 결과는 TRUE가 된다.

❾ [확인란]을 클릭할 때 마다 체크와 체크 해제가 된다.

따라하기 01 확인란 컨트롤 도구로 재고 파악하기

[8-Section2-1.xlsx] 파일의 '펼침 목록' 워크시트에 고유 제품명 [B5:B7] 범위에 데이터가 콤보 상자에 리스트로 나타나고, [E7] 셀에 선택한 아이템을 표시해 보자.

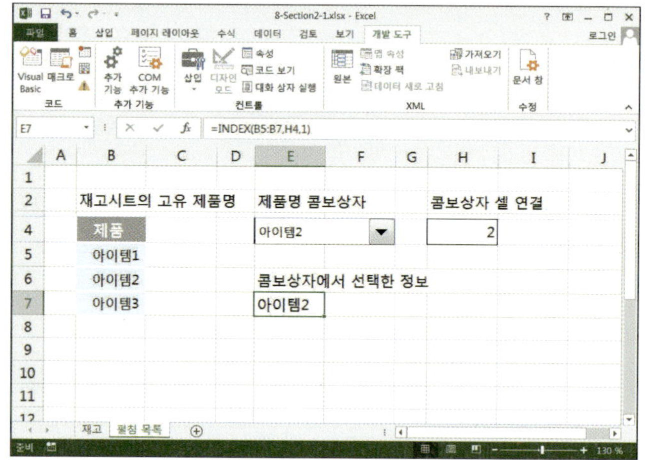

❶ 'IT경진대회' 워크시트의 [개발 도구] 탭-[컨트롤] 그룹에서 [삽입](🖼)의 화살표를 눌러 [콤보 상자](🔲)를 선택한 다음, [E4:F4] 범위를 드래그하여 작성한다.

❷ 콤보 상자를 마우스 오른쪽 버튼으로 클릭하고 [컨트롤 서식]을 선택한다. [컨트롤 서식] 대화상자의 [입력 범위]에서 [B5:B7] 범위 선택, [셀 연결]에서 [H4] 셀을 클릭하고 [확인] 단추를 클릭한다.

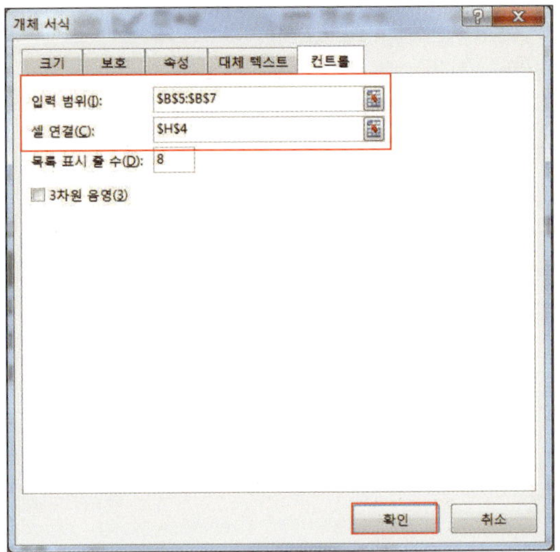

❸ [E7] 셀을 클릭하고 '=INDEX(B5:B7,H4,1)' 을 입력한다.

❹ 콤보 상자를 클릭하여 '아이템2' 를 선택하면 셀 연결은 '2' 가 되고 함수식으로 표현된 [E7] 셀에는 '아이템2' 가 표시된다.

tip ➕

- [콤보 상자]의 [입력 범위]는 리스트로 나타날 데이터의 범위를 의미하며, [셀 연결]은 리스트에서 선택한 순서가 수로 나타난다.
- [셀 연결]로 연결한 셀 부분에 수로 나타나기 때문에 가독성을 높이기 위해 다양한 함수를 사용하여 수 대신에 데이터로 바꾸어 준다.

01
혼자해보기

[8-Section2-2.xlsx] 파일의 '일정관리' 워크시트에서 [F2] 셀에 스핀 단추를 추가하고, [C2] 셀과 연결하여 연도가 증분되도록 설정해 보자.

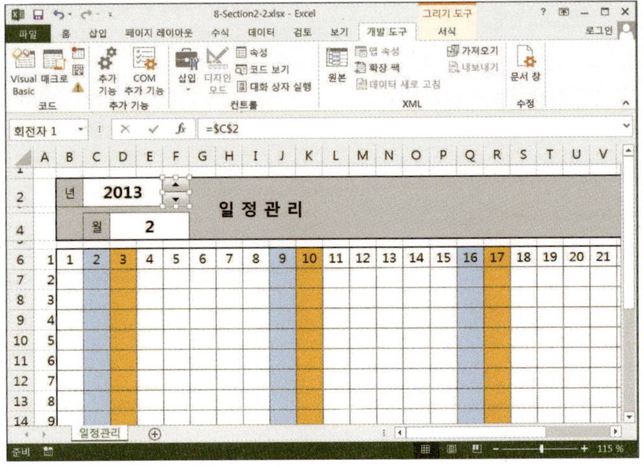

02

혼자해보기

[8-Section2-2.xlsx] 파일의 '일정관리' 워크시트에서 [D4:F4] 범위에 콤보 상자를 만들어 1부터 12까지 표시해 보자.

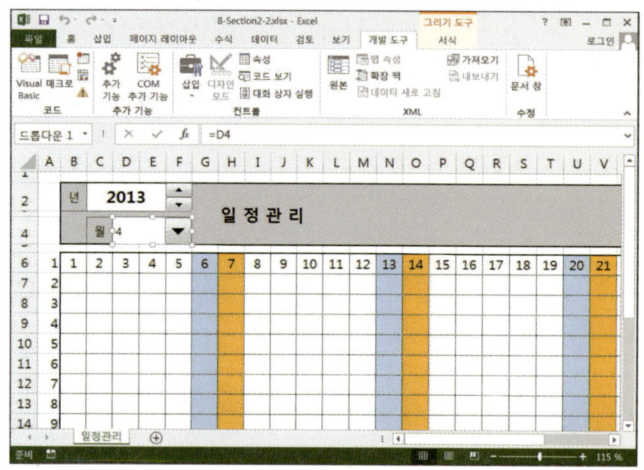

Check Point

- [개발 도구] 탭은 [Excel 옵션] 대화상자를 이용하여 나타낼 수 있다.
- [확인란] 컨트롤은 연결한 셀에 체크된 상태가 TRUE, 해제된 상태가 FALSE로 나타난다.
- [콤보 상자] 컨트롤은 연결한 셀에 선택한 리스트의 번호가 순차적으로 나타난다.
- [스핀 단추] 컨트롤의 증분 변경을 '1'로 하면 연결한 셀에 1씩 증분되어 나타난다.

데이터 유효성 검사

셀에 입력하는 데이터 또는 값 유형을 제어하기 위해 사용하는 것을 데이터 유효성 검사라고 한다. 이 번 Section에서는 사용자가 지정한 값 이외의 값을 셀에 입력하지 못하게 하여 불필요한 데이터 입력 을 방지하는 방법과 제한 대상 목록을 활용하는 자동화 작업에 대해 학습한다.

[작업 준비물 : 8-Section3-1.xlsx]

◑ 알아두기

• 셀에 데이터 유효성 검사를 지정해 보자.

• 유효성 검사에 어긋나는 데이터를 검색하여 빠르게 표시하고 편집해 보자.

• 제한 대상의 목록을 이용하여 검색 형태로 조건부 서식을 활용해 보자.

따라하기 01 데이터 유효성 검사 설정하기

[8-Section3-1.xlsx] 파일의 '성적표' 워크시트에서 영어 항목에 '0~100' 사이 값 만 입력되도록 유효성 검사를 설정하고, 지정 값과 지정되지 않은 값을 입력해 보자.

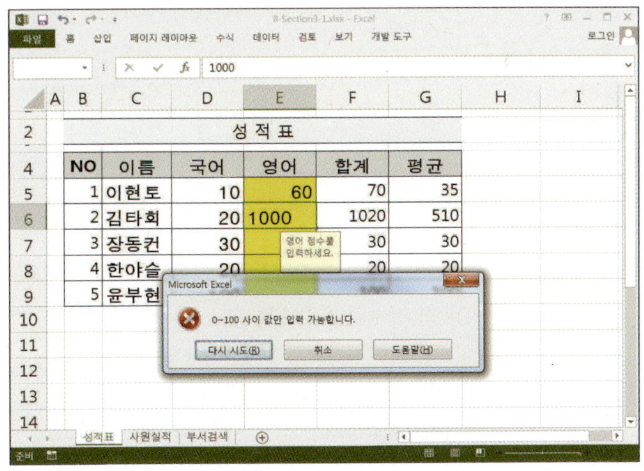

❶ '성적표' 워크시트의 [E5:E9] 범위를 선택한다.

❷ [데이터] 탭-[데이터 도구] 그룹에서 [데이터 유효성 검사](🗐)를 클릭한다.

❸ [데이터 유효성] 대화상자의 [설정] 탭에서 [제한 대상]은 '정수'로 설정한 다음 [최소 값]은 '0', [최대값]은 '100'으로 설정한다.

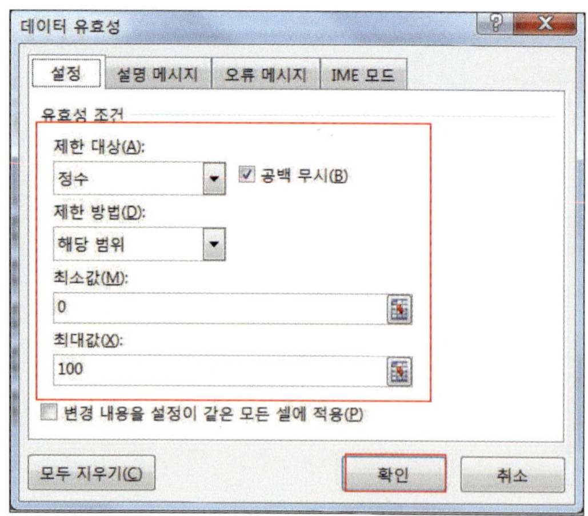

❹ [설명 메시지] 탭을 클릭하고 [설명 메시지]에 '영어 점수를 입력하세요.'를 입력한 다음 [오류 메시지] 탭의 [오류 메시지]에 '0~100 사이 값만 입력 가능합니다.'를 입력한 후 [확인] 단추를 클릭한다.

❺ [E5] 셀을 클릭하면 설명 메시지가 나타나며 지정한 값 사이에 있는 '60'을 입력한다.

❻ [E6] 셀을 클릭하고 지정한 값 외의 '1000'을 입력한 다음 **Enter** 를 누르면 오류 메시지가 나타나며 값이 셀에 입력되지 않는다.

tip ➕

• 설정된 유효성 검사를 삭제하려면 [데이터 유효성] 대화상자의 [모두 지우기] 단추를 클릭한다.

따라하기 02 유효성 검사로 잘못 입력된 데이터 찾기

[8-Section3-1.xlsx] 파일의 '사원실적' 워크시트에서 성별 항목에 '남', '여'가 아닌 데이터를 찾아 빨간 동그라미로 표시해 보자.

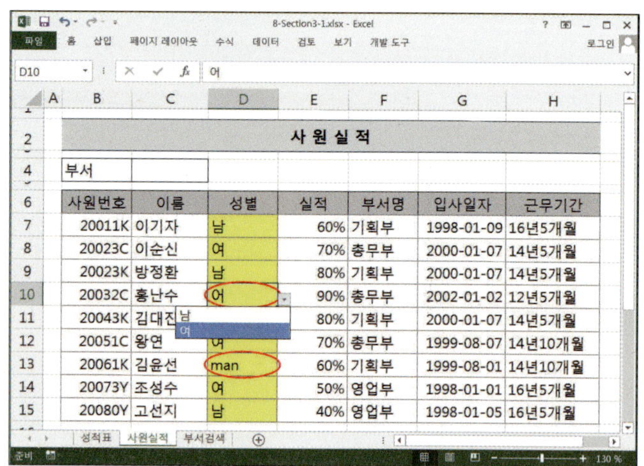

❶ '사원실적' 워크시트에서 [D7:D15] 범위를 선택한다.

❷ [데이터] 탭-[데이터 도구] 그룹에서 [데이터 유효성 검사](📋)를 클릭한 후 [설정] 탭을 클릭한다.

❸ [제한 대상]을 '목록'으로 설정한 다음 [원본]에 '남, 여'를 입력하고 [확인] 단추를 클릭한다.

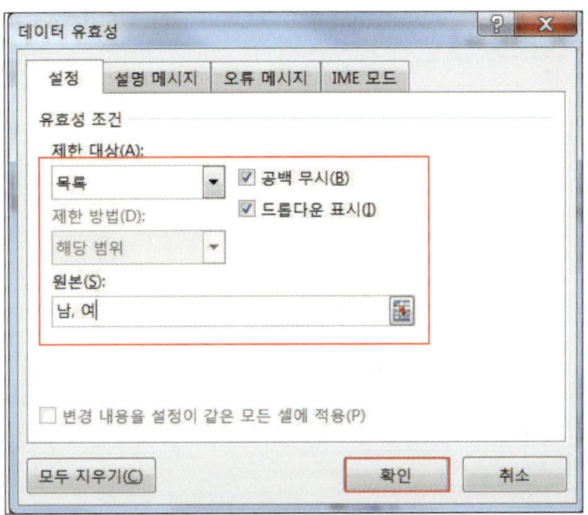

❹ [데이터] 탭-[데이터 도구] 그룹에서 [데이터 유효성 검사](📋)의 화살표를 클릭하여 [잘못된 데이터]를 선택한다.

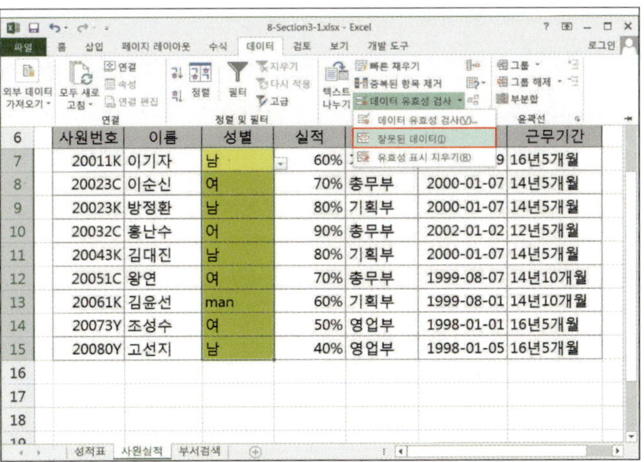

❺ [성별]의 데이터에서 잘못된 데이터가 빨간 동그라미로 처리된다.

❻ 첫 번째 잘못된 데이터인 [D10] 셀의 목록 단추를 클릭하여 '여'를 선택한다. 지정 목록에 있는 값이므로 빨간 동그라미가 사라진다.

tip

• 이미 데이터가 입력된 셀에 [데이터 유효성 검사]를 지정하고, [잘못된 데이터] 명령으로 잘못 입력된 데이터를 빠르게 찾을 수 있다.

[8-Section3-1.xlsx] 파일의 '부서검색' 워크시트에서 유효성 검사의 목록으로 부서를 [C4] 셀에 나타내고, 해당 부서를 선택하면 선택한 부서의 행 전체에 노란색을 채워보자.

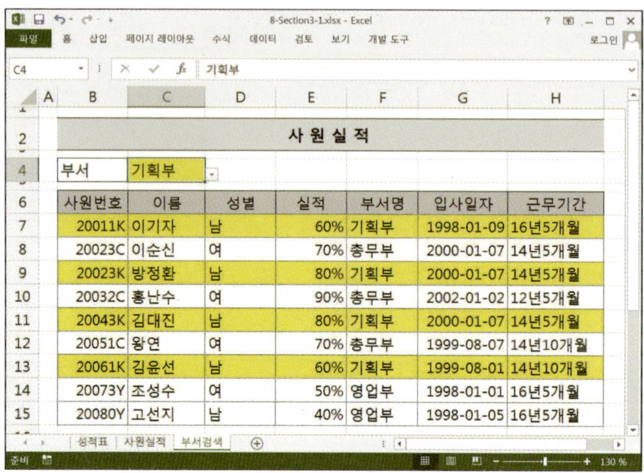

❶ '부서검색' 워크시트에서 [C4] 셀을 클릭한다.

❷ [데이터] 탭-[데이터 도구] 그룹에서 [데이터 유효성 검사](📋)를 클릭하고 [데이터 유효성] 대화상자의 [설정] 탭을 클릭한다.

❸ [제한 대상]은 '목록'으로 설정한 다음 [원본]에 '기획부, 총무부, 영업부'를 입력한 후 [확인] 단추를 클릭한다.

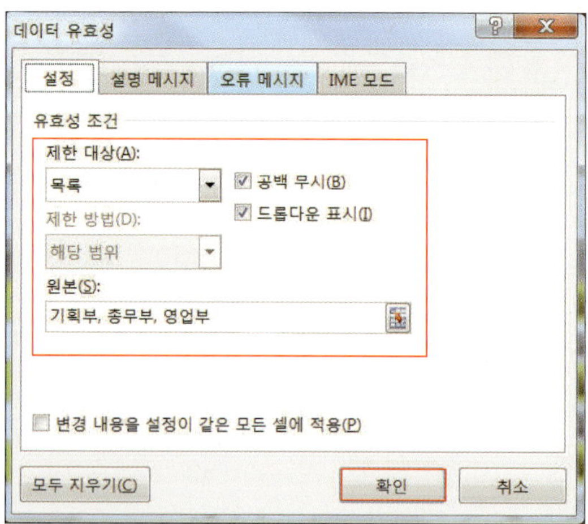

❹ [B7:H15] 범위를 선택하고 [홈] 탭-[스타일] 그룹에서 [조건부 서식]-[새 규칙]의 [규칙 유형 선택]에서 수식을 선택하여 '=$C$4=$F7'을 입력한다.

❺ 계속해서 [서식] 단추를 클릭하고 [채우기] 탭-[노란색]을 선택한 후 [확인]/[확인] 단추를 클릭한다.

❻ [C4] 셀의 목록 화살표를 클릭하여 '기획부'를 선택하면 부서명이 기획부에 해당되는
행 전체가 노란색으로 채워진다.

---

tip ➕

• 양식 컨트롤의 [콤보 상자]는 셀 위에 떠 있는 컨트롤이다. 따라서 셀에 내용을 전달하는 과정이
필요하다.
• 유효성 검사의 [목록]은 셀에 내용이 직접 전달된다.

01
혼자해보기

[8-Section3-2.xlsx] 파일의 '사원정보' 워크시트에서 부서명 항목에 '기획부, 기
술부, 총무부, 영업부' 이외의 값이 입력되지 않도록 설정하고, 잘못 입력된 경우 다
음과 같이 메시지가 나타나도록 설정해 보자.

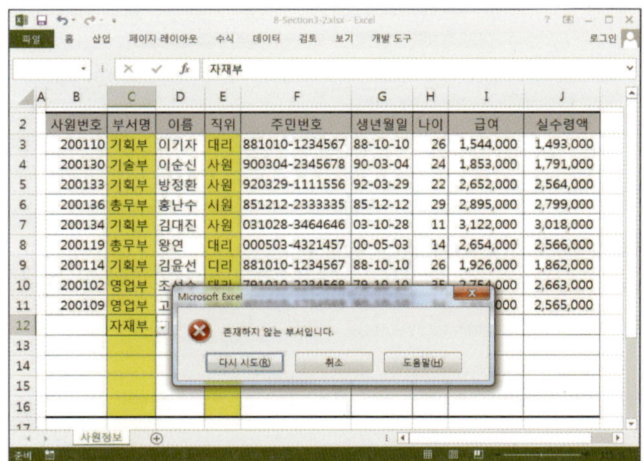

HINT | '사원정보' 워크시트의 [C3:C16] 범위를 선택하고 [데이터] 탭-[데이터 도구] 그룹에서 [데이터
유효성 검사]를 클릭한다. [데이터 유효성] 대화상자의 [설정] 탭에서 [제한 대상]의 '목록'을 선택, [원본]에
'기획부, 기술부, 총무부, 영업부'를 입력하고 [오류 메시지] 탭에서 '존재하지 않는 부서입니다.'를 입력한
다음 [확인] 단추를 클릭한다.

[8-Section3-2.xlsx] 파일의 '사원정보' 워크시트에서 직위 항목에 '사원, 대리, 과장, 차장, 부장'만 입력되도록 유효성 검사를 설정하여 잘못된 데이터를 표시해 보자.

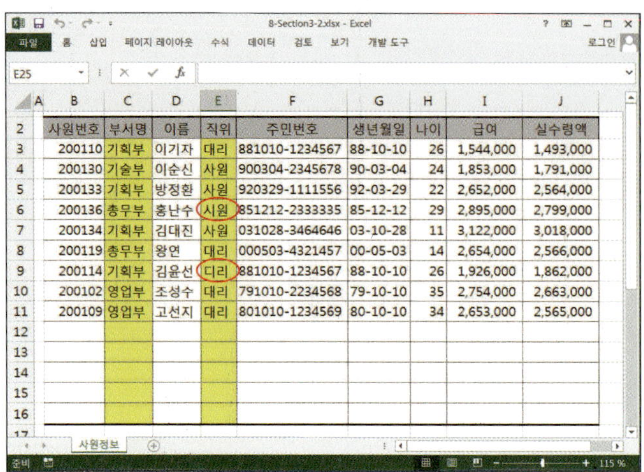

HINT | [E3:E16] 범위를 선택하고 [데이터] 탭-[데이터 도구] 그룹에서 [데이터 유효성 검사]를 클릭한다. [데이터 유효성] 대화상자의 [설정] 탭에서 [제한 대상]에 '목록'을 선택, [원본]에 '사원, 대리, 과장, 차장, 부장'을 입력하고 [확인] 단추를 클릭한 다음, [데이터 유효성 검사]의 화살표를 눌러 [잘못된 데이터]를 클릭한다.

Check Point

- 셀에 입력할 수 있는 데이터의 형식과 값을 제한할 때 [데이터 유효성 검사]를 설정한다.
- [설명 메시지] 탭에서 설정한 설명 메시지는 셀을 클릭할 때 표시되며 [오류 메시지] 탭에서 설정한 오류 메시지는 셀에 잘못된 데이터를 입력했을 때 오류 창으로 나타난다.
- [데이터 유효성 검사]의 화살표를 클릭하여 [잘못된 데이터]를 선택하면 유효성 검사에 어긋나는 데이터에 빨간 동그라미 표시가 된다.

매크로 이해하기

사용자의 작업 순서를 매크로(Macro)로 만들면 작업 과정을 자동화할 수 있다. 이번 Section에서 매크로 순서를 학습하여 작업 시간을 단축해 보자.

[작업 준비물 : 8-Section4-1.xlsx]

◐ 알아두기

• 매크로의 기록과 중지 및 매크로 파일로 저장해 보자.

• 형성된 매크로를 할당해 보자.

따라하기 01 매크로 기록하여 저장하기

[8-Section4-1.xlsx] 파일의 '표제작' 워크시트에 다음과 같이 표를 만들어 '표제작' 이름의 매크로를 기록한 다음 Excel 매크로 사용 통합 문서 [8-Section4-1.xlsm] 파일로 다시 저장해 보자.

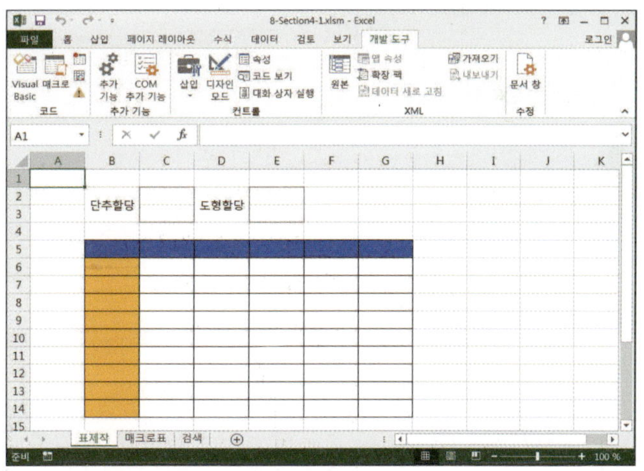

❶ [8-Section4-1.xlsx] 파일에서 '표제작' 워크시트의 [B5] 셀을 클릭한다.

❷ [개발 도구] 탭-[코드] 그룹에서 [매크로 기록](🔲)을 클릭하고, [매크로 기록] 대화상자에서 [매크로 이름]은 '표제작', [바로 가기 키]는 소문자 'a'를 입력한 후 [확인] 단추를 클릭한다.

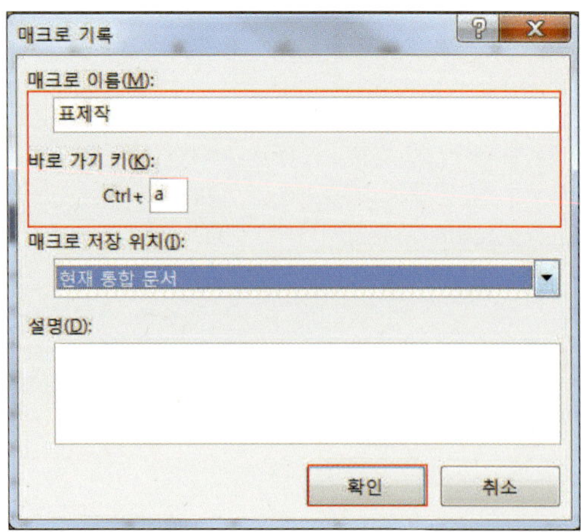

❸ 매크로 기록이 시작되면 [B5:G14] 범위를 선택하고 [홈] 탭-[글꼴] 그룹에서 [테두리]의 [모든 테두리]를 클릭한다.

❹ 계속해서 [B5:G5] 범위를 선택하고 [홈] 탭-[글꼴] 그룹에서 [채우기 색]의 [파랑]을 클릭한다.

❺ 계속해서 [B6:B14] 범위를 선택하고 [홈] 탭-[글꼴] 그룹에서 [채우기 색]의 [주황]을 클릭한다.

❻ [A1] 셀을 클릭하고 [개발 도구] 탭-[코드] 그룹에서 [기록 중지]()를 클릭하여 매크로 기록을 중지한다.

❼ [파일] 탭-[다른 이름으로 저장]을 클릭하고 저장 위치와 파일 형식(Excel 매크로 사용 통합 문서)을 설정한 후 저장한다.

[매크로 기록] 대화상자　　tip ➕

- 매크로 이름 : 매크로 이름을 정의하는 곳으로 문자나 밑줄(_)로 시작해야 하고 공백을 포함시킬 수 없다.
- 바로 가기 키 : 단축키를 의미하며 엑셀 기본 단축키보다 우선하며 선택 사항이다.
- 매크로 저장 위치 : 현재 통합 문서 위치에 저장하여 오류가 생겨도 현재 문서에만 영향을 주도록 한다.
- 설명 : 매크로에 대한 설명을 입력하며 선택 사항이다.

[8-Section4-1.xlsm] 파일의 '매크로표' 워크시트에서 [C2:C3] 범위에 양식 컨트롤 도구의 단추 삽입하고, [E2:E3] 범위에 기본 도형의 해를 삽입한 후 각각 '표제작' 매크로를 할당하여 실행해 보자.

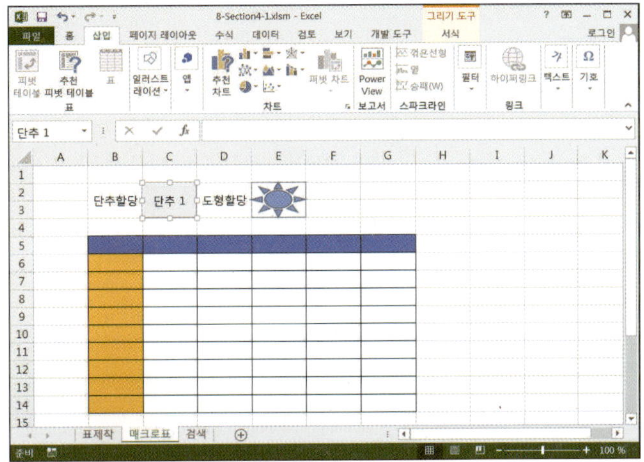

❶ [열기] 명령으로 매크로 [8-Section4-1.xlsm] 파일을 열면 리본 메뉴 아래에 보안 경고가 표시된다. 파일에 포함되어 있는 매크로를 사용하기 위해서 보안 경고의 [콘텐츠 사용]을 클릭한다.

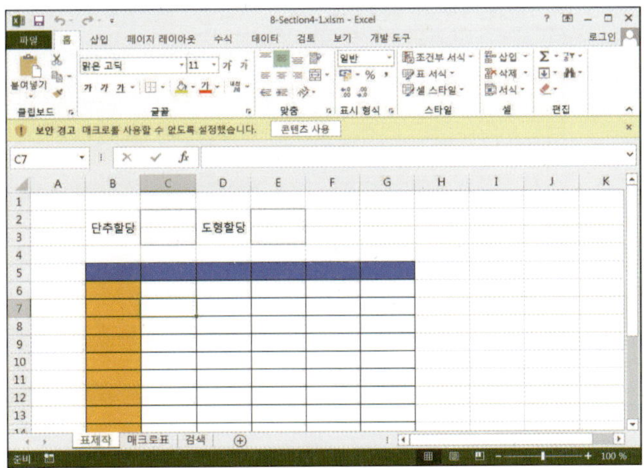

❷ '매크로표' 워크시트를 클릭하고 [개발 도구] 탭-[컨트롤] 그룹의 [양식 컨트롤] 중에 [단추]를 클릭한다. [C2:C3] 범위를 드래그하면 바로 [매크로 지정] 대화상자가 나타난다. '표제작'을 선택하고 [확인] 단추를 클릭한다.

❸ [삽입] 탭-[일러스트레이션] 그룹에서 [도형]-[해]를 클릭하고, [E2:E3] 범위를 드래그 하여 도형을 삽입한다.

❹ 해 도형을 마우스 오른쪽 버튼으로 클릭하고 [매크로 지정]을 선택한다. [매크로 지정] 대화상자가 나타나면 '표제작'을 선택하고 [확인] 단추를 클릭한다.

❺ 빈 셀을 클릭하고 [단추]나 [해]에 마우스 포인터를 위치시키면 손가락 모양으로 변하며 클릭하면 매크로가 실행된다.

따라하기 03 검색 매크로 만들기

[8-Section4-1.xlsm] 파일의 [G2:I3] 영역을 조건 범위로 하여 '검색' 매크로를 만들고, [검색] 단추에 적용하고, 모든 데이터가 표시되는 '해제' 매크로를 만들어 [해제] 도형에 적용해 보자.

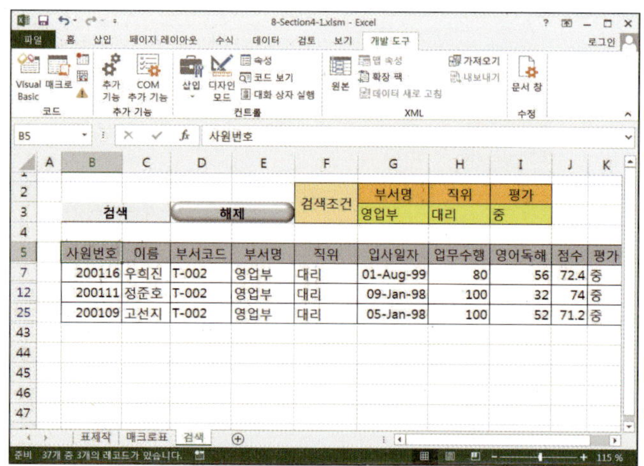

❶ '검색' 워크시트의 [B5] 셀을 클릭한다.

❷ 첫 번째 매크로를 기록하기 위해 [개발 도구] 탭-[코드] 그룹에서 [매크로 기록](🔳)을 클릭한다. [매크로 기록] 대화상자가 나타나면 [매크로 이름]에 '검색'을 입력하고 [확인] 단추를 클릭한다.

❸ [데이터] 탭-[정렬 및 필터] 그룹에서 [고급]을 클릭하고 [고급 필터] 대화상자가 나타

나면 [조건 범위]에서 [G2:I3] 범위를 선택한 후 [확인] 단추를 클릭한다. 조건 범위의 데이터들만 고급 필터에 의해 필터링된다.

④ 계속해서 [개발 도구] 탭-[코드] 그룹에서 [기록 중지](■)를 반드시 클릭하여 매크로 기록을 중지한다.

⑤ 두 번째 매크로를 기록하기 다시 [매크로 기록](📇)을 클릭하고 [매크로 이름]은 '해제'로 입력한다.

⑥ [데이터] 탭-[정렬 및 필터] 그룹에서 [지우기](🗙)를 클릭하여 필터를 해제한 다음 [개발 도구] 탭-[코드] 그룹에서 [기록 중지](■)를 클릭하여 매크로 기록을 중지한다.

⑦ [검색] 단추 위에서 마우스 오른쪽 버튼을 클릭하고 [매크로 지정]을 선택한다. [매크로 지정] 대화상자에서 '검색'을 선택한 후 [확인] 단추를 클릭한다. [해제] 도형 위에서 마우스 오른쪽 버튼을 클릭하고 위와 같은 방법으로 '해제'를 선택한 후 [확인] 단추를 클릭한다.

⑧ 빈 셀을 클릭하여 검색과 해제를 눌러 매크로가 실행되는지 확인한다.

매크로 작성 시 주의 사항　　　　　　　　　　　　　　　　　　　tip ➕

• 매크로 기록 작업이 범위 상태에서 끝나면 임의의 셀을 클릭하여 [기록 중지]를 한다. 그렇지 않으면 계속해서 반복적으로 매크로를 실행한다.

01
혼자해보기

[8-Section4-2.xlsm] 파일의 '사원정보' 워크시트에서 사번순서 도형에 사원번호를 오름차순으로 정렬하는 '사번' 매크로를 만들어 할당해 보자.

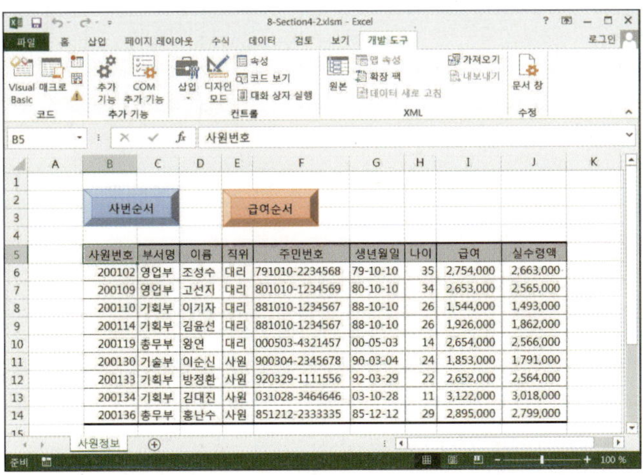

> **HINT** | [B5] 셀을 클릭하고 [개발 도구] 탭-[코드] 그룹에서 [매크로 기록]을 클릭한 후 매크로 이름을 '사번'으로 입력한다. [데이터] 탭-[정렬 및 필터] 그룹에서 [오름차순 정렬]을 클릭하여 정렬하고 매크로 기록을 중지한다. 사번순서 도형 위에서 마우스 오른쪽 버튼을 클릭한 후 '사번' 매크로를 지정한다.

1. 자동 순번 나타내기

- 일련번호를 나타내는 함수와 IF 함수를 결합하여 자동 순번을 나타낸다.
- 참조 함수로 선택한 데이터에 관련된 정보를 뿌린다.

2. 양식 컨트롤 도구 모음

- [개발 도구] 탭-[컨트롤] 그룹에서 [삽입]의 [양식 컨트롤] 도구들을 이용하면 동적인 문서를 만들 수 있다.

3. 데이터 유효성 검사

- 사용자가 셀에 입력하는 데이터 또는 값 유형을 제어하기 위해 사용하며 [데이터] 탭-[데이터 도구] 그룹에서 [데이터 유효성 검사]를 클릭한다.
- [데이터 유효성] 대화상자를 이용하여 값을 제한하거나 설명 메시지와 오류 메시지를 표시할 수 있다.

4. 매크로

- 매크로가 있는 통합 문서를 열면 [리본 메뉴] 아래에 [보안 경고]가 표시된다. [콘텐츠 포함]을 클릭하여 매크로를 사용할 수 있다.
- 매크로 순서는 매크로 정의 → 반복 작업 → 기록 중지 → 할당 순서로 진행한다.
- [개발 도구] 탭-[코드] 그룹에서 [매크로 기록]을 이용하여 매크로를 기록하며, [기록 중지]를 클릭한 다음 도형이나 컨트롤 양식 도구의 단추에 매크로를 지정한다.

종합실습 _point up_

[작업 준비물 : 8-종합문제.xlsxm]

1. **[8-종합문제.xlsm] 파일의 '거래처' 워크시트에서 [C4] 셀에 있는 확인란을 [A4] 셀에 연결하여 등급 항목이 'D'인 행 전체에 연한 파란색을 채워보자.**

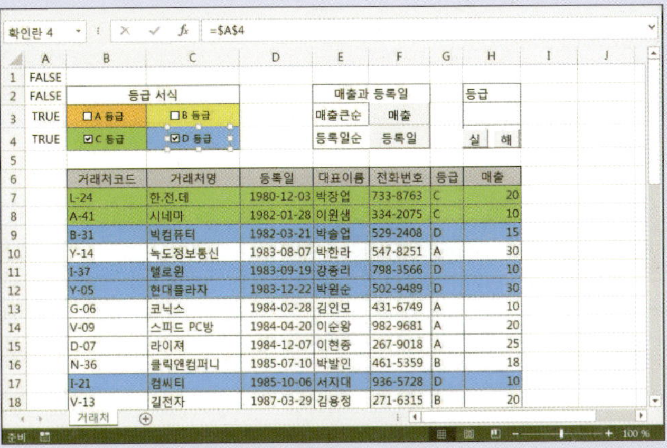

> **HINT** | [C4] 셀에 있는 확인란을 마우스 오른쪽 버튼을 클릭하여 [컨트롤 서식] 대화상자를 불러온다. [컨트롤] 탭-[셀 연결]을 [A4] 셀로 한 다음 [B7:H48] 범위를 선택한다. [홈] 탭-[스타일] 그룹의 [조건부 서식]을 클릭하고 수식 '=($A$4)*($G7="D")=1'을 입력한 후 서식의 채우기를 '연한 파랑색'으로 지정한다.

2. **[8-종합문제.xlsm] 파일의 '거래처' 워크시트에서 등록일 항목이 1990년도 이전 날짜에만 빨간 동그라미가 나타나도록 설정해 보자.**

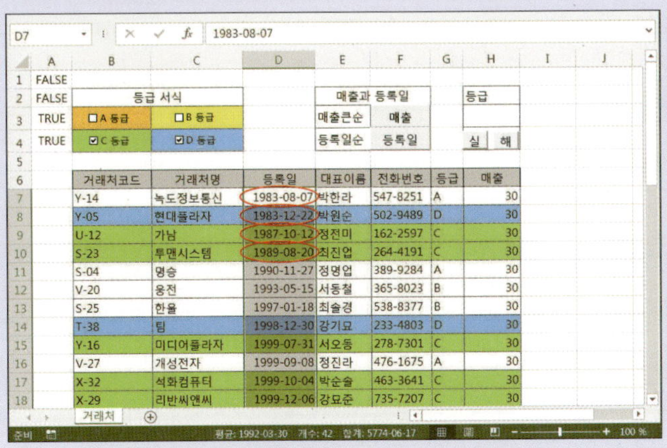

> **HINT** | '거래처' 워크시트의 [D7:D48] 셀을 범위로 지정하고, [데이터] 탭-[유효성 검사]를 클릭하여 [제한 대상]은 '날짜'로 선택하고 [제한 방법]은 '〉', [시작 날짜]에 '1990-1-1'을 입력하여 [확인] 단추를 클릭한다. [데이터] 탭-[데이터 도구] 그룹에서 [데이터 유효성 검사]의 [잘못된 데이터]를 클릭한다.

3. [8–종합문제.xlsm] 파일의 '거래처' 워크시트에서 매출 항목을 기준으로 내림차순 정렬, 등록일 기준으로 오름차순 정렬하는 매크로로 각각 '매출', '등록일' 매크로를 만들어 [매출], [등록일] 단추에 할당하시오.

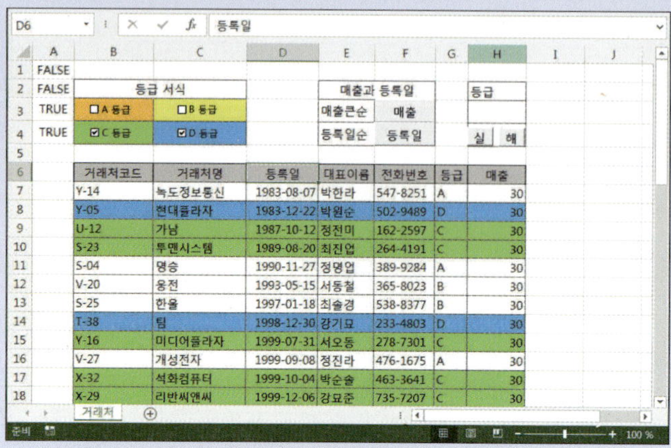

HINT | [G6] 셀을 클릭하고 [개발 도구] 탭–[매크로 기록]을 클릭하여 '매출' 매크로 이름의 내림차순 정렬을 한 다음 기록을 중지한다. [D6] 셀을 클릭하고 같은 방법으로 '등록일' 매크로 이름의 오름차순 정렬을 한 다음 기록을 중지한다. 각각 [매출] 단추와 [등록일] 단추에서 마우스 오른쪽 버튼을 클릭하고 매크로를 지정한다.

4. [8–종합문제.xlsm] 파일의 '거래처' 워크시트에서 [H3] 셀에 A, B, C, D 등급의 목록이 나타나도록 설정해 보자.

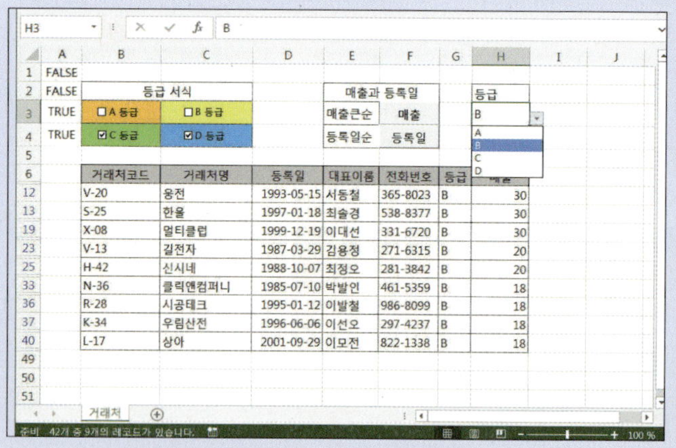

HINT | [G3] 셀을 클릭하고 [데이터] 탭–[유효성 검사]를 클릭한 후 [제한 대상]은 '목록', [원본]에는 'A, B, C, D'를 입력한다. 등급을 선택하여 [실], [해] 단추를 클릭해 본다.

속전속결
엑셀2013

1판 1쇄 발행 2014년 9월 4일
1판 3쇄 발행 2018년 1월 5일

저 자 | 윤부현
발행인 | 김길수
발행처 | (주)영진닷컴
주 소 | (우)08505 서울시 금천구 가산디지털2로 123
　　　　월드메르디앙벤처센터 2차 10층 1016호

등 록 | 2007. 4. 27. 제16-4189호

© 2014., 2018. (주)영진닷컴
ISBN | 978-89-314-4748-4

이 책에 실린 내용의 무단 전재 및 무단 복제를 금합니다.

http://www.youngjin.com

YoungJin.com Y.
영진닷컴